李梁 著

功能主义视角下
译文的忠实性研究

辽宁大学出版社
Liaoning University Press

图书在版编目（CIP）数据

功能主义视角下译文的忠实性研究/李梁著. —沈
阳：辽宁大学出版社，2018.9
ISBN 978-7-5610-9423-5

Ⅰ.①功… Ⅱ.①李… Ⅲ.①翻译－研究 Ⅳ.
①H059

中国版本图书馆 CIP 数据核字（2018）第 174493 号

功能主义视角下译文的忠实性研究
GONGNENG ZHUYI SHIJIAO XIA YIWEN DE ZHONGSHIXING YANJIU

出 版 者：辽宁大学出版社有限责任公司
　　　　　（地址：沈阳市皇姑区崇山中路 66 号　邮政编码：110036）
印 刷 者：沈阳海世达印务有限公司
发 行 者：辽宁大学出版社有限责任公司
幅面尺寸：170mm×240mm
印　　张：14.5
字　　数：216 千字
出版时间：2019 年 3 月第 1 版
印刷时间：2019 年 3 月第 1 次印刷
责任编辑：刘　葵
封面设计：优盛文化
责任校对：齐　悦

书　　号：ISBN 978-7-5610-9423-5
定　　价：53.00 元

联系电话：024-86864613
邮购热线：024-86830665
网　　址：http://press.lnu.edu.cn
电子邮件：lnupress@vip.163.com

前　言

翻译的忠实性问题伴随着翻译史的发展不断被提出。在西方，早在古罗马时期，贺拉斯就提出"忠实的译者"这一概念。此后，从泰特勒的"等值原则"，到卡特福德的"话语对等"，再到奈达的"动态对等"，无不涉及翻译忠实性的讨论。在我国，东晋的佛经翻译者释道安首先提出了"五失本，三不易"之说，强调译文对原文的忠实。

严复在翻译赫胥黎的《天演论》时，提出"译事三难：信、达、雅"的翻译标准，成为中国翻译传统的重要组成部分。直到今天，这一准则仍被多数译者视为金科玉律，指导着其翻译活动。可以看出，在传统的翻译理论中，中外的翻译学家追求完整地把原语的形式和内容转化为译语，以求得双语最大限度的等值，即要求译者全面忠实地再现原文文本。而这种认识忽视了"忠实"这个概念本身具有的模糊性，忽略了翻译中作者、译者、读者和文本意义的某些不稳定性。

本书基于功能主义的视角，从语言是什么及其元功能出发，探讨语言与翻译的含义，从译文功能的角度探讨"忠实性"的翻译，并结合如今的文化翻译转向，探讨译文中的文化属性的翻译问题，以期达到更好的文化交流，克服"文化失语"与"文化休克"，在某种更高维度达至一种译文的"忠实"。

目 录

第一章　所谓语言

语言是什么？是由符号组成的表征系统还是供人们支配的行事工具？是自治的还是非自治的？当我们探讨翻译或是研究语言之前，我们至少先要弄清楚语言是什么，弄清楚它的本质与规则及意义，这是一切语言研究的前提与铺垫。

第一节　语言的本质

其一，语言不是一个纯粹的表征世界的符号系统，而是可以用来做事甚至改变世界的行事工具。甚至，我们可以将语言看作是满足各种表达需要的重要资源。

形式主义语言学特别是生成语言学认为，语言是一套基于规则、词库的表征系统。美国语言学家、哲学家乔姆斯基对于语言的定义最为典型：语言是"一组有限或无限的句子的集合，其中每一个句子的长度都有限，并且由一组有限的成分构成"。对于这套系统存在的目的，乔姆斯基指出："语言肯定可以用于交际，如同人们做的其他事情一样，但传统的观点也是不无道理的，那就是语言主要是对自己或他人表达思想的工具。从统计角度看，语言使用几乎完全是一种内在的行为，可以通过内省加以确定。"

很多传统语言学家也都将语言定义为传递信息、表达情感的交际工具。例如，撒皮尔认为，语言是人类独有的、非本能的用来交流思想、情感、欲望的方法。陈原也指出："语言是一种社会现象。语言是人类最重要的交际工具。语言是人的思想的直接实现。"在列宁这位革命家眼中，语言也无疑是人类交流最重要的工具。

语言哲学家、语用学家奥斯汀名明确指出，语言不只是用来表征客观世界的，使用语言就是做事，其中就包括改变世界。用言语行为理论的话说，语言使用不只是真与假的问题，还是得体不得体的问题（当然还是成功不成功的问题）。例如，老师用"现在我们开始上课"宣布课堂开始，老板用"你被开除了"解雇一名员工。

既然语言使用意味着做事，那么，在语用学视阈下，语言（语音、词汇、句法等）在一定意义上和一定程度上便可以看作是实现交际目标的资源，而不同语言单位具有不同的资源价值。我们不妨看下面一个例子：

（1）语境：母亲唤女儿帮忙晾衣服，女儿待在房间里做自己的事，就是不肯出来。母亲于是发出如下呼唤。

Liz...Elizabeth...Elizabeth Anne...Elizabeth Anne Warner！

一般情况下，母亲呼唤名为伊丽莎白的女儿会使用莉兹（伊丽莎白的缩写）。然而，该母亲在上述交际语境中却更换使用了几个称呼女儿的方式。母亲这样做是在不停地重建彼此的临时身份关系：从亲近的母亲到疏远的外人，以此提示自己的不满。显然，对于该母亲而言，几个不同的称呼方式具有不同的交际价值，通过调配不同的语言资源，母亲旨在实现自己的交际目标。

我们再看下面两组例子：

（2）a. Sandy walked in.

　b. In walked Sandy.

（3）a. Luke killed an imperial guard.

　b. Luke caused an imperial guard to die.

按照形式语言学的分析，上述每组例子中的两句表达了相同的意思，具有语义上的对等性。然而，从语用学角度看，每组的两句之间却有着巨大的语用差别，这种差别体现为交际上的语用效果方面的差异。（2）a 是一般情况下对桑迪走进某地的描述，而（2）b 则传递了额外的描述效果（如顺应某种悬念的表达需要）。（3）a 传递的信息是卢克（直接或一下子）杀死了王宫护卫，而（3）b 则传递了某种额外的信息（如卢克没有一下子杀死王宫护卫，而只是让他受了重伤，或让别人杀死了他）。可见，上述两组例子中的两句尽管从语义上看似乎没有差别，但具有不同的交际价值，是两种不同的交际资源。

语言的资源属性更体现在经济活动中。语言经济学的提出便是从宏观层面考察语言如何充当服务于各种经济活动（如广告、商业命名）的资源。

诸如 just do it，I'm lovin' it 等经典广告口号的设计有着强烈的感染力和号召力，超越了语言的一般表意功能，因而不仅体现了语言的工具属性，更体现了语言的资源属性。

其二，语言不是一个自立的、由任意规则组成的系统，而是在其各个维度都有语用因素的沉淀与参与。

索绪尔认为："语言是一种自足的结构系统，同时是一种分类原则。"语言的一个重要属性是其任意性（arbitrariness），即语言符号的形式与意义之间不存在必然的联系，而是约定俗成的。

与索绪尔强调语言是由具有任意性属性的符号构成的系统不同，维索尔伦等语用学家认为语言的各个维度都凝结了语用元素，因而具有很强的理据性，可对其形成的动因和意义加以解释。我们不妨以英语词汇构成中的词缀法为例。试比较下列两栏：

A	B
healthy → unhealthy	sick → *unsick/*insick
polite → impolite	rude → *inrude/*unrude
happy → unhappy	sad → *unsad/*insad

在 A 栏中，箭头左右的两组词之间具有（反义）派生关系，先有左边的词，然后通过添加否定前缀得到右边的词。然而，有趣的是，我们却不能逆转这种派生关系。例如，我们不会先有某个词表示"不礼貌的"（X），然后再通过添加提示反义的前缀（un-X 或 in-X）来表示"礼貌的"。这一点在 B 栏中有所反映：我们不能在诸如 sick、rude、sad 等词汇前加词缀 un-或 in- 来获得这些词的表示正面意义的反义词。为什么会如此呢？显然，参照结构主义分析法对于构词法的研究，我们不能说明为什么 A 栏可以而 B 栏不可以。从语用学角度看，我们认为，之所以如此，是因为 A 栏各例体现了构词过程中对语言使用者客观经验（人们一般以"健康""礼貌""快乐"作为默认的评价标准或框架）的一种顺应，而 B 栏则不符合人们的客观经验。

再以词汇缩略法中的混成法为例。混成法最常见的模式为：① 省略了末尾的第一个词加上省略了词首的第二个词。② 采用最经济的方式维持原来的两个来源词。混成法一般以音节为界进行词汇缩略，即使不这样也要考虑发音方便。一般说来，混成词的第二部分表达中心内容，如 smog。这就解释了为什么可以说 motel（motor hotel），而不说 *hotor；说 smog

要探究语言的调节规则。对于外语学习者来说，需要学习的不仅是该外语的构成规则，同样甚至更为重要的是学习其调节规则。

语言使用基于调节规则的约定俗成从根本上塑造了语言，带来了语言与语境的内在关系。语言是在社会语境中形成的，语言与语境"在本体论意义上是彼此联系着的，而这种联系仿佛是天然的"，这种"天然"联系反映在以下方面。

其一，无论是书面的还是口头的语言选择都是语境和结构的"融合"（merge）。例如，"Good morning."出现在上午的问候中；"Good night."用于晚间的告别。

其二，话语一旦发出，就成为语境的一部分，即所谓的语言语境。Verschueren 甚至认为："许多时候很难说得清哪些是语言结构、哪些是语境，是先考量语境参数还是分析具有语境效果的语言选择。"例如，在"Mike, Dad is tired. Do not disturb him."中，"Dad is tired."便是"Do not disturb him."的语言语境，反之亦然。说话人不是客观地告诉迈克爸爸累了这一信息，而是让迈克不要打扰爸爸。后句中的 him 更是要依赖前句才能确定其指称对象（Dad）。

其三，语言形式或结构的意义会因为语境的变化而受到重大影响。例如，在南京的个别街坊里如今仍然偶尔可以看到"迎奥运"之类的宣传标语。显然，由于北京奥运会已经结束，这样的"迎奥运"话语已经失去了原有的意义和作用，成了化石般的"死话语"。

相应地，语境也会因为语言形式的选择而受到影响。例如，在发生语码转换时，由于使用的语言的变化而带来了语境的变化。随着语码转换的不停发生，语境也在不停地发生切换。

就特定的语言形式而言，存在默认语境下的使用和非默认语境下的使用，默认使用反映了对调节规则的一般遵循，而非默认使用则体现了对修辞原则的发挥。相应地，就特定的语境而言，存在默认使用的语言形式和非默认使用的语言形式。

语用学是一门"研究已经语法化或者编码于语言结构的语言与语境之间关系的学科"。对于外语学习者来说，了解语言形式的默认用法和非默认用法，以及特定语境中的默认形式和非默认形式具有非常重要的意义，掌握这些相关知识是交际准确、得体的前提。

二、语言的意义

语言的意义可以从词汇的意义和句子的意义层面加以讨论。我们先看词汇的意义。如果翻看词典，我们也许会觉得词汇的意义是明确的、固定的。虽然大多数词具有多个意义，但只要我们掌握词典中列出的意义就可以轻松地使用这些词了。语用学告诉我们，这样的想法其实是一种误解，原因在于：其一，词典收录的意义不一定是每个词的全部意义；其二，词典收录的意义不一定是具体、明确的意义；其三，这些词在实际应用中可能会表达与词典收录的意义不同甚至相反的意义；其四，一些词义是在语境中临时形成的，而非事先存在的。

事实上，理解交际语境中的词汇意义往往需要交际者参照词汇的基本意义（即词典列出的意义），结合语境因素，运用推理，才能真正把握说话人使用该词实际传达的意义。我们不妨看看下面一些例子。

（4）a.银行卡杜绝拖欠农民工工资，挑战建筑业"潜规则"。

b.这位官员自称栽在了环保系统"潜规则"上，所谓"潜规则"，就是拿"回扣"。

c.如果没有实力作为基础和保证，"鱼腩"部队就算有再多的"潜规则"优势，也无法"咸鱼翻身"。

d.时评版面不接纳评论同城报纸的稿件，这或许并不是白纸黑字的"制度"，却似乎是一种业内心照不宣的"潜规则"。

e.某教授近日被一男生砍成重伤，经抢救无效死亡。事后，有人在论坛发帖，称男生行凶原因是其女友在校期间曾被该教授"潜规则"。

一般说来，"潜规则"指的是暗中通行、私下遵守的规则，这是词典中给出的一般释义。然而，仅凭这样的释义并不能准确、完全地理解上面各个例句中的"潜规则"。因此，我们需要结合各句的具体语境，调用相关的百科知识，获得对各句中该词语的具体理解：（4）a中的"潜规则"指的是建筑行业流行的垫资施工做法（报道涉及北京西城区等地通过银行卡来解决农民工工资的拖欠问题）；（4）b中的"潜规则"指的是环保官员在工程招标和管理过程中暗中收红包、拿回扣的不良现象；（4）c中的"潜规则"指的是足球比赛中东道主或主办方球队在分组抽签和比赛过程中经常可以得到组委会和裁判的照顾；（4）d中的"潜规则"指的是新闻出版界业内人员长期以来都遵守着互不评论的行规，尤其是互不发表批评性稿件的做法；（4）e 中的"潜规则"指的是一些女子为了获得某种利益或机会而被索求献身的做法。值得注意的是，在（4）e 中，"潜规则"一词不仅在词义上发生了延伸，而且在词性上转化为动词，而"潜规则"做动词的用法在词典中是没有的。

上述关于"潜规则"的例子说明了词汇意义在交际中的具体化过程。下面的例子则更加说明了在一些语境中某些词汇是不能根据词典仅从字面上来解读其意义的：

（5）I've got a temperature today.

（6）I'm penniless after a big loss in the stock market.

在（5）中，说话人想告诉对方自己今天身体不舒服，有点发烧，但temperature 原本在词典中的释义是"体温"，并无"发烧"的意思。我们之所以能够如此理解，是因为说话人说自己 got a temperature。任何活着的人都是有体温的。说话人如此表达，是想向听话人说明自己的体温有点问题（一般情况下高出正常体温才是问题），但没有发高烧。类似这样的用法随着使用频率的增加逐步固定下来后也会被收录进词典释义当中。同样，（6）中的 penniless 原本表示"一文不名的"（没有任何钱），然而在此语境中我们一般不会如此理解，而会将其视为一种夸张的用法，即说话人没有什么钱了（但并非一分钱都没有）。

有时，具体语境下的一些词汇如果按字面理解会带来误会。

（7）王是机关某科室的一名工作人员，李是科长。王给李打电话。

王：李科长您好！请问我早先提交的那份报告有什么需要修改的地方？

李：对不起啊，我正在开会，等会后再向你汇报。

王：不敢，不敢，请您指正。

（7）中的"汇报"原本指下级向上级呈报工作情况或其他事务情况。如果我们对（7）进行字面解读，就会误以为王是李的上级，而实际情况并非如此。李使用"汇报"一词，也许是出于玩笑，也可能是出于表示自己平易近人的动机，又或许还有其他考虑。但是，无论李使用该词是出于什么样的动机，我们都不能完全按照词典释义来理解该词。也正是因为如此，王连声说"不敢"，并请对方"指正"。

诸如上述词汇使用情况的案例不胜枚举，此处不再赘述。接下来我们讨论句子意义的理解问题。在第一章，我们举出的例（1）~（3）就说明了这样的一个问题：在具体语境中，句子的意义有时可以从字面上解释，有时不能从字面上解释。同一个语句在不同的语境中可以有不同的意义（做非字面解读的意义其实就是会话含意），实施的是不同的交际功能（相当于不同的施为用意）。相应地，同一功能也可以由多种形式执行。可见，具备特定意义的语言形式与其交际功能之间不存在一一对应的关系。

有时，语境中特定句子的意义甚至与抽象的句子字面意义相反，这主要出现在反语环境下。

（8）Peter：It's a lovely day for a picnic.

彼得刚说完天就开始下雨。

玛丽（开玩笑地）：A lovely day for a picnic，indeed.

虽然（8）中的玛丽说了（It's）a lovely day for a picnic，好像与彼得说的没有两样，但从当前语境来看，她说这话的意思与彼得的意思完全相反：如果下雨了，当然不适宜野炊了。如果彼得认为玛丽赞同自己之前的发话，那就错了。当然，一般情况下，他是不会理解错的，原因是玛丽讲这句反话时使用的语气、神情等会不同寻常。

有时，句子意义表面上是完整的、清晰的，但实际上必须依赖语境才可以得到完整的解读。

（9）He fell down.

从语法和词汇角度看，这个句子非常简单，基于组合性规则（compositionality），我们很容易理解这句话的意思。然而，在实际语境中，我们需要进行多方面的理解。首先，需要确定 he 的指称对象。其次，需要确定"他"从何处跌倒，以及何时跌倒：从桌子上？从墙上？从楼顶上？在比赛中？在工作时？等等。最后，需要确定说话人的发话动机：是说明一个客观的事实，还是暗示听话人去帮助"他"，还是提醒听话人需要小心？著名语言学家雅各布·格林指出，自然语言使用中充斥着这种在语用上具有歧义的情况，即语用歧义，需要在交际实时语境中加以解释、充实。有时，人们使用一些省略的句子来进行交际，如下面的例子。

（10）a. Good luck！

　　 b. Bad luck！

常规情况下，我们会对（10）中的两个省略句从交际功能角度做不同的理解：（10）a 传达了说话人对听话人的一种祝愿，而（10）b 则传达了说话人对听话人的一种安慰或者表达一种遗憾。这种解读上的差异不能简单地说是由 good 与 bad 的差异带来的。我们依赖更多的还是人们共享的交际常识：我们会祝愿别人好运，而不是歹运，我们对别人遭遇不幸而不是幸事表示遗憾或同情。

语用学让我们对语言意义的不确定性、不完备性有了深刻的认识。针对语言意义（包括词汇意义和句子意义）的不确定性、不透明性、不明晰性等现象，黄居仁教授提出了"语言不够确定论"（linguistic under determinacy thesis）。他认为，鉴于语言具有这一特点或问题，语用学研究才显得特别有必要和价值。我们认为，对于外语学习者来说，理解语言的这一基本特点，将有助于他们更好地学习和使用外语。

第三节　语言的变异

社会语言学研究告诉我们，语言会因地域因素、社会因素、时间因素发生变异，分别产生地理方言（geographical dialect，dialect 有时泛指地理概念上的"方言"，后来也可指社会方言）、社会方言（socialdialect 或 sociolect）和时间方言（temporal dialect）。语言层面上的方言变异主要体现在发音（如拉波夫对纽约不同人群的词尾 /r/ 发音的调查）、特定词汇的使用（如女性比男性更多地使用强化词语或夸张型形容词，如 awfully、horribly、terrific、amazing；不同职业的从业人员往往使用本行业的行话）、语法的规范程度（如受过良好教育的人很少犯语法错误）等。

语用学研究则告诉我们，语言不仅存在语音、词汇或语法上的变异，而且存在语用上的变异，这构成了变异语用学（variational pragmatics）的研究内容。变异语用学关注的是地域、时间或社会变化引发的语用变异问题，分析内容包括：①确定引发语用变异的因素：地域、历史时期、社会经济、种族、性别和年龄；②确定语用变异分析的层面：语言形式层面（如话语标记语和模糊限制语）、言语行为层面、以话语序列模式为主要分析对象的互动层面、关注话语内容的主题层面、以关注话轮转换为主的话语组织层面。例如，施耐德以同一性别陌生人之间的聚会闲聊为情景，通过受试完成对话产出任务收集语料，从对话结构、开始话轮、延伸话轮 3 个方面考察了英格兰、爱尔兰和美国闲聊话语（small talk）的特征，发现 3 个地区在闲聊话语中话语模式的各个层面上都存在差异。当然，语用变异不仅体现在地域维度层面，还体现在社会维度层面。例如，与男性相比，女性更喜欢使用礼貌语言，更喜欢实施恭维行为，拒绝时更间接、委婉、含蓄，在会话中更多地使用反馈语，等等。

语用变异的客观存在意味着不同人群在实施相同的言语行为时会采用不同的话语方式。我们不妨以下列一组句子为例：

（11）a. Could you possibly answer the phone?

b. Would you mind answering the phone?

c.Can you answer the phone?

d.Will you answer the phone?

e.I want you to answer the phone.

f.Answer the phone.

尽管上述各句都可以用来实施请求行为，但不同语句的使用者是不一样的。这些各不相同的请求方式一般情况下其实对应了不同的（社交）语境，反映了交际双方不同的社会关系：说话人与听话人是上下级关系还是平等关系、彼此距离是大还是小。一般情况下，老板不会使用（11）a 请求他的员工接电话，下属也不会使用（11）f 请上司接电话。可见，不同社会人群在实施请求行为时在话语方式上存在语用变异。

对于外语学习者来说，语用变异的存在意味着外语学习不能满足于外语语言知识的获取，也许更为重要的是习得如何根据地域差异、社会差异等，合理、得体地运用外语语言知识。在面向不同社会阶层的本族语者实施特定言语行为时，如果不能在话语方式上体现出合适的差异，将会带来交际障碍或失败，甚至带来不必要的人际后果。

本章从语言的本质、语言的规则、语言的意义与功能、语言的变异 4 个角度扼要地讨论了语言。概括而言，这些内容包括：

（1）语言（包括语音、词汇、句法等）不仅是表达思想、传递情感的工具，而且是实现交际目标的资源，不同语言单位具有不同的资源价值。语言使用体现了对语言资源的调用。语言的各个层面凝结了语用因素，因而语言在很大程度上、在很多方面都具有理据性。

（2）语言不仅具有规约的形式和规约的意义（二者构成语言符号），还有规约的使用规则，即调节规则。调节规则不像构成规则那么刚性，它可以在一定程度上被打破。出于修辞等需要，语言使用甚至可以在可理解的范围内超越语言的构成规则。语言调节规则带来了语言与语境之间的内在联系。

（3）语言（词汇、句子）表达的意义往往具有不完备性、歧义性、含混性等，需要在语境中充实、澄清、具体化。词典中收录的词义源于词汇在语言使用中的相对固化，但不能完全甚至真实代表使用中的词汇意义。词典中的词汇意义是我们理解交际中词汇意义的基础，但不是全部。语言使用会为词典贡献更多、更细的意义。此外，语言与其功能之间不存在一一对应的关系：具有特定字面意义的同一形式可以执行多种功能；同一功能可以由多种形式执行。

（4）语言不仅存在形式上的变异，而且存在语用上的变异。语用变异可以是地域性的，也可以是社会性的，甚至是时间性的。语用变异不是直接体现在语音、词汇、句法等语言特征上，而是体现在言语行为的实施、语言礼貌的使用、会话组织的方式等方面。

翻译给我们带来的关于语言的认识对外语教学有丰富的启示。外语教师需要启发学生关注外语的使用规则、原则甚至策略，把所学的外语语言知识看作满足交际需要的资源，真正做到学以致用；在讲解词汇和语法时可以给学生做更多的语用理据解释，让学生知其然更知其所以然，增强学生的语境意识，让学生能结合语境更准确地解读词汇和语句的意义，提示学生关注本族语不同人群在使用本族语时的语用方式，开展适当的比较。总之，在语用学的指导下，外语教师可以帮助学生树立正确的语言观，从而更好地学习和使用外语，发展外语语用能力。

第二章　语言的元功能与翻译

关于翻译的本质问题，很多翻译学者给出了不同的答案。从功能语言学的角度出发，翻译的本质在于"意义"从一种语言转移到另一种语言。在功能语言学看来，语言的各种具体功能/意义尽管不胜枚举，但可以将它们归纳为若干有限、抽象的功能，即元功能。元功能包括三个方面：概念功能、人际功能和语篇功能。因此，译文的质量取决于译文语篇的概念功能/意义、人际功能/意义及语篇功能/意义和原文是否对等。

由语言学家韩礼德发展创新的系统功能语言学为翻译的理论和实践带来很多启发，特别是该理论体系中提出的概念功能、人际功能和语篇功能这三大元功能的思想，充分地体现了语言的内部特征和外在因素，为翻译实践提供了重要的理论指导。概念功能指的是人们用语言来谈论对于现实世界（包括内心世界）的经验，用语言来描述周围发生的事件或情形。系统功能语言学将概念功能分为经验功能和逻辑功能，其中前者由小句及物性系统体现，后者则靠小句之间的逻辑关系表达，但并不关乎小句本身的意义，所以一般情况下，我们常用经验功能/意义来表达概念意义范畴。人际功能既包括人们用语言与其他人交往，以建立和维持人际关系，用语言来影响他人（观点、行为等）的功能，也包括用语言来表达说话人对世界的看法的功能，它主要由小句的语气和情态系统来体现。语篇功能指的是人们在使用语言时如何通过各种语言手段将各个句子连接成连贯的语篇，主要体现在小句的主位结构、信息结构和各种衔接关系上。换言之，概念功能作用于主体与客体之间，人际功能作用于主体之间，而语篇功能则承担对语言表达的概念与人际功能的组织作用，辅助上述两种功能的实现。三者虽角色和侧重点不同，但都是关于言语者之间基于一定目的、围绕某个"内容"、借助语篇这个载体进行交际行为的描述。

论及功能语言学为何对语篇、话语情有独钟，将其作为本学派语言研究的基本单位时，韩礼德认为："对一个语言学家来说，只描写语言而不考虑语篇是得不出结果的；只描写语篇而不结合语言则是不实际的。"那么，该如何对语篇予以描写和阐释呢？朱永生、严世清转述道："当我们接触语篇时，可以把它看作一个过程，分析讲话者做出了哪些选择，放弃了哪些可能性，为什么做这样的选择；也可以把它看作一个结果，分析语篇内各个部分具有何种功能，不同组成部分之间有哪些意义上的联系，通篇在修辞上有哪些特点等。"以此观之，我们不妨给翻译下这样一个描写性定义：翻译，从过程上看，首先是译者对源语文本所包含意义的发掘、所发挥功能的识别，然后在综合考虑文本类型、目的语语言特征、文化环境、翻译目的和读者对象等各种因素的基础上，围绕再现原文语篇的功能，制定翻译策略并选择翻译方法，最后表现为语篇层面上对目的语系统里词汇、语法资源的有意识选择和操纵；从结果来看，就是以（译文）语篇属性或特征的形式反映这一过程中呈现出来的具有自身特色的翻译文本。由此，功能语言学便对我们从社会符号学的角度研究翻译有了理论指导和借鉴意义，成为研究翻译、建构翻译理论的思想依托和源泉。

第一节　功能概念

一、功能概念简述

功能概念由两个子功能组成，分别是经验功能和逻辑功能。经验功能主要由及物性系统和语态构成；逻辑功能通过小句间的相互依存和逻辑语义关系得以体现。因为后者并不关乎小句本身的意义，所以我们常用经验功能来表达概念功能的范畴。原文的概念或经验意义通常主要由以谓语动词为中心的及物性系统来体现。

韩礼德认为，及物性系统主要由 6 种过程（process）构成，它们分别是：物质过程（material process）、心理过程（mental process）、关系过程（relational process）、行为过程（behavioral process）、言语过程（verbal process）和存在过程（existential process）。

物质过程表示做某件事的过程。这个过程本身一般由动态动词如 kick、break 等来表示，"动作者"（actor，即逻辑上的主语）和动作的"目标"

（goal，即逻辑上的直接宾语）一般由名词（如 my brother、ball）或代词（如 he、it）来表示。物质过程不仅可以表现具体的动作，也可以反映抽象的行为，如表 2-1 所示。

表2-1

My brother	kicked	the ball.
Prof. Wang	cancelled	the meeting.
Actor	Process: material	Goal

心理过程即表示"感觉"（perception）、"情感"（affection）和"认知"（cognition）等心理活动的过程。汉语中实现这类过程的动词通常有看见、望见、瞧见、窥见、知道、理解、思考、后悔、恨、听见、认为、相信、说明、意识到等。英语中表示感觉的动词有 see、look 等，表示情感的动词有 like、enjoy、despise、please 等，表示认知的动词有 know、believe、convince 等。

心理过程一般有两个参与者。一个是心理活动的主体即"感知者"（Senser），另一个是客体即被感知的"现象"（Phenomenon）。心理过程中的现象可以指具体的人或物，也可以指抽象的东西或发生的事件，如表 2-2 所示。

表2-2

He	saw	a man.
She	likes	the skirt.
I	know	they will not come.
Senser	Process: mental	Phenomenon

关系过程反映事物之间处于何种关系。换句话说，就是"什么是什么类型"的句子，最突出的特征是有系动词。例如，"The cat is on the sofa"。关系过程分为两种，一种是归属类（attributive），即某个实体具有哪些属性或者归于哪种类型，其公式是"a 是 X 的一种"。具体来说，实体和属性

不能调换，如"She is beautiful."不能说成"Beautiful is she"。另外一种是识别类（identifying），即实体和属性可以调换，例如上述的"The cat is on the sofa."可以说成"On the sofa is the cat."。这两种关系过程分别又可以分为"内包式"（intensive）、"环境式"（circumstantial）和"所有式/属有式"（possessive）三个子类。汉语中内包归属型常用的动词有：成为、长成、变成、变为、变、发、走、加、成、保持、显得、生得、谓、称、算等。内包识别型常用的动词有：扮演、充当、担任、表演、装扮、表现、反映、表明等。环境归属型常用的动词有：长、宽、高、花等。环境识别型最典型的动词为"是"。属有归属型常用的动词有：拥有、享有、富有、属于、需要等。属有识别型的常用动词有：拥有、包括、容、有、蕴涵等。如表2-3所示。

表2-3

His father	is	a doctor.
She	is	beautiful.
The cat	is	on the sofa.
Identified	Process: relational	Identifier

行为过程指的是诸如呼吸、咳嗽、叹息、做梦、哭、笑等生理活动过程，如"He murmured something to the doctor"。英语中常用的此类动词有breathe、cough、sigh、dream、laugh、cry等，如表2-4所示。

表2-4

She	laughed	heartily.
He	sighed	for the day of his youth.
Behaver	Process: behavioral	Circumstantial

行为过程一般只有一个参与者即"行为者"（Behaver），而且行为者一般是人，这一点与心理过程相似，但与物质过程不同。

言语过程是通过讲话交流信息的过程（a process of saying）。常用的此类汉语动词有说、谈话、告诉、问、要求、命令等，英语动词有 say、tell、talk、praise、boast、describe 等。"讲话者"（sayer）不一定是人，"讲话内容"（verbiage）可能是要传递给受话者的某个信息，也可能是要受话者做的某件事；可能是直接引语，也可能是间接引语，如表 2-5 所示。

表2-5

My watch	says	it's nine o'clock.
Sheppard	was telling	the truth.
Jane	declared,	"It is not fair."
The court	ordered ordered	his release from the prison.
Saver	Process: verbal	Verbiage

存在过程是表示有某物存在的过程。常用的动词是 be，此外还有 exist、remain、arise 等。在每个存在过程中，都必须有一个"存在物"（Existent），如"There was a loud explosion."中的 a loud explosion，如表 2-6 所示。

表2-6

There	was	a loud explosion.
	Process: existential	Existent

二、功能概念与汉英翻译

系统功能语言学中的及物性理论认为，当人们用语言来表现对主客观世界的认识和反映时，往往要借助及物性系统提供的可供选择的意义潜势。具体来讲，就是语言使用者通过合理使用及物性系统中的各种过程（物质过程、心理过程、关系过程、行为过程、言语过程、存在过程）来表现他们对主客观世界的认识和反映。不同的过程所表达的意义不尽相同，因而在翻译时，改变原文使用的过程类型就有可能改变其意义。

例1：王师傅干活认真。

Master Wang works conscientiously.

Master Wang is conscientious in his work.

我们不妨用功能语法小句理论分析一下原句和译句（a）、（b），如表2-7所示。

表2-7

原句

王师傅	干活	认真。
动作者	物质过程	环境（方式）

译句（a）

Master Wang	works	conscientiously.
动作者	物质过程	环境（方式）

译句（b）

Master Wang	is	conscientious	in his work.
载体	关系过程	属性	环境

由上述分析我们可以发现，译句（a）将原句译成了物质过程，"王师傅"是动作的发起者也即"参与者"，"干活"充当小句的主要动词，表示物质过程中"做的动作"，"认真"表示过程相关的环境。译句（b）将原句译成了关系过程，"王师傅"充当载体，"认真"充当属性，"干活"转译为环境。功能语法认为，功能决定形式，形式体现意义，形式不同其意义就不同，但不同的形式可以表达同一概念意义。英语整句中必须要有动词充当过程，而汉语句子则不同，充当谓语的可以是动词、形容词、名词等。这就要求译者在翻译过程中进行转换，力求表达与原文相对应的意义和功能。在本例中，如果选用原句中的"认真"充当谓语，翻译时就必须添加to be 的形式表示过程，"认真"表示其属性，小句最终体现为关系过程；如果选用"干活"充当谓语，其本身就可以用作动词，表示物质过程。但就语

义功能来看，译文（a）与译文（b）是有差异的，译文（a）表示动态，译文（b）表示静态，究竟应如何翻译完全取决于语境。因此，在翻译时，首先必须理解原文，在关注意义的同时关注形式。

例2：老张什么场面都见过。

Lao Zhang is experienced and knowledgeable.

Lao Zhang has seen much of the world.

究竟哪一句译得更恰当，我们还得运用功能语法小句理论分析一下原句和译句（a）、（b），如表2-8所示。

表2-8

原句

老张	什么场面	都	见过。
感觉者	现象	归一性	心理过程

译句（a）

Lao Zhang	is	experienced and knowledgeable.
载体	关系过程	属性（集约）

译句（b）

Lao Zhang	has seen	much of the world.
感觉者	心理过程	现象

通过分析可以发现，译句（b）更贴近原句，因为译句（a）将原句译成了一个关系过程小句，老张与 experienced and knowledgeable 构成了一种属性关系，而译句（b）仍保留了原句的感觉心理过程，体现了感觉的意义。

例3：我那时真是聪明过分，总觉他说话不大漂亮，非自己插嘴不可。

（《背影》朱自清）

译文1：I was then such a smart aleck that I frowned upon the way my father was haggling and on the verge of chipping in a few words.

（张培基　译）

译文 2：I was such a bright young man that I thought some of his remarks undignified，and butted in myself.

（杨宪益　译）

原句由三个小句组成，分别表示了三个过程：关系过程、心理过程和言语过程。两种译法都将第一个小句译为关系过程，第三个小句则保留了言语功能。原文中第二个小句是心理过程，张译选择了行为过程 frown upon 生动地刻画出作者当时的表情；杨译则保留了原文的心理过程，用 thought 一词表明作者当时的心理状态。

例 4：（黛玉）便倚着房门出了一会神，信步出来，看阶下新迸出的稚笋，不觉出了院门。一望园中，四顾无人，惟见花光柳影，鸟语溪声。

（《红楼梦》第二十五回）

译文 1：So she stood for a while leaning against the doorway in a brown study, before stepping out to look at the bamboo shoots sprouting below the steps. And then hardly knowing what she did，she stepped out of the courtyard. There was no one in sight in the Garden，nothing to be seen but the brightness of flowers and the shadows of willows，nothing to be heard but birdsong and gurgling streams.

（杨宪益，戴乃迭　译）

译文 1：She stood for a while leaning against the doorway，vacantly looking out. The young bamboo shoots were just breaking through in the forecourt，and after inspecting them，she drifted out into the Garden. Everywhere the flowers were blooming，the birds were singing，and the water splashed and tinkled，but not a human soul was to be seen.

（David Hawkes　译）

曹雪芹用"花光柳影，鸟语溪声"寥寥八个字即描绘出了大观园里的灿烂景色——有花有树，有鸟有泉，而且"花光"对"柳影"，色泽斑斓，流光溢彩，一派百花齐放，争芳斗艳，柳荫重重，绿树阴浓的美景，加上啾啾鸟鸣和潺潺的溪水流声，意境优美，情趣盎然。"花光柳影"是目之所及，"鸟语溪声"是耳之所闻，一静一动，动静结合，如此多的意象该如何在翻译中体现呢？原文"惟见花光柳影，鸟语溪声"这一句是表示心理过程的小句，黛玉是感知者，"花光柳影，鸟语溪声"是现象。译文 1 虽然选择了存在过程，但采用了一连串的名词短语来对应原文中作为现象的"花光柳影，鸟语溪声"；相比之下，译文 2 则选择了物质过程，一连用了四个动态动词 bloom、sing、splash 和 tinkle，不见了原文中的静态美，不见了柳影重重，多了一分嘈杂，尤其是 splash 和 tinkle 两个词与原文的情致不符，略显夸张。

例 5：他对待仆人，对待自己的儿女，以及对待我的祖父都是同样的吝啬和疏远，甚至于无情。

（《永久的憧憬和追求》　萧红）

译文 1：He would treat his servants, his own children and even my grandpa alike with meanness and indifference, not to say with ruthlessness.

（张培基　译）

译文 2：To his servants, his children and even his own father, ne was just as miserly and indifferent, or heartless for that matter.

（刘士聪　译）

原文是一个物质过程，由"对待"这个动作来完成，而"同样的吝啬和疏远，甚至于无情"是一种方式。从译文来看，张译选择了与原文同样的物质过程来表达，而刘译则把它转化为了关系过程。

例 6：到徐州见着父亲，看见满院狼藉的东西，又想起祖母，不禁簌簌地流下眼泪。

（《背影》朱自清）

译文 1：When I met father in Xuzhou, the sight of the disorderly mess in his courtyard and the thought of grandma started tears trickling down my cheeks.

（张培基　译）

译文 2：When I joined him in Xuzhou I found the courtyard strewn with things and could not help shedding tears at the thought of granny.

（杨宪益　译）

原文的第二个小句是一个省去了参与者的心理过程，张译将原文的心理过程译为一个名词结构 the sight of；杨译保留了心理过程，但换了一个动词，将原句的"看见"译为 found。第三个小句中"想起"是一个表示感觉的心理过程，两位译者都将其译为名词结构——the thought of，显得灵活简练。

下面几例选自司显柱、李冰洁《及物性理论在翻译批评中的应用——以

〈一件小事〉的两个译本的对比研究为例》，例子的英文译本以下分别标记为译文1和译文2。译文1选自杨宪益和戴乃迭翻译的《鲁迅小说选》；译文2摘自《英语学习》杂志，由北京外国语大学陈国华教授翻译，并经美国汉学家莫大伟润色。两篇译作均出自翻译水平精湛的名家，各具风格，语义信息足，语言质量佳，具备较强的代表性和较高的批评价值。此处应用及物性理论对两个译本进行对比与分析。

例7：（1）我从乡下跑到京城里，一转眼已经六年了。（2）其间耳闻目睹的所谓国家大事，算起来也很不少；但在我心里，都不留什么痕迹，倘要我寻出这些事的影响来说，便只是增长了我的坏脾气——老实说，便是教我一天比一天的看不起人。

译文1：（1）Six years have slipped by since I came from the country to the capital.（2）During that time the number of so-called affairs of state I have witnessed or heard about is far from small，but none of them made much impression. If asked to define their influence on me，I can only say they made my bad temper worse. Frankly speaking，they taught me to take a poorer view of people every day.

译文2：（1）Six years have gone by in the blink of an eye since I came to the capital from the countryside.（2）During these six years I have witnessed and heard about quite a number of big events known as "affairs of state". None of them，however，has had any impact on my heart. If anything，they have only made me increasingly gloomy. To tell the truth，they have made me more and more contemptuous of other people.

汉语的信息中心多置于句末，而英语则倾向于将其前置。以此推论，原文句（1）的信息中心应为"六年"，句（2）中的"其间"衔接的是"六年"这个信息。译文1和译文2都摆脱了原文语序的限制，将six years置于句首，强调了信息中心，符合译入语对中心信息的处理。原文中，句（1）由一个物质过程小句和一个并列环境成分小句组成，无显性逻辑连接词；而译文1和译文2都采用了时间关系词since来连接两个物质过程小句。英语属显性逻辑语言，汉语则多采用隐性逻辑连接，因而在双语互译时，应注意逻辑词的显隐转换。所以，这里采用显性逻辑关系词符合译入语的逻辑表达特点。两个译文唯一的区别在于，译文2通过介词词组in the blink of an eye充分地重塑了原文的环境成分"转眼"；而译文1则试图以slipped by带过，未能充分传递原文的信息。

在词项理解上，对于"便只是增长了我的坏脾气"中的"坏脾气"，两位译者做出了不同的诠释。译文 1 将其直译为 bad temper，译文 2 则将其转译为 made me increasingly gloomy。通读全文，作者展现的并非是个脾气火爆、秉性乖戾的人物角色，而是塑造了民国时期，一个在撞倒老人后习惯性选择逃离，几近麻木的时代人物形象。因此，译文 2 所采取的理解性转译方式更为妥当。

例 8：但有一件小事，却于我有意义，将我从坏脾气里拖开，使我至今忘记不得。

译文 1：One small incident, however, which struck me as significant and jolted me out of my irritability, remains fixed even now in my memory.

译文 2：But there was one small event which had deep significance for me and which pulled me out of my gloom. I still remember it clearly today.

本句中，原文依次选用了存在过程、物质过程和心理过程：首先通过存在过程，引出存在物"一件小事"；继而将"一件小事"作为动作者，带入两个连续的物质过程小句；随即通过一个心理过程，表达了现象"一件小事"对感觉者"我"的影响。信息中心"一件小事"在连续三次的过程角色转换中得到了充分强调，使读者对"一件小事"产生了强烈的期待，对下文的情节发展起到了推波助澜的作用。由此可见，该句强大的话语力量，正得益于及物性过程的频繁更迭和过程角色的多次转换，因而翻译转换时应遵循原文的过程转化模式，以取得相同的效果。译文 2 保持了原文的过程推进模式，通过"存在过程——物质过程——心理过程"的转换，产生环环相扣、步步紧逼的效果。而译文 1 选择了"关系过程嵌入存在过程"的模式，虽语义表达完整，但削弱了原文的语言表达效果。

此外，对于本文的关键词"小事"，译文 1 和译文 2 做出了不同的诠释。译文 1 将其翻译为 incident，而译文 2 将其解释为 event，两词都有"事件"之意，但所指事件类型不同。incident 有小事故、偶发事件、小插曲之意，而 event 则侧重于表示有重要影响的大事件。原文篇幅短小，鲁迅先生却用大量的篇幅表达这"一件小事"对自身的影响，如"但有一件小事，却于我有意义，将我从坏脾气里拖开，使我至今忘记不得""这事到了现在，还是时时记起""几年来的文治武力，在我早如幼小时候所读过的'子曰诗云'

一般，背不上半句了。独有这一件小事，却总是浮在我眼前，有时反更分明，叫我惭愧，催我自新，并且增长我的勇气和希望"。可见，这"一件小事"对于先生来说并非一次偶发事故那么简单，而是于整个人生都有重大意义的一个事件，因而选择 event 来表达这件"小事"更加妥当。

例 9：（1）这是民国六年的冬天，大北风刮得正猛，我因为生计关系，不得不一早在路上走。（2）一路几乎遇不见人，好容易才雇定了一辆人力车，教他拉到 S 门去。（3）不一会儿，北风小了，路上浮尘早已刮净，剩下一条洁白的大道来，车夫也跑得更快。（4）刚近 S 门，忽而车把上带着一个人，慢慢地倒了。

译文 1：（1）It was the winter of 1917, a strong north wind was blustering, but the exigencies of earning my living forced me to be up and out early.（2）I met scarcely a soul on the road, but eventually managed to hire a rickshaw to take me to S-Gate.（3）Presently the wind dropped a little, having blown away the drifts of dust on the road to leave a clean broad highway, and the rickshaw man quickened his pace.（4）We were just approaching S-Gate when we knocked into someone who slowly toppled over.

译文 2：（1）It was a winter day in the sixth year of the republic（1917）and a strong northerly wind was blowing. I set off early in the morning to go to work.（2）There was hardly anybody on the street. It was quite some time before I finally succeeded in hiring a rickshaw. I told the rickshaw man to take me to the south gate.（3）After a while the north wind abated, leaving in its wake a clean stretch of road free of loose dust, which enabled the rickshaw man to run more quickly.（4）Just as we approached the south gate the right shaft of the rickshaw collided with someone, who crumpled to the ground.

句（1）翻译的关键点是对具有中国特色的"民国六年"和"生计"两个词项的处理。如何运用译文词语完成对原文语义的足额表达和文化信息的传递，让没有相关文化背景的译入语读者产生和源语读者同等的反映，对于译者来说是个挑战。"民国六年"蕴涵着很深的历史和文化背景，两篇译文在处理上采取了不同的策略。译文 1 采取了年表换算法，直接将特定历史时期纪年法"民国 × 年"转换为译入语读者熟悉的公元纪年法"1917"，确实传递了源语信息，但遗憾的是造成了"中国特色"效果的削弱。译文 2

采取了"直译 + 补充"策略，将"民国六年"直接还原为 the sixth year of
the republic，并后注括号补充"1917"，这样既能成功地传递历史背景信息，
又能帮助读者理解原文。

两篇译作对另一个语言点"生计"的理解也不尽相同。译文 1 将其理
解成"疲于奔命"，译文 2 则认为是"上班"之意。本篇小说基于鲁迅先生
的亲身经历创作而成，对此处"生计"的理解要跳出字面的囹圄，结合鲁
迅先生当时的社会地位和生存状况通盘考虑。鲁迅当时是北大教授，因而
其经济状况不至于使他疲于奔命。此外，从出门乘坐人力车这个行为来看，
小说中的人物"我"也应是当时社会的中产阶级。因此，此处的"生计"实
则为"上班"或"去某处办事"之意。译文 2 的处理较为恰当。

在句（2）中，第一个小句"一路上几乎遇不见人"虽然包含一个动态
动词"遇"，表面上看似乎是一个物质过程，但从语义层面分析，其重点在
于表达"没有人"，而非"我没遇见人"，因而实为一个存在过程小句。译
文 2 遵循了原文的过程选择，将本句译为"There was hardly anybody on the
street."。而译文 1 没有摆脱"动态动词"的限制，将本句处理为一个物质
过程，把重点放在了"我"上，造成了重心的偏移。

例 10：（1）车夫听了这老女人的话，却毫不踌躇，仍然搀着伊的臂
膊，便一步一步地向前走。（2）我有些诧异，忙看前面，是一所巡警分驻
所，大风之后，外面也不见人。（3）这车夫扶着那老女人，便正是向那大
门走去。

译文 1：（1）But the rickshaw man did not hesitate for a minute after hearing
the old woman's answer. Still holding her arm, he helped her slowly forward.
（2）Rather puzzled by this I looked ahead and saw a police station. Because of the
high wind, there was no one outside.（3）It was there that the rickshaw man was
taking the old woman.

译文 2：（1）After hearing the woman's reply, the rickshaw man did not
hesitate for a moment. Still supporting her by the arm, he walked her forward step by
step.（2）A little surprised, I looked ahead. In the distance was a police station. No
one stood outside, the wind having driven everyone indoors.（3）The rickshaw man
was guiding the woman there.

本段中，原文由"心理过程 + 心理过程 + 物质过程 + 物质过程 + 心理

过程＋心理过程＋关系过程＋物质过程＋物质过程＋物质过程"模式组成；译文 1 的过程模式为"心理过程＋物质过程＋心理过程＋物质过程＋存在过程＋关系过程"，与原文差异较大；译文 2 的过程模式选择几乎与原文相同，为"心理过程＋心理过程＋物质过程＋物质过程＋心理过程＋心理过程＋关系过程＋物质过程＋物质过程"。译文 1 与译文 2 的主要区别在于对句（2）、句（3）的处理上。原文中"我有些诧异，忙看前面，是一所巡警分驻所"一句由"心理过程＋心理过程＋关系过程"组成；译文 1 将其译为"Rather puzzled by this I looked ahead and saw a police station"，将原文中"是一所巡警分驻所"的关系过程转换为物质过程。过程类型的转换造成了语句中心的转换。原句中"我"虽为动作发生的主体，但所有发生的动作都是为引出信息中心"是一所巡警分驻所"做铺垫。犹如一个长焦镜头，镜头转动，掠过风景，然后锁定一点，拉近焦距。仿佛是读者在顺着作者的指引，自己发现了一处巡警分驻所。译文 1 以物质过程替代关系过程，将语句的焦点过度地集中在动作的发出者之上，虽然也引出了 police station，但原文那种电影镜头式的韵味已不复存在。译文 2 的过程选择与原文相同，不仅完整地还原了原文语义，也较好地保留了其韵味。

原文中"大风之后，外面也不见人"为物质过程小句，译文 1 将本句转译为一个存在过程小句"Because of the high wind, there was no one outside."。虽然表意正确，但由于动词的缺失，较之原句过于平淡，生动性大打折扣。译文 2 则遵循原文，将其译为动态十足的物质过程小句"No one stood outside, the wind having driven everyone indoors"，并且译者在原句的基础上稍作发挥，略调语序，将"大风之后"译作 the wind having driven everyone indoors，既还原了原文语句生动的画面，又方便了译入语读者更好地理解文意，恰到好处。

原文中句（3）由两个简单的物质过程小句组成，而译文 1 套用强调句型，将其处理为关系过程小句。这种处理过度地强调了 there 即"目标地点"，而模糊了主角的角色，有舍本逐末之嫌。译文 2 虽根据译入语语言习惯将两个小句合为一句，但在过程选择上遵循原文，采用物质过程烘托出了主角形象。

简言之，概念功能指的是语言对人们在现实世界（包括内心世界）中各种经历的表达，主要由及物性系统来体现。从系统功能语言学的角度来看，翻译过程中译文与原文应力求元功能对等，尤应先实现概念功能的对等。如果一个译文在经验意义的识解方面与原文有出入、不对等，就称不上是好译文。因此，韩礼德所强调的概念（经验）功能对等应作为总原则来遵守。

第二节　人际功能

一、人际功能简述

在韩礼德的系统功能语法中，人际功能指的是人们用语言来建立和保持人际关系，以及用语言来影响别人的行为的功能；或指用语言来表达自己对世界（包括现实世界和内心世界）的看法甚至改变世界的功能。语言使用的目的是与他人交际，建立联系。因此，交际中的语言也应该是双向（two-way）的意义系统，即具体功能的实现要依赖于发话者（addressers）的意图和听话者（audience）的回应，以及双方角色的交换。汤普森指出，系统功能语言学认为人们在交往中无论如何变换交际角色，其主要角色只有"给予"（giving）和"求取"（demanding）；交往中所交换的可以是商品及服务（goods & services），也可以是信息（information）。事实上，人们通过改变语言的表达形式——语法来实现这些目的：用陈述句（declarative）来给予信息；用疑问句（interrogative）来表示对信息的需求。如果把两种交际角色和两种交换物组合起来，便构成四种言语功能，如下表2-9所示。

表2-9　两种交际角色和两种交换物构成的四种言语功能示例

交际角色	交换物	
	商品及服务	信息
给予	提供 Would you like this teapot?	陈述 He is giving her the teapot.
求取	命令 Give me that teapot!	提问 What is he giving her?

在这四种言语功能中，由于"提供"常常只是一种实现非语言学目的的功能，如有人给你端了一杯水，所以与语法结构往往不存在特定的关系，而"陈述""提问""命令"这三个言语功能却往往与特定的语法结构有一定的对应关系。例如，"陈述"通常由陈述句表达，"提问"一般由疑问句表达，而"命令"则往往由祈使句表达，所以从言语功能和语言体现形式的角度，系统功能语言学划分出了语言中的三种语气：陈述语气、疑问语气和祈使语气。例如，在汉语中，这三种语气和典型体现句式为：

（1）屋里真热。（陈述语气）

（2）你热不热啊？（疑问语气）

（3）屋里真热，把风扇打开吧！（祈使语气）

与英语一样，句（1）中发话者采用了陈述语气，向受话者提供信息，句（2）中发话者为求取信息选用了疑问语气，而在句（3）中说话者为索取服务使用了祈使语气。

为阐释这种交换功能如何通过语言形式的改变得以实现，韩礼德提出了一个重要概念——语气（mood）。小句是由语气和剩余成分构成的，而语气又由主语（subject）和限定成分（finite）组成。主语是一般意义上的名词词组、人称代词等；限定成分是动词词组的一部分，主要表示时态（tense）和情态（modality）。可以充当剩余成分的是谓体、补语和状语，谓体指动词词组中除限定成分以外的部分。主语和限定成分的次序决定了不同小句的语气。韩礼德认为，英语中只有三种语气，即陈述语气、疑问语气和祈使语气系统，他没有提到感叹语气。但我们认为感叹语气系统是客观存在的，所表达的属于人际意义范畴，从言语功能的角度，它表达了说话人强烈的情感这一信息。

在语言结构层面上，人际功能通过语气系统、情态系统和语调系统三个语义系统来实现。其中，语气传达话语双方给予或求取的关系；情态主要通过情态动词、副词和情态隐喻来实现，通常表达说话者对命题的判断；语调则通过声调的"升降曲线"（contour）来表达与语气和情态密切相关。通过语言的人际功能，讲话者使自己参与到某一情景中，向听话人灌输自己的思想，表达自己的态度和推断，并试图影响别人的态度和行为，表达讲话人和听话人之间的社会关系，以及讲话人的交际目的等。

二、人际功能与汉英翻译

就陈述语气来说，汉语和英语主要存在两种差异。首先，英语中主语的作用很重要，它能够保证句子有意义而且是区分不同语气的关键成分之一，所以英语句子中的主语通常不能省略。但在汉语中，无主句是极其常见的。其次，汉语通常会在句末运用一些标记词以表现不同语气，陈述语气也不例外。最具代表性的表达陈述语气的标记词有"了""呢""吧""啦""的"等。虽然它们各有语法上的意义（如决定、疑问、反诘、夸张等），但更多的是表达情绪，赋予某些实词或整个句子以某种附加的情感、意味或色彩，这是汉语所特有的。英语中没有对应的词汇标记语气助词，陈述句中情绪的表达主要靠语调（intonation）来实现。而汉语里因为有了语气助词，表示情绪的语调就居于次要地位了。

疑问语气可分为一般疑问句和特殊疑问句。英语中，一般疑问句是通过将限定词放在主语前面来实现的，汉语中没有这样的句式变化，但是会通过句末标记词来实现一般疑问语气，这类标记词常见的有"吧""呢""吗"等。对于特殊疑问句，英文中特殊疑问成分表征了问话者期望答话者提供的具体信息，而且不论这些信息在句中做主语、补语还是状语，通常都是句子的主位；而在汉语中特殊疑问成分的位置决定了它在句中的语法成分。

英汉语言在表达祈使语气方面差异不大。英语中无标记祈使句的主语是省略的，如"Come on！"汉语中的大多数祈使句和英语中的结构一样，也只有谓语部分，如"来吧！"

英语中表达感叹语气的句子通常由 what、how 引导，即 What+ 名词 + 陈述语序，How+ 形容词或副词 + 陈述语序。在汉语中，表达感叹语气的小句结构和表达陈述语气的小句结构基本相似，只是汉语的感叹句句末存在一些标记词，如"啊""呀"等。

英汉语气系统虽然都有陈述、疑问、祈使和感叹语气等基本语法结构，但在语言形式上有差异（如汉语中的疑问语气不同于英语）。而且由于文化差异，源语文化中非标记性语气在译入语中可能需要标记性语气来实现，反之亦然。

以张培基翻译的朱自清的散文《背影》为例。译文为了准确表达原文语气，多处对原文句式结构进行调整。例如，原文中"而且我这样大年纪的人，难道还不能料理自己么？”译成 "Can not such a grown-up like my age look after himself?" 显然会歪曲原文的感情色彩，显得不够礼貌。因此，译者没有机械地选择英文中的疑问语气，而是采用了陈述句，有意识地将其译成 "It was certainly no problem for a person of my age to look after himself"。译者的这种处理是正确的，相比疑问结构，这种陈述结构才能更准确地表达原文的感情色彩。再如原文中的祈使句"爸爸，你走吧。"对应的译文是 "Dad, you might leave now." 由于英文不存在标记词，为了恰当地表达原文中的感情色彩，译者添加了情态动词 might，这种处理很恰当。译文如果按照原文的祈使句结构机械对应，直接将原文译成 "Dad, you leave now." 就显得不太礼貌，没有准确传达出原文的语义。

下面将举例说明汉英翻译中人际功能是如何实现对等的。

例 1：我想，我眼见你慢慢倒地，怎么会摔坏呢，装腔作势罢了，这真可憎恶。

（《一件小事》 鲁迅）

译文 1：I thought: I saw how slowly you fell, how could you be hurt? Putting on an act like this is simply disgusting.

（杨宪益，戴乃迭 译）

译文 2：I saw you go down with my own two eyes, I thought to myself, and it was slowly at that. How could you possibly have been hurt? Just a big act, that's all. What a contemptible old woman!

（莱尔 译）

在原文中，"这真可憎恶"是感叹句。汉语中没有限定成分，在此通过"真"来表达感叹语气，体现了叙述者对老妇人的憎恶之情，因为在叙述者"我"看来，那个老妇人只是假装受伤。杨戴夫妇翻译时，将"装腔作势罢了"和"这真可憎恶"合并译为一个陈述句，一定程度上削弱了叙述者所表达的强烈憎恶。而莱尔翻译时，用 what 引导的感叹句结构，成功地保留了该句的句子类型。因此，在该例中，莱尔的翻译更忠实于原文。

例 2：我还能裁判车夫么？

（《一件小事》 鲁迅）

译文 1：Who was I to judge the rickshaw man?

（杨宪益，戴乃迭 译）

译文 2：Was I even fit to pass judgment on this rickshaw man?

（莱尔　译）

例 2 是个以语气词"么"结尾的是非疑问句。这个句子是对叙述者评判资格的一种自我反问，不需要回答。杨戴夫妇将这个是非疑问句译成特殊疑问句，变成了质疑叙述者——"我"的身份，而非"我"的评判资格。而莱尔不仅保留了原句是非疑问句的句子类型，也很好地保留了其概念意义。

汉语的"吧""呢""啊""呀""啦"等语气虚词在英语中没有对应的词汇标记，只能根据交际情景语境来确定其语气，用恰当的语气或情态来体现。汉语中这些语气虚词除翻译成各种语气外，大多还由情态词来体现，这些情态词包括情态助动词如 must、can、may、had better 及其否定式，各类语气情态附加语如 perhaps、just、of course、please、all right，以及语气和情态隐喻 I suppose、I think、I doubt、I hope 等。

下面几例从人际功能的情态角度比较和分析了《雷雨》的原文和译文的汉英语气系统。

请看下面例句中的语气词：

（1）周繁漪（对鲁妈）：请坐！你来了好半天啦。

Won't you sit down? You must have been waiting a long time.

（2）四凤（对父亲鲁贵）：您听错了吧！

You've got it all wrong, I'm afraid.

韩礼德的情态系统描写了英语情态值的三个等级：高、中、低，如典型的 must/will/may 级别。在我们所分析的英译文中，英语用不同情态值的情态助动词来表达汉语不同级别的语气词，这说明汉语语气词的情态意义也是有量值等级的。汉语语气词传达说话人的思想情感及其表达思想的方式、对命题的判断评价，含有不同程度的等级值，表达的情感有强弱之分、高低之别。量值等级较低的是表委婉语气的词，如"吧"，较高的是"啊""啦""嘛"，带有领导口吻。例如，鲁四凤瞧不起父亲的为人处世，在父亲面前说话比较随意，不那么顾及自己的身份，所以高高在上，多带嘲讽口吻。

（3）鲁贵：叫她想想，是你爸爸混事有眼力，还是她有眼力。

Let her see who knows what's best for you, she or your dad!

四凤：自然您有眼力啊！

Why, you, of course!

（4）四凤（对鲁贵）：得了，您别这样客气啦。

Forget it. You're getting very considerate all of a sudden，aren't you?

在句（3）中，"啊"含有反讽口气，英语中用 why、of course 来体现；句（4）中的"啦"用于祈使句，含有强迫听从之义，而在英语中却用反诘问句来表示。

然而，由于汉语语气词的表意功能具有较强的语境依赖性，所以难以把它们像英语情态词 must/will/may 那样做明显的等级区分。通过对比我们发现，汉译英时原文与译文的主要差别大多表现为中等量值向高或低量值转换，如下句：

（5）鲁贵（对四凤）：哼！我跟你说，我娶你妈，我还抱老大的委屈呢。

Humph! Now just you listen to me. I've never stopped blaming myself tor marrying your mother.

从这句可以发现，原文用肯定句式加语气词"呢"表达一种不满，但在对应的英语译文中，用否定的情态附加语 never，语气似乎有所加强了。

讲话者对信息来源所承担的不同责任称为语言的言据性，言据性有强、中、弱的程度区别。汉语语气虚词也可以表达言据性，但语气虚词与不同程度的言据性词汇标记连用，如情态副词、言语动词、认知动词等，这在一定程度上削弱了说话人对所提供信息的肯定程度，言据性降低了，如下面的句子：

（6）周朴园：她为什么不再找到周家？

But why didn't she go back to the Chous?

鲁妈：大概她是不愿意吧？

I don't expect the idea appealed to her.

"吧"的基本功能是表达说话者的迟疑，即说话者对该句内容的可信度没有十分把握，本句中原文连用语气词与情态副词来表示说话人对信息来源承担的责任，情态副词减弱了这种责任。但在译文里只用 I don't expect 来表达，其实这是一个语气隐喻。

（7）周繁漪：哦，你是你的父亲的儿子。——这些月你特别不来看我，是怕你的父亲？

I see，so you are your father's son.——I suppose the reason you've made a point of not coming to see me lately is that you're afraid ot your rather.

周萍：也可以说是怕他，才这样的吧。

I suppose you could put it like that.

该句中，原文里的言据性词汇"也可以说"与语气词"吧"连用表达对所涉及的问题和信息的肯定程度，而译文中 I suppose 与第二人称代词做主语的小句，却似乎削弱了说话人对信息的真实性要承担的责任。

例 3：宝玉听说，连忙回道："老爷方才所议已是。但是如今追究了去，似乎当日欧阳公题酿泉用一'泻'字则妥，今日此泉若亦用'泻'字，则觉不妥。况此处虽云省亲驻跸别墅，亦当入于应制之例，用此等字眼，亦觉粗陋不雅。求再拟较此蕴藉含蓄者。"

（《红楼梦》第十七回）

译文 1："I agree with what you just said, sir," replied his son. "But if we go into this a little deeper, although 'spilling' was an apt epithet for Ouyang Xiu's fountain, which was called the Brewer's Spring, it would be unsuitable here, then again, as this is designed as a residence for the Imperial Consort we should use more courtly language instead of coarse, inelegant expressions like this. Could you not think of something more subtle?"

（杨宪益，戴乃迭 译）

译文 2："I agreed with what you said just now, Father," said Bao-yu, "but on second thoughts it seems to me that though it may have been all right for Ouyang Xiu to use the word 'gushing7 in describing the source of the river Rang, it doesn't really suit the water round this pavilion. Then again, as this is a Separate Residence specially designed for the reception of a royal personage, it seems to me that something rather formal is called for, and that an expression taken from the Drunkards Pavilion might seem a bit improper. I think we should try to find a rather more imaginative, less obvious sort of name."

（戴维·霍克思 译）

本例选自《红楼梦》第十七回，写贾政带着清客和宝玉游览大观园，为新竣工的大观园题匾额对联，故意一试宝玉才学。因众清客早知贾政要试宝玉的功业进益，因而都只用一些陈词滥调来敷衍，而宝玉天资颖慧，擅长吟诗作词，他机敏应对，才情不凡，获得了众人的称赞。此处是贾政为一处亭子拟了一个题名，转而问宝玉的想法，宝玉当着众清客的面指出了父亲的题法不妥。虽然此处宝玉有点恃才得意，大胆提出了不同看法，但是他对父亲还是惧怕的。事实上，因为宝玉一直"不务正业"，贾政对宝玉十分严厉，动辄呵斥，宝玉也一向惧怕贾政，正如贾母说的，"就如老鼠见了猫"。而且封建大家族的父子关系，也决定了他面对父亲时毕恭毕敬的态度。译文 1 强调了宝玉为在父亲面前展示自己的才学，说话较为直接，如用 we should 来提出建议，一改平时唯唯诺诺的语气。译文 2 则使用了较委婉的句式，如两处用到了 it seems to me that 和虚拟语气 it may have been 的结构。原文最后一句"求再拟较此蕴藉含蓄者"是陈述句，表达了宝玉对父亲毕恭毕敬的请求语气，译文 1 采用反问句"Could you not think of something more subtle?"削弱了原文中宝玉的礼貌态度，显得过于放肆，不符合宝玉和父亲一贯的身份角色。而译文 2 用"I think we should⋯"来提出建议，保留了该句的句子类型，成功地传达了宝玉和父亲之间的角色关系，比较符合原作精神。

如前所说，汉语中许多语气得以表达的重要途径就是在句子中使用语气助词及各种虚词。一些语气助词和虚词也是表达主观看法，以婉转的方式下达命令、表达要求的重要手段，这些语气标记语在英语中无法找到一一对应的词汇。如果由于这些语气标记语的存在，句子表达了一定的情态意义，那么在英语翻译中可以添加情态成分以确保情态意义完整、准确地表达。

翻译过程中要实现元功能对等，首先要实现概念功能对等，其次就是人际功能的对等。汉英翻译中人际意义的实现主要通过语气系统和情态系统来完成。汉语中的语气除了可以翻译成英语中各种对应的语气外，有些语气虚词在英语中没有对应的词汇标记，就需要译者根据交际情景语境来确定其语气，用恰当的语气或情态来体现，以确保情态意义完整、准确地表达。

第三节　语篇功能

一、语篇功能简述

韩礼德认为，语篇功能是指语言使自身前后连贯并与语域发生联系的功能。具体来说，语篇功能指语篇的完整性（integrity）、一致性

（consistency）和衔接（cohesion）。在韩礼德和哈桑 1985 年出版的《语言·语境·语篇》一书中，哈桑扩大了衔接概念的范围，并把衔接分为结构性衔接和非结构性衔接。前者包括平行对称结构、主位结构和信息结构；后者则包括成分关系衔接和有机关系衔接。其中，平行对称结构是指用对称的形式表达相对或相近的内容，不仅可以增强所表达内容之间的结构性衔接，还能使表达简洁有力。成分关系衔接包括了《英语的衔接》中提出的五种衔接手段中的四种：照应（reference）、替代（substitution）、省略（ellipsis）和词汇衔接（lexical cohesion）；有机关系衔接包括连接关系、相邻对、延续关系等。在结构层次上，主位结构是语篇的谋篇机制之一；主位推进模式是语篇衔接的主要表现形式。在语法和词汇层次上，衔接是加强句际语义联系和连贯的重要手段。由于英汉两种语言不同的机制和文化背景，在实际应用中存在很多不同之处，我们将主要关注在汉英翻译语篇重构过程中出现的常见和具有参考性的问题。下面以韩礼德和哈桑的主位推进和衔接理论为指导，来探讨如何从结构性衔接和非结构性衔接的角度来指导以语篇为翻译单位的汉译英实践，以达到一种译文上的"忠实性"。

二、语篇功能与汉英翻译

（一）主位与述位

主位（theme）和述位（rheme）概念是由布拉格学派创始人、捷克语言学家马泰修斯于 1939 年提出的。他从交际角度研究句子中不同成分在语言交际中发挥的作用，并总结出位于句首的成分在交际过程中起特殊作用，即引出话题。他把引出话题的部分称为主位，其他部分称为述位。主位一般表示已知信息，而述位一般表示未知信息。以韩礼德为代表的系统功能学派接受了布拉格学派提出的这对术语，但在主位划分方面提出了不同的看法。韩礼德于 2000 年在《功能语法导论》一书中提出并区分了单项主位、复项主位和句项主位。在单项主位中他又进一步划分出非标记性（unmarked）主位和标记性（marked）主位；把复项主位进一步划分为语篇主位、人际主位和话题主位。胡壮麟采用了韩礼德的这种观点，在 1994 年著的《语篇的衔接与连贯》中进行了阐释。

布拉格学派捷克语言学家丹尼斯认为，每个小句都有自己的主位。在一个由两个或两个以上小句组成的语篇中，整个语篇随每个小句主位的向前推进而展开。在语篇展开的过程中，前后句子的主位和述位、述位和述位，以及主位和主位之间会产生某种联系和变化，这种联系和变化就是我们所说的主位推进模式。丹尼斯提出了三种主要的主位推进模式（patterns of thematic progression），如图 2-1 所示。

```
1.  T1 → R1
        ↓
        T2 (= R1) → R2
                        ↓
                        T3 (= R2) → R3

2.  T1 — R1
        ↓
    T1 — R2
        ↓
    T1 — R3

3.                              [T]
    T1 → R1
              T2 → R2
                        T3 → R3
```

图 2-1　丹尼斯的三种主位推进模式（Danes 1974: 118-119）

朱永生和严世清在他们的《系统功能语言学多维思考》一书中，根据语言学家弗里斯和丹尼斯的研究成果，总结出英语语篇中主位推进模式的四种基本类型：

（1）主位同一型（亦称平行型或放射型：主位相同，述位不同）：

T1 — R1 — T2（=T1）— R2 → Tn（=T1）— Rn

例如：Many people pretend that they understand modern art. They always tell you what a picture is about.

（2）述位同一型（集中型：主位不同，述位相同）：

T1 — R1 → T2 — R2（=R1）→ Tn — Rn（=R1）

例如：I'm not really interested in fishing. My father is not really interested in fishing, either.

（3）延续型（亦称梯形：前一句的述位或述位的一部分成为后一句的主位）：

T1 — R1 → T2（=R1）—R2 → Tn（=R_{n-1}）— Rn

例如：Captain Ben Fawcett has bought an unusual taxi. The taxi is a small Swiss aeroplane called a Pilatus Porter. This wonderful plane can carry seven passengers.

（4）交叉型（前一句的主位是后一句的述位）：

T1 — R1 → T2 — R2（=T1）→ Tn — Rn（=T_{n-1}）

例如：Fishing is my favorite sport. I often go fishing on Saturdays. Some fishermen are even less lucky than I.

（二）主位推进模式在汉译英中的综合应用

主位推进模式是构成汉译英语篇内容的基本框架，而衔接是实现语篇语义连贯的重要手段。主位——述位系统从交际功能的角度出发，指明任何句子均可切分为主位和述位两个部分，每个小句和小句复合体的出发点都是主位，一个小句确定了主位后，剩下的部分就是述位；同时主位是信息的出发点，它是一个小句形成的主要依据。因此，在语篇中不同主位的选择将会产生不同的意义。

在汉译英过程中，要想把握好主位和述位，使译文通顺流畅，首先要就文本本身进行仔细阅读和分析，吃透原文精神，弄清字里行间的意思，从看似孤立、实则相互关联的句子中理出其内在逻辑关系和条理，然后再动笔进行翻译。

由于主位通常由已知信息担任，述位通常由新信息担任，主位推进也构成了信息的延伸与传递。主位不仅要照应前面的句子，保持句子的连贯，还要充当后面句子的出发点，以此推动语篇的发展。汉译英是两种文化和两种语言之间的相互转换，英汉两种语言在句子结构上和表达方式上各有自己的特点。英语造句主要采用形合法（hypotaxis），句中的词语或分句之间用语言形式手段，即衔接手段连接起来，表达语法意义和逻辑关系。因此，英语注重显性接应（overt cohesion），注重句子形式，注重结构完整，以形显义。汉语造句主要采用意合法（parataxis），即少用或不用衔接手段，句中的语法关系和逻辑关系通过词语或分句的含义来表达。因此，汉语注重隐性连贯（covertcoherence），注重逻辑事理顺序，注意功能、意义，以神统形。因此，汉译英时，原文文本的主位推进模式应该在译文中以某种适宜的方式加以再现，能保留的保留，与目标语冲突的则应该按照目标语的行文习惯，采用不同的主位推进模式和语篇衔接手段，最终实现译语文本的内部连贯性重构。

例1：今年3月，郝建秀被任命为纺织工业部部长。她45岁，是国务院最年轻的成员。过去的普通工人，如今掌管起全国5000多家纺织企业。

　　这个介绍性小语篇仅由三个句子组成，从叙述的角度来看，三个句子是通过时间顺序组织起来的。但在翻译时，如果将"今年 3 月、45 岁、过去"作为主位，译作"In March, Hao Jianxiu was named China's minister of textiles. When she is 45, she has become the youngest member of the State Council. In the past, she was an ordinary worker, but now she is in charge of more than five thousand textile enterprises all over the country." 就会造成译文的烦冗、松散。但如果将"郝建秀"这个人物作为主位，译作"Hao Jianxiu was named China's minister of textiles this March. She is 45 and the youngest member of the State Council. Once an ordinary worker, she is now in charge of more than five thousand textile enterprises throughout the country"，就在一定程度上达到了语篇前后的主位一致，使译文更加紧凑、流畅。

　　例 2：真正的朋友，恐怕要算"总角之交"或"竹马之交"了。在小学和中学的时代容易结成真实的友谊，那时彼此尚不感到生活的压迫，入世未深，打算计较的念头也少，朋友的结成全由于志趣相近或性情适合，差不多可以说是"无所为"的，性质比较纯粹。二十岁以后结成的友谊，大概已不免掺有各种各样的颜色分子在内；至于三十岁四十岁以后的朋友中间，颜色分子愈多，友谊的真实成分也就不免因而愈少了。

（《中年人的寂寞》 夏丏尊）

Real friendship between two persons originates perhaps from the time of life when they were children playing innocently together. Real friendship is easily formed in primary or middle school days when, being socially inexperienced and free from the burden of life, you give little thought to personal gains or losses, and make friends entirely as a result of similar tastes and interests or congenial disposition. It is sort of "friendship for friendship's sake" and is relatively pure in nature. Friendship among people in their 20's, however, is more or less colored by personal motives. And friendship among those aged over 30 becomes correspondingly still less pure as it gets more colored.

（张培基 译）

　　这个语篇的主题是真正的友谊随着人的年龄而淡薄。为突出这个主题，译者采用了单一的主位同一型，即每个句子都用 real friendship、friendship 或代词 it 做主位，不仅起到了突出主题、连贯语义的作用，而且保留了原文作者的思路和语言风格。

例3：前后加起来，我在北京已经住了四十多年，算是一个老北京了。北京的名胜古迹，北京的妙处，我应该是了解的；其他老北京当然也了解。但是有一点，我相信绝大多数的老北京并不了解，这就是黎明时分以前的北京。

（《黎明前的北京》 季羡林）

I've been in Beijing altogether for over 40 years. So I can well call myself a long-timer of Beijing. Like all other long-timers of the city, I'm supposed to be very familiar with its scenic spots and historical sites, nay, its superb attraction. But I believe there is one thing lying unknown to most of the long-time residents - the pre-dawn hours of Beijing.

（张培基　译）

在译文的四个句子中，除第三句外，其余三句都以 I 作为主位。第三句由于用了介词短语复合体（prepositional phrase complex）做话题主位（T3），中断了主位同一型的主位推进模式。Like all other long-timers of the city 是第二句的述位 R2，即 T3=R2。它的插入使用，不仅打破了原文的语法和句法结构，而且在上下文中起到了更好的语义连贯作用。同时，译者增补了肯定连接词 and 和转折连接词 but，起到了很好的衔接作用。

例4：这阊门外有个十里街，街内有个仁清巷，巷内有个古庙，因地方狭窄，人皆呼作葫芦庙。庙旁住着一家乡宦，姓甄，名费，字士隐。

（《红楼梦》第一回）

译文1：（1）Outside the Chang-men Gate [T] is a wide thorough-fare called Worldly Way [R]；（2）and somewhere off Worldly Way [T] is an area called Carnal Lane [R]. （3）There is an old temple in the Carnal Lane area [T] which, because of the way it is bottled up inside a narrow Cul-de-Sac, is referred to locally as Bottle-gourd Temple [R]. （4）Next door to Bottle-gourd Temple [T] lived a gentleman of private means called Zhen Shi-yin [R].

（David Hawkes　译）

译文2：（1）Outside this Changmen Gate [T] was a certain Ten-Ii Street[R]，（2）off which [T] ran the Lane of Humanity and Purity [R]；and in this lane [T] stood an old temple，which being built in such a narrow space was known from its shape as Gourd Temple [R]. （4）Beside this temple [T] lived a gentleman named

Zhen hei，whose courtesy name was Shi-yin [R].

（杨宪益 戴乃迭　译）

我们首先对原文的主述位结构进行分析，结果如下：

（1）这阊门外 [T] 有个十里街 [R]，（2）街内 [T] 有个仁清巷 [R]，（3）巷内 [T] 有个古庙，因地方窄狭，人皆呼作葫芦庙 [R]。（4）庙旁 [T] 住着一家乡宦，姓甄，名费，字士隐 [R]。

这一段的中文从街介绍到巷，再到庙，最后到庙旁边的人，一气呵成，中间没有任何间断，这是因为它们在地理位置上互相包容或毗邻。读到这个语段，眼前很自然地由远及近浮现出这个画面，如电影中镜头由远及近，渐渐聚焦于某个人或事物。该段的特写镜头就是"甄士隐"，前面所有的描写都是逐层铺垫。

然而翻译成英文时，要想达到这一效果，全部采用原来的句子结构是绝对不可能实现的。因此，译者必须进行调整。例句中霍克斯的翻译除了"巷内有个古庙"一句之外，几乎每个句子都用到了倒装结构，将表示地点的介词短语置于句首，如 Outside the Chang-men Gate、somewhere off Worldly Way 和 Next door to Bottle-gourd Temple。杨戴夫妇在翻译这一小句时用的同样是倒装句，只不过措辞略有不同。可以看出，主位推进功能在很大程度上是出于语篇连贯性的需要。在特定的语境中，通过倒装句结构调整主位与述位之间的关系可以将原句所表达的信息重新排列，以增强句子之间的连贯性和整个语篇的特定效果与气势。

例5：我爱花，所以也爱养花。我可还没成为养花专家，因为没有工夫去做研究和试验。我只把养花当作生活中的一种乐趣，花开得大小好坏都不计较，只要开花，我就高兴。在我的小院中，到夏天，满是花草，小猫儿们只好上房去玩耍，地上没有它们的运动场。

花虽多，但无奇花异草。珍贵的花草不易养活，看着一棵好花生病欲死是件难过的事。我不愿时时落泪。

（《养花》 老舍）

老舍先生的《养花》一文写出了养花的乐趣，文章短小简练，朴素隽永，语言俗白。就信息分布来看，由于汉语意合的特点，这段文字主位推进模式不明显（尤其是后半部分），前后句子的衔接主要依靠句子间的语义联系来实现，反映了作者写作中思维跳跃的过程，体现了中国人螺旋迂回型的思维方式。下面是张培基先生的英译文：

（1）I [T] love flowers and hence have taken to growing them [R].

（2）But，short of time to do research and experiment in flower cultivation [T]，I am no gardener at all [R].

（3）I [T] merely take flower cultivation as a pleasure of life [R].

（4）I [T] really don't care whether or not my flowers will put forth plump and nice-looking blossoms [R].

（5）I [T]'ll be delighted as long as they can blossom [R].

（6）In summer，flowers and plants growing in luxuriance in my small courtyard [T] will leave little open space as a playground for the little cats [R].

（7）so they [T] have to sport about in our rooms instead [R].

（8）I [T] grow many flowers [R].

（9）but none of them [T] are exotic or rare ones [R.

（10）It [T] is difficult to grow a precious flower species [R].

（11）And I [T] feel bad to see a good flower dying of illness [R].

（12）I [T] don't want often to shed tears over that [R].

为了清楚起见，我们用图 2-2 来详细演示上述译文中主位结构是如何向前推进的。

```
T1— R1
    ↓
    T2（=R1）— R2
         ↓
         T3（=R2）— R3
         T4（=T3）— R4
         T5（=T4）— R5
              ↓
              T6（=R5）— R6
                   ↓
                   T7（=R6）— R7
T8（=T1）— R8
    ↓
T9（=R8）— R9
    ↓
    T10— R10（=R9）
         ↓
         T11（=T8）— R11（=R10）
T12（=T11）— R12
```

图 2-2　主位结构的推进

　　这篇译文的结构并不复杂。使用最多的主位推进模式为延续型（5次，占50%），其次为主位同一型（3次，占30%）和述位同一型（2次，占20%）。其中，T8另起一段与第一段起始主位呼应，形成对称的结构。需要说明的是，在主位推进模式中，后一句沿用前一句的主位或述位，不一定非要重复照搬原来的词语，可以只取主位或述位的一部分语义内容或语法结构。它们共同推进语篇的发展。这也印证了在四种基本主位推进模式中，延续型在汉译英过程中（特别是散文和小说）的运用最为广泛。

　　下文为学生的一篇翻译习作。选择该译文做比较是因为其具有一定的代表性。从作业的整体情况来看，多数同学的译文缺乏语篇连贯性，一方面是受了汉语意合特点的影响，另一方面是缺乏对主位推进模式的认识，从而不能在宏观上把握，如表2-10所示。

表2-10

Theme	Rheme
1. I（T1）	（R1）love flowers,
2. so I（T2）	（R2）enjoy raising flowers.
3. But I（T3）	（R3）have not become an expert in raising flowers,
4. for I（T4）	（R4）have no time to do research and experiment on flowers.
5. I（T5）	（R5）just consider it as a pleasure in my life, and never care whether the flowers blossom well or not.
6. I（T6）	（R6）'ll be very happy....the flowers are in blossom.
7. With...coming,（T7）	（R7）flowers and grass....courtyard.
8. There（T8）	（R8=R7）is no room in the ground for cats and dogs to play,
9. they（T9=R8）	（R9）have to...housetop.
10. There（T10）	（R10）is no remarkable grass and precious flowers...
11. although they（T11）	（R11）are various and mass.
12. It（T12）	（R12）is quite difficult to raise the precious grass and flowers.
13. I（T13）	（R13）always shed tears whenever⋯save.
14. It（T14）	（R14）really makes me feel sad.

　　（1）I love flowers, （2）so I enjoy raising flowers. （3）But I have not become an expert in raising flowers, （4）for I have no time to do research and experiment on flowers. （5）I just consider it as a pleasure in my life, and never care whether the flowers blossom well or not. （6）I'll be very happy provided the flowers are in blossom. （7）With the summer's coming, flowers and grass act as the main actors in my courtyard. （8）There is no room in the ground for cats and dogs to play, （9）they have to crawl up to the housetop.

（10）There is no remarkable grass and precious flowers in my courtyard, （11）although they are various and mass. （12）It is quite difficult to raise the precious grass and flowers. （13）I always shed tears whenever I see the flowers suffering the plant disease and coming to the death gradually, but have no way to save. （14）It really makes me feel sad.

　　总体来说，这篇学生译文的前6句当中很明显采用了主位同一型推进模式，衔接关系还是很清楚的，但从第7小句即 With the summer's coming 开始就出现了衔接不连贯的情况。汉语原文是这样的：

　　……在我的小院中，到夏天，满是花草，小猫儿们只好上房去玩耍，地上没有它们的运动场。

　　花虽多，但无奇花异草。珍贵的花草不易养活，看着一棵好花生病欲死是件难过的事。我不愿时时落泪。

　　以上两段文字充分体现了汉语是话题显著型语言的特点，即汉语造句主要采用意合法，注重逻辑事理顺序，注意功能、意义，以神统形。汉译英时，不能拘泥于汉语原有的语法和句法结构，应该按照英语"形合"的特征和句子构成的规则，采用不同的主位推进模式和语篇衔接手段，把句法的形式与语义的连贯联系起来考虑。而这篇译文恰恰由于不能灵活转换，照搬汉语意合式的结构安排主位述位，除 R7、R8 之间有不明显的述位同一型结构（集中型）、R8 和 T9 属延续型之外，其余各句之间均无主位——述位结构推进，结果导致主述位结构断裂，信息流动不畅，致使整篇译文缺乏连贯性。另外，单一主位推进模式的重复使用会使行文因缺少变化而单调乏味。该译文前6句全部采用了主位同一型推进模式，而张译采用了同一型和延续型交叉使用的主位推进模式，行文不仅条理清楚、信息流畅，而且生动活泼。

　　以上对《养花》一文汉译英实例的分析表明，由于两种语言在文本组织方面的差异，汉译英时如不注意主位——述位结构的改变，翻译文本就有可能出现结构松散或信息不清的情况。因此，翻译实践中应当把语篇视为整体，使语篇中各句的主、述位之间相互衔接，层层推进，有序发展，从而更好地体现出作者的谋篇方式和交际意图。

（三）信息结构

韩礼德认为，信息结构指的是"把语言组织成'信息单位'的结构，它由已知信息和新信息组成"。已知信息指的是在情景语境或语篇环境中可以返回的信息，即前文曾经提到过的信息；新信息指的是不可返回的信息，也就是前文中未曾提到过的信息，或者是相对于已知信息而言出乎读者意料的信息。语篇中已知信息和新信息的位置通常是已知信息在前，新信息在后，多重信息有序交叠呈现，构成完整的信息流，这是符合受话者心理认知过程的最合理的信息处理方式。

从主位——述位结构角度看，小句的开头部分是主位，常常传递已知信息，剩下的部分是述位，一般为新信息，是信息的中心。

例 6：长安城内街道宽广笔直，主要大街宽度都在 100 米以上，宫门前的一条东西向的大街，足有 220 米之宽。道路两旁种有青槐和榆树，并有相当完整的排水系统。

The streets were straight and wide, the avenues were over 100m in width. The one outside the palace, running from east to west, was fully 220m wide. Ash and elm trees lined the streets, all of which had a sewerage system.

这段文字介绍了古代长安城内的街道情况，仅从意义是否传达完整的角度来看，译文再现了原文对长安城内街道的描述，是无可挑剔的对等翻译。但是从主位——述位结构角度来说，译文就显得信息流动不畅了。译文的前三句都以街道（streets、avenues）为主位，都在描述"长安街道"的情况（即旧信息），第四句却突然转向 ash and elm trees，而这个突然的话题转换并未在前文中做任何铺垫，完全是一个新信息，旧信息与新信息之间的转接显得十分突然，造成了语篇信息流动不畅，译文连贯性受损。我们可以尝试将最后一句改作"These streets lined with ash and elm trees all had a sewage system"，这样既保持了主位（streets）的一致性，又避免使新信息显得突兀。

在汉译英的过程中，对已知信息和新信息的处理安排，一方面要结合主位和述位系统对语篇进行仔细的分析，另一方面还要考虑处理后语篇的整体连贯性和流畅度。

（四）衔接与连贯

衔接系统是指语篇中语言成分之间的语义联系，即语篇中一个成分与另一个可以与之相互解释的成分之间的关系。韩礼德在他的系统功能语法中，将衔接系统划分为照应、替代、省略、连接和词汇衔接等几个方面。其中，照应包含人称照应、指示照应、比较照应等，替代包含名词性替代、动词性替代、小句性替代等，省略包含名词性省略、动词性省略、词汇省略等，连接包含简单副词连接、复合副词连接、介词短语连接等，词汇衔接主要包括复现（重复、同义词或近义词、上下义词、概括词等）和搭配。对此胡壮麟也做出了相应的说明，他认为，照应指的是语篇中一个成分作为另一个成分的参照点；替代就是用替代词去取代某一成分；省略指的是把语篇中的某个成分省去不提，它是避免重复、突出新信息，并使语篇上下紧凑的一种语法手段；连接是通过连接成分体现语篇中各种逻辑关系的手段；而词汇衔接就是通过重复、同义词和反义词、词汇同现等来体现语篇的语义联系。

语篇之间的衔接为整个语篇的连贯做了铺垫。篇章的连贯指的是句子之间通过逻辑推理形成完整的语义关系，即段落各个部分的语义连接应当通顺而流畅。如果说衔接是通过有形的手段实现段落的外部粘连，连贯就是通过无形的手段体现篇章的内聚力。语义的逻辑关系存在于篇章的字里行间，处在文字结构的底层。

（五）衔接、连贯与汉译英

根据韩礼德和哈桑的分类，英语中的衔接主要通过照应、省略、替代、连接和词汇衔接五种手段来体现。

衔接的方式多样，在汉译英的实际运用中需要有一定的选择性和灵活性。

1. 照应

照应，又称为"所指"，是指用代词等语法手段来表示的语义关系。在语篇内部，所指成分与所指对象构成的所指链称为内指，其中所指对象在所指成分之前的又称为前指。在英语中，使用所指链可以使语篇在结构上更加紧凑、连贯。

例1：我在年青时候也曾经做过许多梦，后来大半忘却了，但自己也并不以为可惜。

（《呐喊·自序》 鲁迅）

When I was young, I, too, had many dreams. Most of them I later forgot, but I see nothing in this to regret.

（《中国文学：现代散文卷》）

例 1 的汉语原文只用了"但"作为转折连接词来联系前后句子。而在译文中，译者采用了人称照应（personal reference）的衔接手段，即用含有第三人称代词的 most of them 作为照应成分，与照应对象 many dreams 之间建立衔接关系。在人称照应系统中，第三人称代词主要用来回指上文，具有内在的语篇衔接功能。

例 2：学校教育给我们的好处不但只是灌输知识，最大的好处恐怕还在给予我们求友的机会上。

（《中年人的寂寞》 夏丏尊）

The imparting of knowledge is not the sole advantage of school education. Its greatest advantage is perhaps the opportunity it affords us for making friends.

（张培基 译）

该例中汉语原文用连接词"不但……还"来衔接前后句子，译文则综合应用了人称照应和指示照应（demonstrative reference）来加强句间的语义关系，比如应用了照应词 its 回指上文中的 school education，使得两句译文之间 的衔接更加紧密。

例 3：听说，杭州西湖上的雷峰塔倒掉了，听说而已，我没有亲见。

（《论雷峰塔的倒掉》 鲁迅）

I hear Leifeng Pagoda by the West Lake in Hangzhou has collapsed. This is hearsay only, not something I have seen for myself.

（《中国文学：现代散文卷》）

该例汉语原文中第二个小句"听说而已"省略了主语，译文添加了指示代词 this 来回指上文提到的事并担任句子主语。

例 4："这个被打之死鬼，乃是本地一个小乡绅之子，名唤冯渊，自幼父母早亡，又无兄弟，只他一个人守着些薄产过日子。长到十八九岁上，酷爱男风，最厌女子。这也是前生冤孽，可巧遇见这拐子卖丫头，他便一眼看上了这丫头，立意买来作妾，立誓再不交结男子，也不再娶第二个了，所以三日后方过门。谁晓这拐子又偷卖与薛家，他意欲卷了两家的银子，再逃往他省；谁知又不曾走脱，两家拿住，打了个臭死，都不肯收银，只要领人。那薛家公子岂是让人的，便喝着手下人一打，将冯公子打了个稀烂，抬回家去，三日死了。"

（《红楼梦》第四回）

译文 1 "The man who was killed, Feng Yuan, was the son of one of the minor local gentry. Both（1）his parents died when（2）he was young and（3）he had no brothers; he lived as best he could on his small property. Up to the age of eighteen or nineteen（4）he was a confirmed queer and took no interest in women. But then, no doubt as retribution for entanglements in a former life,（5）he ran into this kidnapper and no sooner set eyes on this girl than he fell for her and made up（6）his mind to buy（7）her for his concubine.（8）He swore to have no more to do with men and to take no other wife. That was why（9）he insisted on（10）her coming to（11）him three days later. Who was to know that the kidnapper would sell（12）her on the sly to the Xues, meaning to abscond with the payment from both parties? Before（13）he could get away with（14）this, they nabbed（15）him and beat（16）him within an inch of his life. Both refused to take back（17）their money - both wanted the girl. Then young Xue, who will never give an inch to anyone, ordered（18）his men to beat Feng Yuan into a pulp. Three days after being carried home he（19）died."

（杨宪益，戴乃迭　译）

译文 2 "The man who was killed was a poor country squire's son called Feng Yuan.（1）His father and mother were both dead and（2）he had no brothers. He lived off the income of a very small estate.（3）He was eighteen or nineteen when（4）he died.（5）He was a confirmed queer and not interested in girls. Which shows that the whole business must have been fated, because no sooner did（6）he set eyes on this girl than he at once fell in love with her - swore（7）he would never have anything more to do with boys and never have any other woman but（8）her. That was the idea of this waiting three days before（9）she came to（10）him. To make it seem more like a wedding and less like a sale.

What（11）he couldn't foresee, of course, was that the kidnapper would use this interval to resell（12）her on the sly to Xue, hoping to pocket the money from both parties and then do a flit. Only（13）he didn't get away with（14）it.

The two parties nabbed（15）him before（16）he could disappear and beat the daylights out of（17）him. Both refused to take back（18）their money，and both insisted that（19）they wanted the girl. It was at this point that our young friend Xue called for（20）his roughs to get to work on Feng Yuan.（21）They beat（22）him till he was hardly recognizable. Then（23）they picked（24）him up and carried（25）him home.（26）He died three days later."

（大卫·霍克斯　译）

在原文中，多处第三人称代词的所指成分缺失。但是，在英译本中，杨戴夫妇和霍克斯分别对所指成分进行了补充。在上述杨戴夫妇的译文中（共213个单词），有19处使用所指，所指成分除一处为指示代词（14）以外——"这件事"（卷了两家银子逃往他省），其他均为第三人称代词，所指对象分别是"冯公子""丫头""拐子""冯公子和薛蟠""薛蟠"，均为前指，如表2-11所示。

表2-11　译文1所指情形

序　号	所指成分	所指对象	前　指
（2）（3）（4）（5）（8）（9）（19）	he	Feng Yuan	是
（1）（6）	his	Feng Yuan's	是
（7）（10）（12）	her	the girl	是
（H）	him	Feng Yuan	是
（13）	he	the kidnapper	是
（14）	this	abscond with the payment from both parties	是
（15）（16）	him	the kidnapper	是
（17）	their	Feng Yuan's & Xue Pan's	是
（18）	his	Xue Pan's	是

在上述霍克斯的译文中（共245个单词），26处所指，所指成分均为第三人称代词，所指对象亦分别为"冯公子""丫头""拐子""这件事（卷

了两家银子逃往他省)"冯公子和薛蟠""薛蟠""薛蟠的手下",亦均为前指,如表 2-12 所示。

表2-12 译文2所指情形

序 号	所指成分	所指对象	前 指
(2)(3)(4)(5)(6)(7)(11)(26)	he	Feng Yuan	是
(1)	his	Feng Yuan's	不是
(8)(12)	her	the girl	是
(9)	she	the girl	不是
(10)(22)(24)(25)	him	Feng Yuan	不是
(13)(16)	he	the kidnapper	不是
(14)	it	pocket the money from both parties and then do a flit	是
(15)(17)	him	the kidnapper	是
(18)	their	Feng Yuan's & Xue Pan's	是
(19)	they	Feng Yuan & Xue Pan	是
(20)	his	Xue Pan's	是
(21)(23)	they	Xue Pan's roughs	是

对比两篇译文可以发现,霍克斯选择使用更多的笔墨对原文进行解释,方便西方读者更好地理解原文。例如,在原文中,"……所以三日后方过门",杨戴夫妇将此翻译为 "That was why he insisted on her coming to him three days later",Hawkes 却将其翻译为 "That was the idea of this waiting three days before she came to him. To make it seem more like a wedding and less like a sale"。从所指的使用频率来看,霍克斯在以上译文共 245 个单词里,使用了 26 次所指,高于杨戴夫妇译文中所指的使用频率:213 个单词,19 次使用所指。另外,由于原文中多处零指代,加上缺乏对小说中社会背景的了解,霍克斯对"将冯公子打了个稀烂,抬回家去,三日死了"一句中的指称对象不明了,误以为是薛蟠的手下将冯渊打了之后又将他抬回家

去，因而用 they 照应前面薛蟠的手下，译为"Then *they* picked him up and carried him home"，造成误译。

例5：听人家背地里议论，孔乙己原来也读过书，但终于没有进学，又不会营生，（he）于是愈过愈穷，（he）弄到要讨饭了。幸而（he）写得一笔好字，便替人家抄抄书，换一碗饭吃。可惜他又有一样坏脾气，便是好吃懒做。做不到几天，（he）便连人和书籍纸张笔砚，一齐失踪。如是几次，叫他抄书的人也没有了。

（《孔乙己》鲁迅）

From the gossip that I heard, it seemed that Kong Yiji had studied the classics but never passed the official examinations and, not knowing any way to make a living, he had grown steadily poorer until he was almost reduced to beggary. Luckily ne was a good calligrapher and could find enough copying work to fill his rice bowl. But unfortunately he had his failings too: laziness and a love of tippling. So after a few days he would disappear, taking with him books, paper, brushes and ink-stone. And after this had happened several times, people stopped employing him as a copyist.

（杨宪益，戴乃迭 译）

对照译文和原文中的人称照应，我们可以发现：（1）汉语原文括号位置省略了4个主语，译文根据英语的衔接特点一一予以补充，且增加了 I、him 和两个 his，使译文中的指代更明确；（2）原文中的两个"他"予以保留，分别译成 he 和 him；（3）原文中第一个"人家"在译文中转化为名词 the gossip，对动作的发出者进行淡化处理；对原文中的第二个"人家"进行省略。总之，为了忠实于原文并照顾到英汉语不同的行文习惯，译者在这段语篇中综合运用了保留、增加、删减和转换四种翻译策略。

2. 省略

例1：然而朋友们把多量的同情，多量的爱，多量的欢乐、多量的眼泪分给了我，这些东西都是生存所必需的。

（《朋友》巴金）

My friends then gave me in large quantities sympathy, [Φ] love, [Φ] joy and [Φ] tears - things essential for existence.

（张培基 译）

原文中 4 个"多量的"在译文中以一个 in large quantities 对应，且只出现了一次，这种情况属于结构性省略。由于汉语不怕重复，原文中 4 个"多量的"出现，构成了排比，增强了气势，但由于英语忌重复，尤其是像文中这样短语结构的重复，因而译文进行了调整，加以省略。

例 2：我们不后退，我们不曾后退，我们也永远不后退。

We don't retreat，we never have [Φ] and never will [Φ].

该例属于动词性省略。原文中的 3 个"后退"在译文中只对应出现了 1 次（retreat），其余 2 个全部省略。动词性省略在汉英翻译中出现的频次较高。且不谈原文的修辞性效果，从语义推进的角度来说，在英语中前文出现的动词性词汇再次出现时已成为已知信息，因而通过省略已知信息（即动词性部分）可推导出新信息，而且这种动词性省略有助于增强原文语义的粘连性，提高信息传递的效率。

例 3：他们忘记了少数服从多数，下级服从上级，局部服从全体，全党服从中央的民主集中制。

（《整顿党的作风》毛泽东）

They forgot the system of democratic centralism in which the minority is subordinate to the majority，the lower level [Φ] to the higher level，the part [Φ] to the whole and the entire membership [Φ]to the central committee.

（邵志洪，岳俊，2005: 72）

此外，我们还可以发现更多结构性省略的译例，这其中尤以代词性省略与连词性省略最为常见。

例 4："沉默呵！沉默呵！不在沉默中爆发，就在沉默中灭亡。"

（《纪念刘和珍君》鲁迅）

"Silence! Silence! Unless we burst out，we shall perish in this silence."

（《中国文学：现代散文卷》）

上例中，"沉默"重复了 4 次，在层层递进的呐喊声中，表现了作者对白色恐怖的强烈不满，也预示着反抗的到来。译文保留了前面的重复部分，对后面的两次重复，译者有意识地简化为 1 次，加上 this 起强调作用，达到了同样的文体效果。

3. 替代

替代指用替代形式（pro-form）去替代上下文出现的词语。它的语义要从所替代的成分中去索引。韩礼德和哈桑把替代分成三类，即名词性替代、动词性替代和小句性替代。

例1：刘家峧有两个神仙，邻近各村无人不晓：一个是前庄上的二诸葛，一个是后庄上的三仙姑。

(《小二黑结婚》赵树理)

In the Liu Valley, there lived two soothsayers whose names had become household words in all the surrounding country. One went by the nickname Kong Ming the Second, the other Third Fairy-maid.

(《中国文学：现代小说卷》)

例1的译文采用了名词性替代，即用替代词 one 和不定代词 the other 来替代上文出现的可数名词 soothsayers。one 是最常见的替代词，用于替代上文已经出现的可数名词单数，表达复数意义时用 ones。

例2: 秦淮河里的船，比北京万生园，颐和园的船好，比西湖的船好，比扬州瘦西湖的船也好。这几处的船不是觉着笨，就是觉着简陋，局促；都不能引起乘客们的情韵，如秦淮河里的船一样。秦淮河里的船约略可分为两种……

(《桨声灯影里的秦淮河》朱自清)

The boats on the Qinhuai are better than those in Beijing's Myriad Creature Garden and Summer Palace and Hangzhou's West Lake, better than those on Yangzhou's Shouxi Lake. The vessels in those places are either clumsy or crude and cramped, less inviting than those on the Qinhuai, which fall roughly into two categories...

(王立弟，张立云，2002)

把以上原文和译文加以比较，可以明显地看出汉语和英语的不同特点。汉语原文中的"船"重复出现了7次，并不显累赘，而英语译文里，boats 一词仅在首次提到时出现了一次，其余都用代词 those、关系代词 which 或近义词 vessel 替代。

替代与照应有相似之处，均是语言中为避免重复而采取的策略，是一种句子和词项之间的关系。但是替代与照应的差别在于，替代关系到词汇语法，而照应关系到语义关系。因此，替代和被替代部分一定是在两个相同的句子中担任同样的成分，处于同一语法地位。英语中常用 so、not、do

等词汇来替代前文叙述过的内容，而汉语常使用"这样""弄""如此"等来表示。

例3：黛玉……便说道："你既这么说，为什么我去了，你不叫丫头开门呢？"

宝玉诧异道："这话从哪里说起？我要是这么样，立刻就死了。"

（《红楼梦》第二十八回）

"Then why did you tell your maids not to open the gate when I called last night?" She asked.

"Whatever do you mean?" he cried in amazement, "If I did such a thing, may I die on the spot."

（大卫·霍克斯　译）

原文中的"这么样"在译文中用 such a thing 来替代，替代"不叫丫头开门"这件事，属于小句性替代。

例4：以往过年都是打发小孩一点钱，现在可不这样了。

In the past, they would dismiss the kids with some money as a gift for the lunar New Year, but not nowadays.

原文中的"不这样"在译文中用 not 来替代，属于小句性替代。

例5：外商在开发区的投资越来越多，进出口贸易也随之增加。

Foreign investments are on the rise in the empowerment Zone, so are imports and exports.

原文中的"也随之增加"在译文中用 so 来替代，属于动词性替代。

例6：那长史官听了，笑道："这样说，一定是在那里。我且去找一回，若有了便罢，若没有，还要来请教。"说着，便忙忙地走了。

（《红楼梦》第三十三回）

The chamberlain smiled, "If you say so, then no doubt that is where we shall find him. I shall go and look there immediately. If I do find him there, you will hear no more from me; if not, I shall be back again ior further instructions." So saying, he hurriedly took his leave.

（大卫·霍克斯　译）

该段选自《红楼梦》第三十三回，讲述贾宝玉与优伶蒋玉菡交好，私下交换了腰间汗巾，恰逢忠顺王府派人找宝玉，缉拿逃跑的蒋玉菡。此段便是长史官询问宝玉时盛气凌人的话语。英语中使用 so 来替代直接引语或间接引语，对应汉语的"这样"，如本例所示："这样说"以 say so 替代，"说着"由 so saying 替代。

4. 连接

英语注重形合，汉语注重意合，因而与其他所有衔接手段相比，连接是英汉两种语言之间差别最大的一种。英汉语篇连接成分的不同之处归结起来主要有两个方面，即显性（explicit）与隐性（implicit）的差异，以及断句方式不同所引起的差异。汉语中短语与小句之间，小句与句子之间，甚至句子与更大的单位句群之间界限也不是截然分明的。由于英汉语在衔接方面的这种差异，汉译英时，译者应根据目的语的特点对译文的逻辑连接方式进行调整。为了满足英文的逻辑关系，应适当地增补一些关联成分。

例1：男孩哭得心都快碎了，当问及他时，他说饿极了，有两天没吃了。

The boy who was crying as if his heart would break, said, when I spoke to him, that he was very hungry because he had had no food for two days.

为了体现英语多用连接词表示句际关系的特点，符合英语的形合特征，译文使用了 who、as if、when、that、because 等多个连接成分来理顺上下文的语义关系，使汉语的隐性粘连显性化，从而满足英语的行文要求。尽管这种"节外生枝"、叠床架屋的构建方式比较烦琐，但作为英语的语篇构建原则是译者必须遵守的。

例2：我们刚回老家，父母亲和他们的兄弟妯娌都有许多别情要叙，我们一班弟兄姐妹，也在一起玩得正起劲，都很少在晚九点以前睡的。

（《祖父与灯火管制》冰心）

Having just set foot in our old home, we seldom slept before 9 o'clock in the evening. For it was but natural that after the long separation, my parents enjoyed hearty chats about the old days with their brothers and in-laws, and we kids of the younger generation played about together to our heart's content.

（张培基　译）

译文对原文的语序进行了调整，并根据小句之间的逻辑关系添加了连接词 for，使得句子逻辑清晰明了。

例 3：我喜欢看小孩子追逐着旋转的火焰，心里重温起少年的愉悦。

I love gazing upon kids chasing the spinning fireworks as it reminds me of my teenage glees.

原文两个小句之间有暗含的因果关系，译文对汉语原文隐去的逻辑关系用连接词 as 进行明示。

例 4：在生活越来越富足的今天，越来越多的长辈选择"压岁书"作为送给孩子们的过年礼物。连日来市里各大书店门庭若市，少儿类图书的销售量直线上升。

Today with more and more people living a better-off life, seniors in the family would give books to the children as a lunar New Year gift. As a result, in the past few days, people have beating a path to the big bookstores in the city and sales volumes for various children's books have increased by large margins.

与上例相同，原文前后两个小句之间有暗含的因果关系，译文对汉语原文隐去的逻辑关系用连接词 As a result 进行明示。

例 5：许多人因此学会了用手势表达简单的日常用语，现在如果有手持纸条的聋哑人前来乘车，问讯处的同志能用哑语回答。

Many staff members have thus learned to put simple daily exchanges into gestures. People working at the information desk, for example, are able to use the languages to answer inquires from those deaf-mutes who still have slips of paper clutched in their hands.

在该例翻译中，译文为前后两个小句之间添加了"主题句＋举例"这样的逻辑关系，使译文满足英文行文要求。

例 6：袭人之母也早迎了出来。袭人拉着宝玉进去。宝玉见房中三五个女孩儿，见他进来，都低了头，羞惭惭的。花自芳母子两个百般怕宝玉冷，又让他上炕。

(《红楼梦》第十九回)

...He saw four or five girls sitting down inside who hung their heads and blushed when he entered. Despite their blushes, Hua Zi-fang and his mother insisted that Bao-yu should get up on the kang with them, as they were afraid that he would find their house cold...

(戴维·霍克思 译)

　　原文中三五个女孩儿见了宝玉"羞惭惭的"和花自芳母子两个的表现之间并没有逻辑连接词。但是细细品味，不难发现花自芳母子对宝玉的热情与房中其余三五个女孩儿的羞怯形成了对比。因此，霍克斯将这种对比用 Despite 这个词来表现，十分到位。他的增译不仅没有画蛇添足，反而将这种不明显的对比直观地展现在读者的面前。

　　5. 词汇衔接

　　词汇衔接是通过在语篇的上下文中选一对或一组具有某种语义联系的词而取得的。这种词义联系可以表现为词与词之间在语义上的全部或部分重复，如同一词项的复现，同义词、近义词、上下义词、概括词的运用。也可以表现为词与词之间在使用搭配上的常见同现关系，如选用一对反义词或同一语义场中的词。

　　下面主要讨论原词复现和上下义词在译文中的衔接作用。

　　例1：孔乙己便涨红了脸，额头的青筋条条绽出，争辩道："窃书不能算偷……窃书！……读书人的事，能算偷么？"

（《孔乙己》鲁迅）

　　At that Kong YiJi would flush, the veins on his forehead standing out as he protested, "Taking books can't be counted as stealing...Taking books...for a scholar...can't be counted as stealing."

（杨宪益 戴乃迭 译）

　　为了重现源语中孔乙己那种迂腐的形象及穷困潦倒的书生气，译文保留了原来的重复结构，准确、生动地再现了作者的意图。

　　由于汉语喜重复而英语尽量避免重复的语篇特点，为了避免语篇显得单调乏味，源语中的词汇重复可以在译语中根据语境对其意义进行调整，从而达到准确传递源语作者意图的效果。

　　例2: 博弈之交不终日，饮食之交不终月，势力之交不终年。唯道义之交，可以终身。

（《格言联璧》金缨）

　　Friendship made at chess-playing cannot outlast the day; friendship struck up during wining and dining cannot outlast the month; friendship built on power and influence cannot outlast the year. Only friendship based on morality and justice can last a lifetime.

上例中，名词短语"之交"在原文中连续出现四次，而译文采用了四种不同的方法来避免重复，不仅表达了原意，也符合英文的行文习惯。汉语好重复，而英语恰恰相反，很少有原词复现的情况出现，即便有，大都出于修辞目的。翻译过程中，要善于灵活使用英文中的同义词、近义词和词性的可转换性来应对汉语原文中的重复。

例3：（一个世纪以来，中国人民在前进道路上经历了三次历史性的巨大变化……）第一次是辛亥革命……第二次是中华人民共和国的成立……第三次是改革开放……

（《中国共产党第十五次全国代表大会报告》）

The first change was represented by the Revolution of 1911…The second change was marked by the founding or the People's Republic of China…The third change was featured by the reform, opening up…

（《China Daily》）

在这个例子的汉语原文中，"是"重复使用了三次，如全部译成 was，会显得单调乏味。将其分别译成 was represented by、was marked by 和 was featured by，使译文显得通畅而有生气。

例4：他们往往要亲眼看着黄酒从坛子里舀出，看过壶子底里有水没有，又亲看将壶子放在热水里，然后放心。在这严重监督之下，羼水也很为难。

（《孔乙己》鲁迅）

…who insisted on watching for themselves while the yellow wine was ladled from the keg, looked for water at the bottom of the wine-pot, and personally inspected the pot's immersion into the hot water…

（杨宪益，戴乃迭 译）

原文中作者连用三个"看"，生动再现了"短衣帮"们买酒时小心仔细以至于难缠的情景，栩栩如生。而在译文中，译者尽力避免原词重复，连用了三个不同的词 watch、look 和 inspect 来对应原文中的"看"，既衔接了语篇，而且用词考究、形象。

在汉译英实践中，译文的衔接方式须依据原文的意义和风格来变化，使译文不仅能够形成一个连贯完整的语篇，而且还能够生动地再现原文的意义。翻译中应该重视如何恰当地使用衔接手段。

　　功能语言学认为，语篇是语言的基本单位，语言的语篇功能由主位结构、信息结构和衔接系统共同实现。

　　主位结构是语篇结构特征的一个方面，主位推进模式关系到主位、述位在语篇中如何相互衔接以实现语篇的连贯。英语的语篇结构以"形合"为特征，层级结构对核心结构的贡献关系明显地表现在形态上；而汉语的语篇以"意合"为特点，流水句式较多，语篇成分之间的关系往往要靠语境来判别，且无主句较为突出。因此，汉译英时，必须补足源语中省略的部分，以符合英语的框架结构，实现英语语篇中层级结构对核心结构的服务功能。主位推进模式是实现汉英翻译语篇连贯的有效结构手段。

　　信息结构是一种语篇语义结构形式，语言使用者通常将已知信息置于新信息之前，"已知信息——新信息"的秩序构成信息结构。从主位结构角度看，小句开头部分是主位，常常传递已知信息，其余部分是述位，是信息的中心。主位结构与信息结构既相互区别又相互关联，共同为语篇服务。在汉译英翻译实践中，最理想的状态是既保持原文的内容，又使译文的主位结构与原文的主位结构保持一致，不破坏原文的信息结构。但如果由于目的语语篇结构的特点或为达到一定的修辞效果，不能做到与原文一致，就需要遵循目的语的成篇特点，对主位、述位和信息结构进行调整。

　　衔接是一种语义上的联系，它是语篇的有形网络，通过语篇的表层结构来展现。衔接分为五大类：照应、替代、省略、连接及词汇衔接。总体来说，汉语讲究意合，英语更注重形合。汉语注重意念引导，句式松散，句法功能呈隐含式；英语注重运用各种有形的衔接手段以使语法形式完整，层次井然，句法功能呈外显性，更依赖于通过表面的形式衔接来实现语篇的连贯。在汉译英过程中，译者须注意汉英语篇在衔接手段方面的差异，丰富连接词或有标记的语言手段，使语篇在形式上更符合目的语的外在粘连。

　　系统功能语法创始人韩礼德认为，所有文化都会在语言中反映出一些具有普遍意义的元功能或纯理功能，即功能概念、人际功能和语篇功能。功能概念指的是人们用语言来谈论对世界（包括内心世界）的经验，用语言来描述周围发生的事件或情形。从功能与形式体现关系的角度看，功能概念主要体现于以谓语动词为中心的及物性系统。及物性系统可分为 6 种不同的过程类型：物质过程、心理过程、关系过程、言语过程、行为过程和存在过程。人际功能是指人们用语言与他人交流，建立和保持人际关系，或用语言表达自己的观点，影响他人或改变他人对事物的看法的功能。人际功能主要由语气系统和情态系统构成。语篇功能是指人们组织信息的方式。人们根据交际目的，将语篇信息有效地组织起来，形成一个连贯的整体。语篇功能主要由主位结构、信息结构和衔接系统三部分构成。

系统功能语言学是一种适用性和实用性都很强的普通语言学理论。概念、人际、语篇三大元功能为语篇分析提供一个理论框架，不仅可以用于分析各种体裁，对于翻译批评研究也具有很强的指导作用，从概念、人际、语篇意义三个层面对原文和译文进行考察可以更加科学地指导翻译实践和翻译批评。

第三章　译文功能与"忠实性"的翻译对策

　　20 世纪 80 年代左右，德国功能翻译学派崛起。人们通常所指的德国功能翻译学派的代表人物是：卡塔琳娜·莱思、汉斯·弗米尔、贾斯特·霍斯·曼特瑞和克里丝汀·诺德。该学派颇具里程碑意义的理论是：莱思的功能主义翻译批评理论，即文本类型理论（Text typology），弗米尔的目的论（Skopos theorie），霍斯·曼特瑞的翻译行为理论（Theory of Translation Action）和诺德的功能加忠诚理论（Function plus Loyalty）。莱思、弗米尔和曼特瑞属德国功能学派的第一代代表人物，诺德属第二代代表人物，她的理论是在第一代理论的基础上发展起来的。

　　功能翻译理论主要以广义上的功能语言学为基础，具有评价与规范意义。评价意义包括对所处文化情景中翻译功能的鉴定；规范意义是指对未来的专业翻译工作者进行培训，要求他们译出好的（即具有某种功能的）、满足客户需要的译作，并且要求译员寻求充分的论据来保护其译作免受委托者和使用者的不合理批评。

　　诺德认为，功能翻译理论并非产生于 20 世纪，而是产生于历史上的《圣经》翻译实践之中。在《圣经》翻译过程中，所有译者都注意到，不同的情景要求不同的翻译。他们一般都认为，翻译的过程应涉及两个方面：一方面是忠实地再现原文的形式，另一方面则要针对译语文化读者的需要对原文做相应的改动。例如，尤金·奈达早在 1964 年就区分了翻译中的形式对等和动态对等，"形式对等"指对原文形式的忠实再现，而"动态对等"则指原文与译文具有相同的超语言的交际效果（也可以理解为译文功能）。"'动态对等'翻译原则的目的是要使译文表达绝对自然流畅，尽量在译文接受者和其本族文化语境相关的行为模式之间建立联系，而不是要求读者为了领会译文的意思而理解源语语境文化模式。"

　　奈达的理论在 20 世纪 60 年代左右对欧洲翻译研究的影响颇为深远。在功能翻译学派成为主流之前，以对等论为基础的语言学派在德国翻译学界占主导地位，其代表人物是威尔斯和科勒等。以对等为基础的语言学途径侧重于原文，原文的特征必须在译文中得以保留。科勒曾指出："如果译文能够满足有关结构条件的某些要求，那么原文与译文便存在着对等。这些相关的条件跟内容、风格和功能有关。因此，对等的要求便体现为：原文的质量必须得以保留。也就是说原文的内容、风格及功能必须得以保留，或者至少译文应该尽可能地保留这些特征。"

对等论者一般都侧重于原文，认为原文的特征必须在译文中得以保留。但是，"在翻译实用性语篇（如广告，使用说明书）而非文学作品时，坚持对等论理论家更倾向于接受非逐字翻译的方法。他们对不同的语篇体裁和文本类型选择不同的、甚至是相互对立的标准来制定翻译方法，这使得对等论更加让人迷惑不解"。在这种情况下，有些学者，尤其是进行译员培训的翻译教师，渐渐对翻译理论脱离实践的情况感到不满，于是希望有一种新的理论出现。诺德说，这可能就是一些翻译学者开始从对等论转向功能翻译途径的原因。简单地说，他们开始审视所从事的职业培训。他们发现，专业翻译中有许多根本不需要对等的情况。例如，在为德国大学翻译一份英国学校证明书时，译文就不必在形式或功能上与德国学校的证书相同。

由于德国功能主义学派注重的是文本的类型和译文的功能，因而我们以宏观翻译功能来形容这一学派所做的工作及其理论。

第一节　功能主义概述

20世纪70年代，卡塔琳娜·莱思提出了一种对等的概念，不过她的对等概念并非建立在词或句子的层次上，而是在整个文本的交际功能上。她所建立的功能理论模式主要用于系统地评估翻译的质量。她沿用了卡尔·布勒的语言功能三分法。

卡尔·布勒于1934年提出的语言功能"工具模式"对功能翻译理论有深远的影响，它不仅是莱思的文本类型理论的基础，并成为后来莱思的学生弗米尔所提出的"目的论"的基础。

因此，有必要先回顾一下布勒及相关学者的语言功能理论。

一、布勒的语言功能工具模式

德国心理学家、功能语言学家卡尔·布勒于1934年描绘了语言功能"工具模式"，如图3-1所示，该工具模式包含以下组成因素：

（1）语境（the Context）：语言的"表现功能"，涉及符号与世界的关系。

（2）说话者（the Speaker）：语言的"表情功能"，涉及符号与说话者的关系。

（3）受话者（the Addressee）：语言的"感染功能"，涉及符号与受话者的关系。

（4）符号（the Sign）。

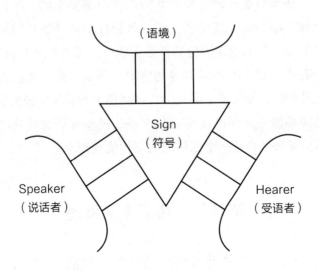

图3-1　布勒的语言功能工具论模式

布勒的语言工具模式有5个组成因素：符号、说话者、受话者、语境、话语功能。话语（语言）功能包括"信息、表情、感染"三种。语境与语言之间的关系体现了语言的信息功能；说话者与符号之间的关系体现了语言的表情功能；受话者与符号之间的关系体现了语言的感染功能。

布勒根据语言工具模式中的组成成分及其关系，区分了3种语言功能：信息功能、表情功能、感染功能。

布勒的语言功能理论在语言学界影响很大，不少后来的语言学者的理论中都有布勒理论的影子，如雅可布逊的语言功能理论（后面会提到）和韩礼德的三个语言纯理功能，即概念功能、人际功能和语篇功能。

二、雅可布逊的语言功能模式

雅可布逊发展了布勒语言工具模式的交际功能。他提出的语言功能模式如图 3-2 所示，有 6 个组成因素：信息、语境信息发送者、信息接受者、接触渠道、代码、话语功能。他把话语功能分成 5 类：信息功能、表情功能、意动功能、寒暄功能、诗学功能。

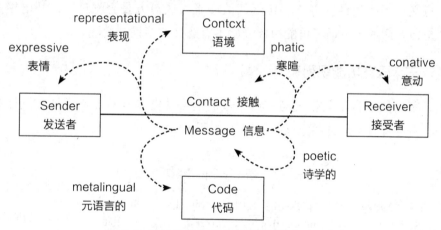

图 3-2　雅可布逊的语言功能关系图（1960）

雅可布逊提出的模式看起来比较复杂，所含的成分比布勒模式多出几个，表示方式也有些不同。在他的模式中，信息是联系其他因素的中心点。

（1）语境（context）：信息与语境之间的关系为"表现"（representational）。

（2）信息发送者（sender）：信息与信息发送者之间的关系为"表情"（expressive）。

（3）接受者（receiver）：信息与接受者之间的关系为"意动"（conative）。

（4）接触渠道（the contact channel）：信息与接触渠道之间的关系为"寒暄"（phatic）。

（5）代码（code）：信息与组成信息的代码之间的关系为"元语言"（metalingual）。

（6）信息（message）：信息与其本身的关系为"诗学"（poetic）。

雅可布逊的语言功能模式大概可以这样理解：语境与信息之间的关系

体现了语言的信息功能；信息与发送者之间的关系体现了语言的表情功能；信息与接受者之间的关系体现了语言的"意动"（或感染）功能；信息与接触渠道之间的关系体现了语言的"寒暄"（或交际）功能；信息与信息代码之间的关系体现了语言的"元语言"功能；信息与信息之间的关系体现了语言的"诗学"功能。

信息与接触渠道之间的关系是"寒暄"——寒暄是一种交际行为。例如，英国人见面时常见的寒暄语："Lovely weather, isn't it?"而中国人，尤其是老一辈的中国人，见面时可能会说："吃过了吗？"寒暄话语本身没有太多意义，因为说话人并不一定真的关心天气或对方是否吃过饭；其语用意义是，说话者与听话者可能由此开始了有意义的谈话与交际。

三、语言功能观列表

布勒的语言工具模式与雅可布逊的语言功能模式对翻译批评和翻译策略的制定有着指导性的意义，如表3-1所示。

表3-1　著名学者的语言功能观

布勒（1934） K. Bühler	信息功能 informative	表情功能 expressive	感染功能 appellative	
雅可布逊（1960） R. Jakobson	信息功能 representational	表情功能 expressive 意动功能 conative	寒暄功能 phatic	诗学功能 poetic 元语言功能 metalingual
莱思（1971） K. Reiss	信息功能 informative	表情功能 expressive	感染功能 appellative	
纽马克（1988） P. Newmark	信息功能 representational	表情功能 expressive	呼 语 功 能 vocative 寒暄功能 phatic	美学功能 aesthetic 元语言功能 metalingual

从上表可看到，翻译学界的著名学者莱思和纽马克都深受布勒的语言功能理论的影响，这不仅体现在他们对语言功能的认知上，更重要的是，他们把语言功能理论与翻译策略和翻译方法联系起来。

第二节　文本类型理论

可以毫不夸张地说，没有准确的文本文化解读，就不可能有准确的翻译，更不要谈所谓的"忠实性"。但是，文本文化解读还必须以语义文化诠释为基础，二者关系极为密切。如果说语义的文化诠释重在对词语文化内涵的微观剖析，目的集中于借此析出词语的准确含义，那么文本的文化解读则是重在对文本的宏观兼及微观审视，集中关注对文本结构的拆析和重构，一是达到对文本的整体性理解或解释，二是以利双语的文本在整体形式上的大体契合和对应。要达到这两个目的，当然也不能忽视从文化视角进行审视，因为不这样做，则必然不可能理解原作者在篇章整体上的意义表达。这时，执着于词语的微观语义辨析也就没有什么意义。可见，文章的意义和审美价值既离不开词语，更离不开篇章（文本）。那么，对于文本类型的先在分析是译文达至"忠实"的前提。

文本类型理论我们主要以莱斯的理论切入进行阐释。卡塔琳娜·莱思是一位经验丰富的翻译家和翻译教师，弗米尔和诺德都是她的学生。早在1971年，她在《翻译批评的可能性与局限性》中，就提出了功能类别的问题。该书严格说来仍以对等论为基础，却可以视为德国功能翻译学术分析的开端。莱思试图创立一种基于源语文本和目标语文本功能关系的翻译批评模式。她理想中的翻译是"目标语文本和源语文本在思想内容、语言形式和交际功能等方面实现对等"。她称此类型的翻译为"完整的交际行为"。

但是，莱思也意识到，在现实生活中，有的译文所要实现的目的或功能不同于原文的目的或功能，因而翻译并不要求对等。例如，将一篇散文改写成舞台剧，把莎士比亚的戏剧翻译成外语课堂教材，将一首阿拉伯诗歌逐字翻译出来作为不懂阿拉伯文的英国诗人意译的基础，把《格列佛游记》翻译成儿童读本，或是由于宗教、民族或商业的原因将其编辑成具有不同意识形态的版本等。莱思把这些例外情况排除在"翻译"的范围之外，并建议将其称之为"转换"（transfer）。在这些情况下，翻译的功能优先于对等论的标准。翻译批评家不再依赖对原文特征的分析，而是要根据翻译的环境来判断译文是否具有功能。

一、莱思的文本类型理论

莱思把自己提出的文本类型理论和翻译策略联系起来作为一种具体的理论，放在她和弗米尔的合著中讨论。按她的观点，语言文本类型理论可以帮助译者确定特定翻译目的所需的合适的对等程度。她对文本的两种分类形式做了区分，一是文本类型（Texttypen）：按照主体交际功能（主要有传意、表情、使役）分类；二是语篇体裁或文本种类（Textsorten），按照语言特征或惯例常规分类，如划分工具书、讲演稿、讽刺作品或广告所依照的标准。在她看来，每种文本类型都可能包括多种不同的体裁，但一种体裁（如书信）不一定只涉及一种文本类型，因而也不限于一种交际功能——情书可为表情，商务信函可为传意，求助信可为使役。

由于语篇体裁特征是约定俗成的，因而体裁分类对翻译策略的确定有重大意义。所有类型的翻译在具体情况下都可以得到合理的解释。逐字翻译在对比语言学研究中非常有用，语法翻译对外国语言学习则很有帮助，不同语言中特定的表达方式的翻译对学术研究尤其有启发性。

莱思根据布勒的语言功能论，把文本类型分为 3 种：信息型（informative）、表情型（expressive）、操作型（operative）。她总结了各种文本类型的特点及其与翻译方法的关系，如表 3-2 所示。

表3-2　文本类型的功能特点及其与翻译方法的联系

（根据 Munday 2001:74）

文本类型 Text type	信息型 Informative	表情型 Expressive	操作型 Operative
语言功能 Language function	信息的（表达事物与事实） Informative（representing objects and facts）	表情的（表达情感） Expressive（expressing sender s attitude）	感染的（感染接受者） Appellative（making an appeal to text receiver）
语言特点 Language dimension	逻辑的 Logical	审美的 Aesthetic	对话的 Dialogic

续 表

文本类型 Text type	信息型 Informative	表情型 Expressive	操作型 Operative
文本焦点 Text focus	侧重内容 Content-focused	侧重形式 Form-focused	侧重感染作用 Appellative-focused
译文目的 TT should	表达其内容 Transmit referential content	表现其形式 Transmit aesthetic form	诱出所期望的反映 Elicit desired response
翻译方法 Translationmethod	简朴的白话文，按要求做到简洁明了 Plain prose, explicitation as required	仿效，忠实原作者 Identifying, method, adopt perspective of ST author	编译，等效 Adaptive, equivalent effect

（1）信息型文本通常文字简朴，所陈述事实包括信息、知识、观点等。传递信息的语言特点是逻辑性强，其内容或"话题"是交际的焦点。

（2）表情型文本指的是"创作性作品"，作者或"发送者"地位显著，传递信息的形式特别，语言具有美学特点。

（3）操作型文本的目的是"引诱行为反映"，即感染读者或"接受者"，并使其采取某种行动。语言的形式通常是对话性的，其焦点是呼吁或感染。

（4）莱思还分出第4种文本类型：视听媒体文本（Audiomedialtexts），如电影电视或可视可听的广告等，但是表3-2没有包括这一文本类型。

莱思曾举例说明哪些文本属她所说的三种类型，后来切斯特曼用图表描绘了她的文本分类，如图3-3所示。从该图看来，参考用书是最典型的信息性文本，诗歌最具表情功能，广告则是最具感染力的类型。在参考书、诗歌和广告三者之间，还有一些具有多重功能的文本类型，如人物传记可能是信息性与表情性兼备的类型，布道则是既有信息性又具感染力的多功能文本类型。

图 3-3　莱思的文本类型与文本种类

　　虽然不少文本具备多种功能，但是它们总是有主有次的。莱思认为，原文的主要功能决定了翻译的方法，换句话说，翻译方法应因文本类型的不同而不同。曼迪指出，"莱思理论的重要之处是它超越了纯语言的层面、超越了纸上的文字及其意义，把视野拓宽到翻译的交际目的"。

　　诺德称赞莱思的文本类型理论颇具里程碑意义。原因何在？因为在此之前，人们讨论翻译的时候总是要求对等的标准，而根据莱思的文本类型论，翻译的功能应优先于对等论的标准。翻译批评家不再依赖对原文特征的分析，而是要根据翻译的环境来判断译文是否具有特定的功能。

　　后来，莱思把自己提出的文本类型理论和翻译策略联系起来作为一种具体的理论，放在她和弗米尔合著的《普通翻译理论基础》中，该书第一部分由弗米尔著，这一部分提出了作为以行为为导向的一般翻译或口译理论的"目的论"的基本原则。第二部分由莱思著，这一部分集中讨论将莱思的文本类型融入功能理论框架后的具体理论。"具体"意指翻译目的要求与原文功能相同的特殊情况。

　　然而，莱思的理论并非完美无缺。下面将归纳并讨论莱思的文本类型理论的局限性。

二、文本类型理论的局限性

　　过去，人们对莱思文本类型理论提出了一些问题。

　　问题一：“为什么只能有 3 种语言功能呢？”

　　莱思的学生诺德虽然没有直接提出这样的质疑，但她在其著作《目的性行为——释功能翻译理论》中提出，以翻译研究为重点的文本功能模式共有 4 种：信息功能、表情功能、感染功能和寒暄功能。

　　也许可以这样理解这个问题，莱思的文本类型是以布勒的语言功能理论为基础的，而她的学生诺德（或者还有其他学者）还参阅了雅可布逊的语言功能理论。雅可布逊在布勒的功能语言理论的基础上做了一些修改，提出了他的语言功能关系论。

　　问题二：如何将莱思提出的翻译方法应用于具体的翻译？

　　例如，莱思认为信息型文本应该译为简朴的白话文（plain prose），可这算是什么翻译方法呢？是直译还是意译？即使商务信函和财经文件同属信息型文本其翻译方法却不能一概而论，用简朴的白话文有时很难达到目的。正如曼迪指出，英文商务和财经文件常常包含大量的简单或复杂的隐喻，如股市可称为“牛市”（bullish）、“熊市”（bearish）；股市“飙升”（soar）、“到顶”（peak）；银行在敌意收购竞投（hostile take-over bids）中可能会实行“焦土政策”（scorched-earth policy）等。虽然某些术语在目标语中已经有固定的表达方式，但是有不少隐喻还是会令译者伤透脑筋的。

　　此外，在翻译商务信函时，忠实于内容固然重要，然而其形式同样是非常重要的。中文商务信函通常使用古雅的汉语，这本身就是一种不是“简朴白话文”的文体。

　　问题三：文本类型真的可以按功能划分吗？

　　对问题二的分析已让我们看到，其实要严格区分文本类型是不容易的。例如，上市公司的年度报告对其公司内的人士来说可能是信息性的，而对股票投资者来说却可能是感染性的；广告通常最具感染功能，但是它可能也同时具备表情功能与信息功能。

　　问题四：翻译方法的决定因素只有文本类型吗？

实践证明，决定翻译方法的因素是多方面的，除了文本类型及其功能外，译者的主观因素及社会文化因素等都会影响翻译策略与方法的选择。

第三节　语言功能与翻译对策

有关语言功能与翻译对策的探讨，我们将以纽马克的理论为核心进行。

纽马克是英国翻译界的元老，被认为是典型的实践型理论家。他的著作《翻译研究途径》和《翻译教程》是理论联系实际的典范，被世界各地广泛采用作为教程。他在两书中引用了大量的实例来说明翻译问题。

他特别钟情于德国心理学家、功能语言学家卡尔·布勒 1934 年提出的语言功能"工具论模式"。他在《翻译教程》中，运用了经雅可布逊修改的布勒的功能语言理论，即语言的三大功能：表情功能（expressive function）；信息功能（informative function）；感染功能（vocative function），并根据这些不同的功能提出相应的翻译方法。

一、语言功能与翻译策略：语义翻译与交际翻译

纽马克认为，表情、信息、感染这三大功能是语言使用的目的所在。例如，人们运用带有表情功能的语言创做出富有想象力的文学作品和自传小说或做权威性的发言；带信息功能的语言被用来写报告、学术论文、备忘录或教科书；带感染功能的语言则广泛运用于广告、宣传资料、流行小说等文类。纽马克也指出，很少有一篇文章是纯表情纯信息或纯感染性的，大多数文章都是三种功能兼而有之且有所侧重的。

纽马克不赞同奈达提出的读者反映论说，他指出，"等效只是一个理想中的目标。这个理想中的目标起码在两种情况下无法达到：一是如果原文的目的是要在读者中造成影响而译文是让读者了解（或是相反）；二是原语和译语语篇之间有明显的文化鸿沟"。他接着建议，译文可分两类：忠于作者、充分表达作者原意的叫作"语义翻译"（semantic translation）；而忠于读者，便于读者接受的叫作"交际翻译"（communicative translation）。两种译文各有各的用处，有时可以合二为一，有时则无法兼顾。

语义翻译的目的是："在目标语语言结构和语义许可的范围内，把原作

者在原文中表达的意思准确地再现出来"。语义翻译重视的是原文的形式和原作者的原意，而不是目标语语境及其表达方式，更不是要把译文变为目标语文化情境中之物。由于语义翻译把原文的一词一句视为神圣，因而有时会产生前后矛盾、语义含糊甚至是错误的译文。语义翻译通常适用于文学、科技文献和其他视原文语言与内容同等重要的文本类型。然而，需要指出的是，纽马克本人也认为，语义翻译并非一种完美的翻译模式，而是与交际翻译模式一样，在翻译实践措施中处于编译与逐行译之间的"中庸之道"。

交际翻译有两个重要的概念：

第一，交际翻译（或交际途径）指的是视翻译为"发生在某个社会情境中的交际过程"的任何一种翻译方法或途径。虽然所有的翻译途径都在某种程度上视翻译为交际，而这里所说的交际翻译完全以目标语读者或接受者为导向。沿此途径的译者在处理原文的时候，旨在传递信息而不是复制一串串的语言单位，译者所关心的是如何保留原文的功能和使其对新的读者产生作用。交际翻译和逐句逐行直译的不同之处在于，它把原文中的遣词造句的形式仅视为译者应考虑的部分因素。

第二，交际翻译是纽马克提出的两种翻译模式之一，其目的是"努力使译文对目标语读者所产生的效果与原文对源语读者所产生的效果相同"，即交际翻译的重点是根据目标语的语言、文化和语用方式传递信息，而不是尽量忠实地复制原文的文字。译者在交际翻译中有较多的自由度去解释原文、调整文体、排除歧义，甚至是修正原作者的错误。由于译者要达到某一交际目的，有了特定的目标读者群，因而他所做的译文必然会打破原文的局限。通常采用交际翻译的文本类型，包括新闻报道、教科书、公共告示和其他很多非文学作品。

交际翻译也不是一种极端的翻译策略，它和语义翻译一样是翻译的"中庸之道"，既不像编译那么自由，也没有逐句逐行译那么拘谨。

二、交际翻译与语义翻译的差异

语义翻译坚守在源语文化的阵地中，只是解释原文的含义，帮助目标语读者理解语篇的意思。而交际翻译的关注点是目标语读者，尽量为这些读者排除阅读上的困难与障碍，把异国文化的成分转变为目标语文化成分。

不过，需要指出的是，采用交际翻译的译者仍然以原文为基础。

　　语义翻译强调的是保持原文的"内容"，而交际翻译强调的是译文的"效果"。纽马克曾列举两个例子说明语义翻译与交际翻译的差别（中文由本书作者加），如表 3-3 所示。

表3-3

原文	语义翻译	交际翻译
1. Bissiger Hund!（German） Chien mechant!（French） 2. Wet paint! 湿油漆！	Dog that bites. Savage dog. Freshly painted.（German） 油漆未干。	Beware of the dog! Beware of the dog! Mind the paint!（French） 小心油漆！

　　分析：例 1 如果用语义翻译，把德语原文译为"那条狗咬人。"法语原文则变为"凶狗。"这两则译文都成了陈述句，为读者提供信息。而用交际翻译法，把两者都译为"小心恶狗！"译文成了命令句，有警告的作用。例 2 是一条告示，德语版本看来是采用了语义翻译法。英、德两个版本都只为读者/受众提供信息，告诉人们"油漆未干"。法语版本没有按照英语原文的形式，而是用交际翻译法传递了此告示的功能，即请人们要小心油漆。

　　交际翻译所产生的译文通常是通顺易懂，清晰直接，规范自然，符合特定的语域范畴。交际翻译常常是"欠额翻译"。换句话说，即使翻译难度较大的语篇，交际翻译也会较多地使用通用的词汇。语义翻译所产生的译文通常比较复杂、累赘、啰嗦和过于详尽，译者尽力追踪原作者的思想过程而不是努力阐释。

　　纽马克承认，忠实于原文还是忠实于译文的矛盾是翻译理论与实践的永恒论题，但他并不认为二者之间的矛盾是不可调和的。他用了一个 V 字图形来表示语义翻译与交际翻译及其他翻译方法的关系，如表 3-4 所示。

表3-4　翻译方法

Translation Methods 翻译方法	
SL emphasis 侧重源语	TL emphasis 侧重目标语
Word-for-word translation 逐字译	Adaptation 编译
Literal translation 直译	Free translation 自由译 / 意译
Faithful translation 信译 / 贴译	Idiomatic translation 地道翻译
Semantic translation 语义翻译	Communicative translation 交际翻译

此外，纽马克还将语义翻译与交际翻译的特点进行了比较，如表 3-5 所示。

表3-5　语义翻译与交际翻译比较

（根据 Newmark，1991：11-13 整理）

Semantic Translation 语义翻译	Communicative Translation 交际翻译
以作者为中心 Author-centered	以读者为中心 Reader-centered
解读作者的思想过程 Pursues author's thought process	解读作者的意图 Pursues author's intention
与思想相关 Related to thought	与言语相关 Related to speech
把作者视为个人 Concerned with author as individual	调整原文的思想与文化，让读者易懂 Adapts and makes the thought and cultural content of original more accessible to the reader
重视语义与结构，尽量保持原句子的长度、词与小句的位置 Semantic and Syntactic oriented. Length of sentences, position and integrity of clauses, word position, preserved whenever possible	重视效果，原作的特点可以牺牲 Effect-oriented. Formal features or original sacrificed more readily
信译，直译 Faithful, more literal	信译，意译 Faithful, free
信息性 Informative	效果性 Effective

译文通常比较拗口，比原文更详细、更复杂，但比原文短一些 Usually more awkward, more detailed, more complex, but briefer	易读易懂，自然通顺，简单明了，比原文更直接、更符合常规，遵守译语语域规范，但译文较长 Easy reading, more natural, smoother, simpler, clearer, more direct, more conventional, conforming to particular register of language, but longer

纽马克是较早引用相关学科理论解释翻译问题的学者之一。语言意义和语言功能始终贯穿着他的理论。不过，纽马克并不像卡特福德那样局限于纯语言学的角度来论述翻译，而是时时刻刻都考虑如何运用语言学理论来分析翻译问题。直到今天，接近 90 岁高龄的他仍然旗帜鲜明，认为翻译研究"是分析性的而不是描写性的，其首要任务就是要让译者明白各种各样的翻译问题"。

尽管纽马克常被批评为"传统""规定主义"，但他的理论及其用来分析的译例被翻译教师与学生广为引用，也颇有启发意义，他解决问题的经验对翻译教学有非常重要的参考价值。

第四节　翻译行为理论

曼特瑞，是德国籍芬兰专业翻译家、翻译学者、培训专业译者的翻译教师。她是一位论著甚丰的理论家，可惜的是她的著作极少翻译成英文，因而未能让更多人了解她的理论。在翻译理论方面，曼特瑞是一位比较前卫的人物。早在 1981 年，她在其著作《翻译行为理论与研究方法》中，几乎不使用"翻译"一词。诺德这样评述她："这使她偏离了传统意义上'翻译'一词的概念及其所包含的读者对'翻译'一词的期望值。"在她的理论模式中，翻译被解释为一种"为实现某种特定目的而设计的复杂行为"，其总称为"翻译行为"。翻译行为的目的在于传递跨越语言与文化障碍的信息，这些信息由专家培养出的信息传递者发出。

诺德曾用一章的篇幅论述"翻译与行为理论"，其中主要是以曼特瑞的理论为线索。基于曼特瑞的理论，诺德把翻译区分为几种行为形式：文化交流互动形式、人际互动形式（这一互动过程包括发起人、委托人、译者、原作者、目标文本接收者、目标文本使用者）和文本处理行为。她指出，行为指的是行动的过程，是指有意图（或随意）地引发或阻止世界（本质上）发生变化。因此，行为可以界定为故意改变某种事态使之转变为另一种事态。如果行为理论应用于分析包含两个或两个以上的动因的案例时，行为理论就成了一种互动理论。她还画了一个图，归纳了行为与互动、翻译行为与翻译等概念之间的关系，如图 3-4 所示。

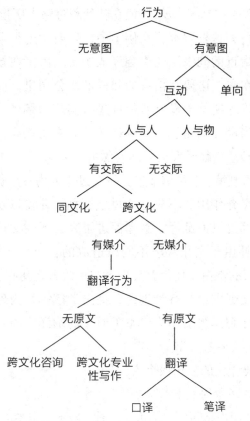

图 3-4 翻译是一种跨文化交际的媒介形式（Nord，1997：18）

诺德还举例说明了行为理论对翻译的解释作用：

例 1：琼斯女士是一位专业翻译，现住在西班牙。她的母语是英语，到西班牙居住之前，她曾在新加坡生活了多年。有一天，有一名叫夫兰诺的人来向她咨询。夫兰诺要给新加坡的一个公司写一封求职信却不懂英语。

他已用西班牙语起草了一封信，希望琼斯女士能将其译成英语，或是汉语也可以。琼斯女士与夫兰诺简单聊了一下，记下他和新加坡公司的名字与地址，并向他索取了一些官方信纸。双方定下了交稿期、报酬等。

例 2：一位在伦敦旅行的德国游客向一位面容和善的中年女士问道："Entschuldigen Sie bitte，können Sie mir sagen，wo die Nationalgalerie ist?"那位女士耸了耸肩示意她不会说德语。一个过路人碰巧懂德语，告诉她："他问您到国家艺术馆怎么走，让我跟他说吧。"然后转向游客用德语解释该坐哪路公车，该在哪下车等。游客听后，对过路人说道："Danke!"接着对站在一旁不作声的女士说道："Sank you!"说完就朝着过路人所指的方向走去。

诺德对翻译行为这样解释，在例 1 中，琼斯女士很可能是建议夫兰诺把信交给住在她附近的同事王先生翻译成中文。由于在新加坡住过一段时间，因而她明白在夫兰诺要写信去的那样的小公司里，员工的英语一般不会十分流畅。尽管琼斯女士没有对信件进行实际的翻译，但她在提供建议的同时已经在充当翻译的角色。要解释清楚其中的差异，我们先要区分两个概念："翻译行为"（翻译人员实际要做的所有事情）和"翻译"（译者在翻译文本时所做的事情）。在例 2 中，一个过路人为一位德国游客指路。由此可见，翻译的媒介作用并不只是通过字面翻译才得以发挥。事实上，译者所做的也并非都是书面翻译。翻译促进了来自不同文化区域的人们之间的相互交际，填补由于文化环境不同所造成的言语、非言语行为、期望、知识与观点等方面的空白，使信息发出者与接收者之间有效地进行交际。

曼特瑞根据交际理论与行为理论，提出了翻译行为理论的模式。在她这个模式中，语际翻译被描述为"源于原文的翻译行为，是一种涉及一系列角色和参与者的交际过程"。

发起人：需要译文的公司或个人。

委托人：联系译者的人士。

原文作者：公司内撰写原文的人士，他 / 她不一定参与译文的生产过程。

译文生产者：译者。

译文使用者：使用译文的人，如把译文用作教材或把文学译作出版销售。

译文接受者：译文的最终接受者，如课堂上的学生或购买文学译作的顾客。

翻译行为理论所说的交际过程已经远远超出了传统意义的翻译过程。人们常说的翻译的过程，"是（译者）正确理解原文和创造性地用另一种语言再现原文的过程，大体上可分为理解、表达和校核三个阶段"。传统翻译理论认为，翻译过程只有译者一个人在操作，历史上大多数翻译可能确实如此。而翻译行为理论把视野拓宽到译者以外的许多人甚至是机构，而且视翻译为一种目的明确、重视结果的人类交际行为，认为翻译过程主要是传递信息以进行跨文化交际。

曼特瑞曾经对发起人和委托人两个概念进行区分。发起人是指需要目标语文本的人，而委托人则是指要求翻译人员根据某一特定目的或人群对源语文本进行翻译的人。委托人通过提出使用某一特定文本模式或术语而可能影响到目标文本的生产。用诺德的话来说，"发起人是启动翻译过程、根据译文的目的而拟定翻译步骤的人、组织或团体"。

曼迪认为，"曼特瑞理论的价值在于她把翻译（至少是非文学的专业翻译）放在社会文化语境中来讨论，而且包括了译者与发起机构之间的相互作用"。克里思汀娜·沙伏娜也称赞"曼特瑞的翻译行为概念适用于所有种类的翻译，可指导译者做出所有的决定"。

翻译行为论非常强调译文在译语文化中的交际功能，这就意味着译者有较大的自由度去决定如何使译文能在目标文化中恰如其分地起作用，也意味着原文的地位从中心走到边缘。曼特瑞在分析翻译的具体操作时指出，分析原文只是为了了解它的"结构与大概的功能"，译文接受者的需要才是译者关心的焦点。也因为这一点，诺德曾批评曼特瑞无视原文，视功能高于一切，给予译者太大的权利。

有学者批评曼特瑞的翻译行为理论有两个缺点：一是术语多；二是在具体的分析中没有真正重视翻译中的文化因素。纽马克更是直截了当地批评曼特瑞等人把一般的翻译理论夸大为翻译行为理论，把目标变为目的，变翻译为翻译行为，机会成为授权（commission），读者成为消费者，译者成为职业专家。

诺德也承认，纽马克的批评是中肯的，因为德国学者确实有爱用术语的传统。此外，术语也反映了德国大学中翻译研究的特点，研究者的主要兴趣既不在翻译行业的实用方面也不在翻译教学。

第五节 目的论

目的论是弗米尔于 20 世纪 70 年代提出来的，他说的目的是指某个译文或翻译行为的目的。

Skopos 是希腊语，意为"目的"。目的论是将 Skopos 概念运用于翻译的理论，其核心概念是：决定翻译过程的最主要因素是整体翻译行为的目的。

人们平常所说的翻译目的可能有很多种。根据弗米尔的分析，翻译行为可能有 3 种目的：翻译过程中译者的基本目的（如可能是"为了谋生"）；目标语环境中译文的交际目的（如可能是"为了启发读者"）；使用特定翻译策略或翻译程序的目的（如"为体现源语结构上的特点而采用直译法"）。

Skopos 这一术语通常用来指译文的目的。

除了 Skopos，弗米尔还使用了相关的 aim（目标）、purpose（目的）、intention（意图）和 function（功能）等词。为了避免混淆概念，诺德提议将其归类为"意图"（intention）和"功能"（function）。"意图"是从发送者的角度定义的，"功能"则是指根据接受者的期望、需求、已有知识和环境条件来决定使用文本的功能。弗米尔曾简单讨论过诺德所做的区分，但他基本上认为目的论概念中的"目标""目的""意图""功能"都是相等的，都可纳入 Skopos 的一般概念之下。

根据目的论，无论何种翻译，其最高规则都是"目的准则"。根据目的准则，一种翻译行为由行为的目的决定，即"目的决定手段"。弗米尔这样解释目的准则："每个文本均为既定目的而产生，亦应为此目的服务。由此，目的准则是指：译 / 释 / 读 / 写皆遵循某种方式，此方式可让文本 / 译本在其使用环境下运作，面向想要使用文本 / 译本的人，并且完全按照他们所希望的方式运作。"

弗米尔曾在卡塔琳娜·莱思门下受过口译训练，学过普通语言学和翻译研究。由于弗米尔和莱思曾合出了《普通翻译理论基础》一书，因而不少人以为目的论是莱思和弗米尔共同提出的。其实，《普通翻译理论基础》第一部分由弗米尔著，这一部分提出了以行为为导向的一般翻译或口译理论的"目的论"基本原则。第二部分由莱思著，集中讨论如何将莱思的文本类型学融入功能理论框架后的具体理论，"具体"意指翻译目的要求与原文功能相同的特殊情况。换句话说，只有在译文功能和原文功能对等的情况下，莱思的文本类型分析才能为翻译策略的选择提供决定性的准绳。这在莱思与弗米尔的合著中被称为"交际或模仿翻译"（communicative or imitating translations）。

弗米尔既受到莱思理论的影响，也受到曼特瑞的翻译行为理论的影响。根据行为理论，弗米尔将人类行为定义为在一定情景中发生的意图性、目的性行为，它是交际情景的一部分，同时也为之服务。此外，既然交际情景包含于文化中，那么对任何个别情景的评估，包括言语的和非言语的成分，均取决于其在所属文化系统中的地位。弗米尔列举这样的例子：

"一个印度人早晨起床后，冲凉、刷牙、漱口、穿衣服、祷告和饮茶等。如果要他描述一下自己的行为，他可能会提及冲凉（如果他说英语的话可能会说成'bath'）一事而忘了喝茶的行为。一个德国人早晨起床后进行相似的一系列行为，但在讲述自己的行为时，他一定不会忘记提及黄油面包和咖啡，但肯定忘了刷牙一事。"

弗米尔说："这两个来自不同民族的人在描述上有一定程度的差别，但从文化的角度讲是等值的，二者在各自的文化环境下都被认为是具有同样功能的自然行为。"按照这种思路，翻译就不能被看作是语言间一对一的转换，而是不同文化的交际，因而需要有一种文化的理论来解释交际情景中的具体问题，以及言语和非言语情景因素之间的关系。这便是弗米尔将其理论称为目的论的原因。

在目的论的理论框架中，决定翻译目的最重要因素之一便是受众——译者心目中的接受者，他们有自己的文化背景知识，对译文的期待和交际需求。每一种翻译都指向一定的受众，因而翻译是在"目标语情景中为某种目的及目的受众而生产的文本"。

弗米尔的理论中较少提及原文，可见目的论中原文的地位明显低于对等论中原文的地位。弗米尔认为原文只是为目的受众提供部分或全部信息的源泉。他指出："目的论所规定的是，译者必须自觉地、前后一致地、按照有关译文的特定原则进行翻译。目的理论并未说明是什么原则，这应视各种具体情况而定"。例如，翻译结婚证书、驾驶执照、出于比较目的的外国法律文件和新闻报道的直接引语等，就需要直译甚至是逐字译；而有些实用文献，如操作说明、广告等，译者就可能用替换、释义、省略、扩充等方法，即任何能够增加译文的可理解性或可接受性的方法。

曼迪曾对目的论做过这样的归纳：

（1）译文由其目的所决定。

（2）译文为目标语文化提供有关源语语言文化的信息。

（3）译文不会提供违背原文信息的信息。

（4）译文必须是篇内一致。

（5）译文必须是篇际一致（即跟原文逻辑一致）。

以上5条准则的排列体现了轻重的顺序，以目的论为最高标准。

读者应该不难理解上述1～3条，但是第4和第5条似乎使人联想到传统的"忠实"标准。事实上，篇际一致可以是目的论对原文最大限度的忠实模仿。正如弗米尔所指出，这可能就是文学翻译中人们所期待的形式。可以认为，"忠实"原文这一假设的要求是以忠实为目标。例如，一则新闻应当译得"好像是原作"，但这本身就是一个目标。的确，从定义看，忠实可能就是多数译者传统上给自己定下的目标。

弗米尔指出，篇际一致从属于篇内一致，两者又都从属于目的准则。如果翻译的目的要求改变文本的功能，翻译标准就不再是与原文保持篇际一致，而是对目的而言的适当性或合宜性。如果目的要求篇内不一致（如荒诞剧中），篇内一致的标准就不再起作用。

在目的论中，还有一个重要的概念，就是"翻译纲要"。这一概念的前提是，翻译是"通过指派任务"来完成的。在这一过程中，参与者包括了翻译的发起人、委托人、译者等。发起人或委托人出于某种目的而需要一个文本，他发出要求，让译者进行翻译。在一般的情况下，委托人会详细地介绍翻译目的、目标的读者对象、使用的时间、地点、场景和媒介，并说明文本的预期功能。这些信息形成了一份明确的翻译纲要。

不过，翻译纲要并不会告诉译者如何进行翻译的工作，采用什么翻译策略，或选用哪种文本类型。这些完全依赖译者自己的经验与判断力来做决定。如果委托人和译者在译文功能的问题上存在分歧的话，译者可以选择拒绝翻译任务，或对译文功能不承诺任何责任，仅是完成委托人要求的工作。当然，很多情况下，有经验的译者能够从翻译情况本身之中推断出目的。

目的论问世 20 多年来，赞同者无数，批评者也不少。诺德归纳并详细分析了人们提出的 10 条批评：① 行为并非都有意图；② 翻译并非都有目的；③ 功能理论超越了翻译本身的局限；④ 目的论并非独创；⑤ 功能理论并非基于经验结论；⑥ 功能理论导致唯利是图的译者产生；⑦ 功能理论并不尊重原文；⑧ 功能理论是编译理论；⑨ 功能理论不能适用于文学翻译；⑩ 功能翻译理论有文化相对论的特征。

第六节　文本分析模式及功能加忠诚理论

由于语言的障碍，很多德国学者的论著与观点不但无法为非德语读者所熟知，有时甚至引起误解。克里丝汀·诺德是当代德国翻译研究界的重要人物，她意识到语言在学术交流中的重要性，于是将其德语著作《翻译中的文本分析：理论、方法及翻译导向的文本分析模式在教学中的应用》翻译成英语出版，此书在翻译界引起了很大的反响。之后，她再接再厉，直接用英语著书，《目的性行为——释功能翻译理论》于 1997 年问世。该书全面介绍了德国功能翻译学派的理论，解释这些理论的模糊点及其术语，同时也阐明她本人的功能翻译观点。

诺德深受其老师莱思的文本类型学的影响，她还信服弗米尔的目的论，赞赏曼特瑞的翻译行为理论。但她同时也有自己的见解，主要是把忠诚原则引入功能主义模式，希望解决翻译中的激进功能主义问题。忠诚指的是译者、原文作者、译文接受者及翻译发起者之间的人际关系。诺德认为，功能主义理论可以涵盖翻译的所有类型，而且对翻译教学有特别重要的意义。

诺德对翻译学的贡献是多方面的，我们在这里主要介绍她的"功能加忠诚"理论模式。诺德还在海德堡大学翻译学院从事翻译教学时就设计了"翻译导向的文本分析模式"。这个模式包括对交际行为进行文本内外各个方面的分析，目的在于从已有的原文和即将根据要求进行生产的目的文本中识别与功能有关的成分，并通过比较译文目的与原文功能，让译者能够识别在翻译过程中出现的问题，从而可以设计出一种全面解决问题的策略。

诺德也吸取了布勒的研究模式作为范例，即将文本按其功能分为四种类型：信息（指称）功能（referential function）、表情功能（expressive function）、感染（诉求）功能（appellative function）和寒暄功能（phatic function，此功能是诺德所加），并讨论它们在文本中体现的方式和它们如何影响到具体的翻译问题。诺德强调的是"翻译导向的文本分析模式"。译者一旦了解到原文的功能，就"将其与委托人所要求的目的文本的预定文化功能进行比较，辨认出或排除原文中那些没有用的成分，从而在翻译过程中进行处理"。

在全面接受莱思的文本类型理论的同时，诺德也非常忠诚于目的论。她认为译文目的居翻译过程中一切确定因素之上，译文目的是对"预定目的环境的描述"，要从"委托人"的指示中定出。"委托人"是译者为之工作的雇主，而不是书的原作者或读者，虽然他们也有可能成为委托人。在某种程度上，"译文目的"就是委托人指示的语用内容。因此，诺德所说的 Skopos 跟弗米尔所说的有所不同。按弗米尔的观点，译者是在委托人指示的基础上制定译文目的，而诺德并不认同译者应有自己制定译文目的的自由。她认为，译文目的仍然由委托人决定，而不是由译者决定。诺德把译者放在从属地位，认为他们没有制定译文目的的自由，这可能跟她所说的"译者"有关，她的译者主要是学生。

一、功能加忠诚

诺德的"功能加忠诚"概念在《翻译中的文本分析》一书中首次提出。当时她主要是针对曼特瑞有关翻译的论说。曼特瑞把文本视为实现交际功能的纯粹工具，认为其固有的价值完全从属于其目的，译者只需对目的环境负责，目标文本可以完全独立于原文。诺德则认为自由重写（free rewriting）不属翻译的范畴，因而直截了当地提出了自己的看法，"没有原文，就没有翻译""译者应同时对原文和译文环境负责，对原文信息发送者（或发起人）和目标读者负责"。她称这一责任为"忠诚"（loyalty）。

诺德把忠诚原则引入功能主义模式，希望解决翻译中的激进功能主义问题。因此，她的功能主义方法论建立在两大基石之上：功能加忠诚。功能指的是使译文在译语环境中按预定的方式运作的因素；忠诚指的是译者、原文作者、译文接受者及翻译发起者之间的人际关系。忠诚原则限制了某一原文的译文功能范围，增加了译者与客户之间对翻译任务的商议。诺德说，忠诚"使译者双向地忠于译源与译入目标两方面，但不能把它与忠信的概念混为一谈，因为忠信（Fidelity/ faithfulness）仅指向原文与译文的关系，而忠诚（Loyalty）是个人际范畴的概念，指的是人与人之间的社会关系"。功能加忠诚是诺德独特的翻译理论，更确切地说是她的理想。

下面引用诺德的两个例子，看看诺德如何解释其功能加忠诚的翻译模式。

例1：尼加拉瓜牧师恩尼斯托·卡丹奴在1959年古巴大革命后首次踏足古巴，之后写了一本书。书中表现了他个人对古巴社会的政治倾向。他在书中对费多·卡斯特罗的政府所带来的变化极感兴趣。他的个人观点表露无遗，即使读者不同意他的观点，也会被其感染。这本书的德语版本于1972年出版（书名为《在古巴》，译者是贝里希特），给人感觉却是对作者的旅程做了一般而客观的记录，其中还不时提醒读者，"闪光的并非都是金子"。

例1的要点是，译者改变了原文的调子，把原作者对古巴大革命的浓厚兴趣降调为客观描写，译者有时甚至持批评的态度。译者为什么会做出这样的改译呢？诺德分析，20世纪70年代初，出版商大多都不敢把一个"亲共产主义"的作者呈现于德文读者面前。因此，从出版商的角度看，上述翻译是颇具功能性的。然而诺德不能接受这一译文，因为译者把"原作者和译文读者都蒙骗了"。一般说来，读者相信原作者名下的译作就必然表现原作者的观点，原作者也期望译作会重现他在书中所展示的观点。因此，读者会以为原作者对卡斯特罗政权抱着批判性的态度。

那么，当出版商把商业因素放在第一位考虑，译者该如何做呢？诺德建议，译者可以与发起人讨论，用一些篇幅告诉读者关于原文的背景，或是用几行介绍性的文字，让译语读者明白他们读的是翻译作品，或甚至可以基于道德理由而拒绝做这样的翻译。

这就是诺德的忠诚原则：当发起人、译语接受者和原文作者三方有利益上的冲突时，译者必须介入协调，寻求三方的共识。然而，诺德有时又违背她自己的"寻求三方共识"的"忠诚"原则，主张译者改写某些翻译单位而不用征求原作者的意见。

例2：在一本关于教育哲学的课本中，西班牙语作者尖刻地形容某人的观点立场是"para vomitar"（使人作呕）。而德语译者决定在未征得原作者同意的情况下将这个说法改译，使其符合德语教科书的常规。她仅用在德语中表示"几乎受不了"的短语来翻译原文。

诺德赞扬上例的译法很得体,既"接近原文情感而又不失原作者作为一名严肃学者之风度"。诺德分析,如果译者事先征求原作者意见,原作者可能会坚持要直译他的观点,因为原作者在其语言环境中享有很高的威望,这种威望给了他一种"侃侃而谈"的特权。但是在目标语文化中,译者的责任是使作品能被恰当地接受,她必须考虑目标语文化群体的期望。

为什么诺德有时要求译者考虑原作者的观点,有时又赞同改变原作者的评价用语呢?诺德这样解释,在目的论这个普通模式中,忠诚是一个空位(empty slot),由每个特定的翻译任务所涉及的文化及其所奉行的翻译理念来实现。如果译语文化一般认为译文应是对原文的直译复制,译者就不能够毫无理由地意译。译者有责任协调两种文化之间的差异,而这种协调绝不是把某种文化理念强加于另一种文化群体。译者必须考虑到读者的种种期望,虽然并不一定要按照读者的期望去做,但是在道德责任上,译者不能欺骗读者。诺德也承认,要准确了解读者对译文的期望也不容易,因为此方面仍然欠缺广泛的实验式研究。因此,在目前的情况下,译者必须依赖于自己的推测及从客户与读者那里得到的少之又少的反馈信息来决定翻译策略。

二、诺德理论的核心概念

和其他功能翻译理论一样,诺德功能加忠诚理论主要是着眼于译者培训。诺德认为功能派翻译理论中对译员培训最有应用价值的三个方面是:翻译纲要、原文分析及对翻译问题的分类,而这三方面也正是她的功能加忠诚理论的核心概念。

"翻译纲要"、"授权"、"任务"和"指导"几个术语都是译自德语übersetzungsauftrag一词,指的是同一个概念,即翻译委托人对翻译提出的要求。理想的翻译纲要明示或暗示以下信息:译文的预期功能、读者、传播媒介、出版时间和地点,有时还包括译文目的或出版译文的动机。只有清楚地了解翻译纲要,译者才能了解译文功能与动机,才能决定合理的翻译步骤。

然而,对翻译纲要的分析只是翻译任务的第一个步骤,紧接下来是原文分析。原文分析对翻译过程有指导作用,它为译者做出以下决定提供依据：翻译任务是否可行；原文中的信息哪些与译文功能相关；采用何种翻译策略可以使译文符合翻译纲要。诺德的原文分析包括了文外因素和文内因素。文外因素涉及信息发送者及其意图、接受者、媒介/渠道、交际地点、交际时间、交际动机、文本功能、互文因素等；文内因素包含了从词、句、段落到内容主题等方面。通过对原文和译文目的分析与比较，译者可以清楚地知道，原文中哪些信息或语言成分应该原封不动地保留，哪些应该根据翻译意图进行调整。可以说，原文分析是实现译文功能的重要步骤，也是忠诚于原文作者和委托人的关键一环。

　　在翻译教学中，对翻译问题进行系统的研究有助于学员认识问题，了解解决问题的方法。翻译问题不同于翻译困难，翻译困难是某个译者或学员在翻译过程中由于语言、文化知识或翻译能力上的不足或没有适当的文献辅助资料而遇到的主观上的困难，而翻译问题是客观存在的。翻译问题可以分为语用、文化、语言和文本方面的问题。诺德指出，在功能翻译中，翻译问题的处理应该采取自上而下的方式。即功能翻译过程应该从语用的层面开始，先决定翻译的目标功能（BP 是说纪实性翻译还是工具性翻译），然后将原文中需要保留重现的内容和那些必须根据接受者的背景知识、心理期待、交际需要、媒介条件和指示需求等因素进行调整的内容区分开来。分析问题的目的是根据不同的问题采取不同的翻译措施，但在整个过程中，翻译功能始终是考虑的焦点。

　　诺德提出的功能加忠诚的模式听起来很完美，但在实际操作中，要同时忠诚于委托人、原文作者和读者三方并不容易做到。如果译文目的与原文目的相同，功能加忠诚似乎没有问题。但是，当译文目的与原文目的不相同时，译者该怎么办呢？译者应忠诚于翻译发起人，还是忠诚于原作者或是读者？

　　诺德说她的原文分析理论可为译者在翻译过程中的每一个决定提供理论依据，但是，如果决定翻译的主要因素是委托人所制定的目的文本功能，为什么译者还要做详细的原文分析呢？译者对预定的目的文本功能进行分析，然后从原文中提取所需要的部分不就可以了吗？事实上，如果原文和译文的功能不同（诺德认为，原文和译文对等或功能完全相同是很少的），为什么还要回顾原文原来的功能呢？这些问题均无法从诺德的理论及其解释中得到答案。

　　本章主要阐释了德国翻译学界功能主义学者及其理论，同时评价了著名英国学者纽马克的功能翻译理论。因为他们有共同的理论根源，其研究特点也有相似之处，研究的重点是文本和译文功能、翻译行为及其目的、翻译策略。

　　布勒及相关学者的语言功能理论是功能翻译学派的理论基础。莱思基于布勒的语言功能三分法，提出了文本类型学，即根据语言的信息、表情、感染三大功能，将文本类型分为三种：信息型、表情型、操作型。文本具有多种功能，但功能有主次之分，文本的主要功能决定翻译的方法：信息型文本应译成简朴的白话文；表情型文本的翻译应采用仿效法，使译文忠实于原作者；操作型文本则适宜编译，以达到与原文本等效。莱思的理论颇具里程碑意义，但也存在其局限性。

　　同样基于布勒语言功能工具模式，英国学者纽马克提出的语义翻译与交际翻译，也是根据语言的功能、文本的目的制定的翻译策略。语义翻译的目的在于解读原作者的思想过程，强调译文的信息性，多采用直译；交际翻译旨在解读原作者的意图，注重译文的效果性，宜意译。纽马克虽屡被斥为"传统""规定主义"，但其理论及经验对翻译教学颇有参考价值。

　　曼特瑞强调译文的语言功能，更准确地说，是译文在译语文化中的交际功能。她提出的翻译行为理论视翻译为目的明确、重视结果的人类交际行为。该理论的价值在于把翻译研究的视野拓宽到译者之外的"发起人""委托人"，相关机构。但该理论也有相当大的局限性，主要表现在将原文置于边缘地位，视译文功能高于一切，给予译者太大权力。此外，曼特瑞使用过多术语，影响了其理论的推广。

　　弗米尔的目的论在某种程度上与莱思的文本类型学、曼特瑞的翻译行为理论一脉相承。该理论以目的为最高标准，主要准则按轻重可归纳为：译文由其目的所决定；译文为译语文化提供有关源语语言文化的信息；译文不会提供违背原文信息的信息；译文必须篇内一致；译文必须篇际一致。目的论中的重要概念"翻译纲要"也重视翻译发起人、委托人等制约因素对翻译目的的确定作用。此外，弗米尔认为原文只是为目的受众提供部分或全部信息的源泉，因而被批评为不尊重原文。

　　诺德的"功能加忠诚"理论，源于她对曼特瑞"目标文本可完全独立于原文"论的批评。诺德的理论主要着眼于译者培训、翻译纲要、原文分析及对翻译问题的分类，构成了该理论的核心。功能加忠诚的模式理论上近趋完美，实践中却不易做到，甚至会出现自相矛盾的情形。

通过基于功能主义主要翻译理论的探讨窥视译文翻译的"忠诚"策略，但是，各种理论皆有其局限性所在，所以如何取舍与运用需要我们"因地制宜"。

第四章　全球化与翻译的文化属性

全球经济一体化使中国在全球范围内扮演着日益重要的经济和政治角色，相对而言，其文化角色则并不突出——如此"失衡"需要正视，似乎已到了刻不容缓的地步了。中国对经济全球化已表现出极大的热情——其间也保持了相对谨慎的心态，但对文化全球化却有明显的疑虑。中国对全球化文化信息（cultural information）的本土化挪用做了大量的有益探索和实践。而随着跨文化共享的增多（在这方面翻译功不可没——大量的翻译积累使其成为可能），翻译外国文本、特别是西方文本时遇到的由文化差异引致的羁绊相应减少，进而促进了跨文化交流的互动与融合。因此，文化翻译比以往任何时候更呈现出混同（mixedness）和杂合的特点，同时也充满文化和政治的张力。因为中国的快速全球化已经催生了对文化差异的种群中心主义（ethnocentrism）恐惧，而文化他者性的觉醒征兆在当下日益突出。由于全球与本土的力量相互影响与作用，文化差异及其如何制订翻译策略等相关问题，应置于全球化、本土化的跨文化语境下审视和关注。

第一节　全球化视阈下的翻译问题

在信息传播的过程中，全球化和本土化两极对立，体现了不同的观察世界的视角，但又同处于共生演变之中。全球化使不同文化的人们在生活和交往的各个层面和领域进行全面接触。本质上以体现差异为特征的翻译活动则极大地推动了普遍主义（universalism），于是也就推动了全球化进程。打破各国之间贸易壁垒相应地促使了语言和文化壁垒的坍塌，由此进一步推动全球化。作为此循环链中的重要一环，翻译对全球化起到了推波助澜的作用，更多翻译作品的产生也是全球化可以预见的结果。全球调整（restructuring）和殖民历史均对本土身份有巨大的影响。全球化常被视为对民族精神或民族个性的攻击，因而不断引发文化焦虑。全球化的迅猛推进致使本土文化迷失和移位。很多本土危机就是由主权国家的重组（realignment）而触发的。由于全球化常被视为具有预先确定（predetermined）和恒久不变的性质，所以有减少甚至消除本土差异的潜在危险。在这种情况下，本土文化努力重新界定自我，以在全球化的语境下重新彰显本土身份，并赋予本土文化身份意识的重构能力。与此同时，外域或全球文化的影响也被重新解读或内化于本土化的实践之中。

应该认识到，导致同质化（homogenization）的全球一体化和旨在异质化（heterogenization）的本土抵抗同时发生，由此引发持续的政治冲突和文化张力。如乔治·瑞泽尔所言，全球化在不同国家或受到拥护，或遭遇抵抗，关键在于"该国是从中获利还是为其受损"。发达国家和发展中国家对全球化的反映各异。柯林·斯巴克斯在评论瑞泽尔的观点时指出："根据这样的理论，全球化的过程，无论在什么层面得以体现，都是一个摧毁本土文化的过程，并代之以一个单一的、标准的、通常也是美国式的社会。"这种美国式的文化全球化极具摧毁性的同质（homogenizing）效果，使得土著文化难以为继，并最终将把多样性的世界约简为一个沉闷乏味的同一性世界。

翻译之于全球化和本土化的关键推动作用在于其呼唤对文化他者的价值，以及本土文化局限的承认。一方面，全球联系越来越紧密，文化保护主义显然行不通，而且也是不可取的。另一方面，我们也要看到，全球化或国际化的后面，却又正是本土化。事实上，"那些反对全球化的人常以支持本土文化来作为对全球化文化的替代。"这些人还以本土化作为对抗全球化的手段，试图消解后者，使其侵扰性和争议性有所降低。但是，本土文化似乎在这场与咄咄逼人的全球化对抗中失势。

瑞泽尔如是说："就算本土文化苟延残喘，也愈来愈无足轻重，远非全球化迅猛进程中的一个重要因素。本土文化未受全球文化影响的地方少之又少。因此，我们视为本土的实际上大多是全球本土的，真正意义上的、完全未被全球影响的本土，正渐渐被推挤到本土社会的边缘和缝隙之处。"

全球化无处不在，确有可能使本土文化变得无足轻重，不过本土文化中受到全球化影响的那些部分未见得就渐趋失势。应当看到，纯粹的本土性并不多见，更多是全球本土的形式。这是一个新的身份，包含了本土社会和全球化世界共同分享参与的特征。

　　由于英语的广泛使用，全球化毫不留情地侵蚀着本土文化及其身份，表明了由英语的全球统治地位引发的文化同质化，是人们对全球化恐惧的根源。值得注意的是，非英语本族语者对英语的广泛使用，使这门语言不是被全球化而是被全球本土化，如新加坡英语就带有典型的本土身份特征。同时，全球本土化也意味着本土语言被翻译成英语，全球本土式的英语也很有可能应运而生，特别是在目标语并非译者母语的情况下。这些本土身份在全球本土化的概念框架内获得重新界定，并通过很多方式得以强化。譬如，中国内地的年轻人为自己取英文名相对并不多见，完全不像带有殖民历史的香港人给自己取英文名那样家常便饭。但全球化已经在个体的层面得以体现，反映出跨出（中国）国门的意愿。颇具讽刺意味的是，虽然翻译推动了全球化，但也限制了英语在全球的使用，并提供使其本土化的机会。当英语被翻译成本土语言后，其全球功能在很大程度上被减弱了。

　　不断增长的商业全球化刺激了对翻译服务的需求。翻译不仅象征文化自我扩展的意愿，还招致和引进差异，并在差异中或允许或强迫自我与他者互动。为了使本土文化免于在互动中因"暴露"在全球化前而受其侵害，本土化重在对差异他者的调适（adaptation）和改造，因而备受青睐，以应对具有殖民和后殖民色彩的外来文化入侵，其结果很可能是同质化。这意味着在面临被同质化的威胁时，民族国家（nation states）难逃"无地域性"（placelessness）的困境。与此同时，"去区域化"（deterritorialization）和"再区域化"（reterritorialization）之间的不断而强有力的相互作用，以致全球本土化的话语得到强化。显然，"推崇全球本土化的人将这一趋势视为对抗全球化的措施，视为一系列新的全球本土化形式的前奏。"因此，有必要在全球本土化的跨文化语境中探究翻译过程中的文化和政治张力，并考察其中对所谓的文化全球化误生的焦虑心态。

　　不管人们对全球化的态度如何，其影响几乎波及每个国家。"全球连通性"（global connectivity）的潜在危险与对文化全球化的敌视态度相伴而存。可以说，正是全球化使我们强烈意识到了翻译所处的深刻而又无法避免的两难境况。人们认识到——尽管多少有点不情愿，用文化保护主义方式反抗全球化，并以此来应对全球化对本土文化各个方面影响，既不理智也不现实。翻译在不同文化传统间斡旋，促成全球化语境下的文化对话。跨文化对话或文化间的交流被认为在促进文化多元化上具有重要作用，而文化多元化则是克服文化同质化的绝佳选择。在全球本土化过程中，文化身份不断更新，全球主义被改造适用于本土现实。而有效的本土化也离不开相关的全球知识，其中的悖论是本土化同时也促进全球化，因为本土化的关键是要增加可达性，从而使接受以本土条件为前提，也使自我改变和改造成为可能。

第二节　全球语境与本土文化

如果说全球化改造国家，那么本土化则改造世界，二者均以国际合作的形式进行，从而使本土和全球互为关联，相得益彰。据此可以说，全球化和本土化既可分又不可分。用约翰·汤林森的话说，"把文化看作对全球化有建构性作用的关键在于我们如何看待文化的影响作用。"全球化让地球变小了，世界似乎有朝着同一性（sameness）的方向演化的趋向，而本土化则凸显差异，促使地域性、民族性的文化多元化格局的形成。

汤林森进而言之："个体的各种行动都折射着社会的结构及制度的特征，这样的事实意味着全球化并非由大型全球机构决定事件的单向过程，而是至少包含着本土介入于全球过程的可能性。"

在大多数情况下，本土介入具有文化动因并由文化情景制约。它提供了一种机制，可以防止全球化与本土价值观和规范发生文化冲突，或甚至是干脆把文化或政治意义上带有冒犯性的内容隔阻在外。对异质文化的接受不是无条件的，本土文化毫无疑问也促进了全球化的进程。

需要指出的是，文化差异能在本土化过程中适应本土环境，使本土文化免于陷入停滞不前的状态。成功的本土化允许译者的个性展现及一定程度上的自主，如此一来，本土身份不仅不会丧失，反而以某种形式得以彰显。文化语境下的身份构建是跨文化翻译不可分割的组成部分。因此，本土文化身份在译本中是可以识别的，对于建立跨文化过程相交互性关系，意义十分重大。阿卜贝克和瑞奇姆斯（Reichmuth）强调指出："不断扩展的通信和运输网络，不仅提供了传播西方信息和产品的渠道，也同样被世界上其他不同的文化社区极为成功地利用，以服务于自身。"翻译中的本土铭刻（local inscription）正适用于利用全球化的这种方式。总之，本土文化并非像有些人想象的那样会轻易抹去，而且令人惊讶的还有，本土文化为摆脱地方主义（provincialism）的羁绊，同时自身也在被全球化。

本土化和翻译的关系如此密切，以致安东尼·皮姆声称，翻译理论"可以被重新命名为本土化理论"。大致说来，翻译的生产和本土化一道，是在本土跨文化的条件下进行的。翻译将文本移入到全球化、本土化不间断的连续统一体（continuum）中；而全球化和本土化也经历同样的过程，甚至还表现发展为文化层面上丰富的归并（conflation）趋势。全球化除其文化霸权的危险，也能使不同的本土文化相遇，这毫无疑问是构建合作和建设性关系的积极一步。全球化并不一定代表文化霸权，也可以给本土文化提供与外界联系的机会。外部文化不一定摧毁本土文化，反倒可能使后者发展充实。毕竟在这样一个各文化又相互联系的时代，本土实践和本土利益密不可分。因此，翻译可以有选择性地遮蔽目标语读者的视线，使其看不到不可接受的文化内容。翻译把本土文化移入到译入语时，产生出一个杂合的文化产品。尤其在译者由母语译出时，很可能有意或无意地在译本中留下译者本土文化的文本特征。这原本无可厚非，但这里潜在的危险是，译者可能忽略，乃至无视目标语的本土文化——当然不能排除的是译者缺乏目标语本土文化的知识，最终导致译文遭遇目标语读者的排拒，因为不同的本土文化可能发生价值冲突，也可能是目标语本土文化一时还难以包容源语所代表的本土文化。

在一个极速全球化的时代，一个不可避免的趋势是，本土文化在全球语境下重新定位。本土文化话语和全球文化话语之间的关系随之变得更为复杂，自然体现在翻译这项跨文化交流活动中。在这一点上，翻译一方面是向异质传统中内在的文化特性开放的文化再生产，另一方面在这种再生产中持续不断地进行去殖民化。在这个过程中，本土文化为了应对外来的文化细节（specifics），需要时常彰显身份（尽管这种做法尚有争议性）。翻译不免要直接触及本土文化的方方面面，本土文化对外来文化细节尤为敏感，常视为目标语文化中的缺省，于是将其归为不可译类。全球化带来的文化他者性如果说有什么影响的话，那便是加剧了本土文化遭受侵染的恐惧。然而，消除异质的和陌生的文化特性，并代以明目张胆的本土化，其特点是带有明显本土特性的极端的形式，与促进或改善跨文化交流的使命背道而驰，绝非解决文化冲突的有效方式。尽管因本土需要、要求和境况进行一定改动的需要无可否认，具体的改动程度将是决定各种翻译本土变体的因子。

特别要注意的是，本土化并不总是以表面的抵制形式风行于世的，它也可以是温和的诱导：使全球产品成功地流入传统的本土文化疆域。而全球、本土间的众多接触点，意味着本土文化自身也是矛盾重重，反映出本土在身份范式上的微妙变化。文化策略总是具有即时性和适应性的，因本土化实乃必然，不可能事先照理想的模式策划安排。就翻译来说，考虑到本土读者的实际需要，文本经由本土改写，对其进行适度的改造以适应本土文化，也是常见的现象。随着本土文化的介入，译本在某种程度上去异化（de-alienation），从而降低陌生感。需要着重指出的是，翻译本土化不同于归化，所涉及的翻译策略比归化更为广泛。归化主要是指翻译实践中技术层面上的润色操作，且一般而言，不包含激进的更改，如删除、增加或刻（有）意的改写。本土化和归化都追求与本土文化的整合，但是归化的产物在本质上或相当程度上并未被改造。归化处理几乎不大理会文化协商，主要特征是硬性替（取）代。本土化则意味着两个文化体系间在价值、观念和经历等方面，较之进行归化更为系统的、概念性的和充满活力的互动和交流。

翻译显现的本土化是有关全球语境下的本土文化的删除和投射行为。本土文化根植于自身传统之中，当在翻译中遭遇异域的文化表述时，不得不对文化他者做出反应并与其互动。于是源语和目标语文本中许多与文化特质相关的语境细节不可分割地交织在一起。其间所涉复杂因素及两个文化间的相互关系如此令人困惑，以至于译者需无休止地应对在跨文化协商中出现的各种困难。设想一个源文本在不同的地方和时间被译成几个不同的译本，所经历的本土化方式自然也因地、因时而异。另外，不同译者在翻译中采取的补偿方式也因人而异，同语复译便是一例，更不用说异语复译。然而，翻译必须跨越亚文化疆域；本土文化相关性和重要性通过拆解全球和本土之间貌似难以逾越的差异，代之以民族间的融合；当置于相关文化语境的框架中时，本土关联度和重要性便适时地得以突出，进而推动跨文化流通，其结果能够提升本土文化。

第三节　本土文化的"忠实"可译性

　　对翻译进行本土化处理具有相当大的诱惑：既可使译本和本土现实产生联系，又能提高翻译与本土需要的相关度。可是本土文化与外界文化的连接并非自动生成，本土知识尽管有时阻滞对异质他者的理解，却能改善翻译效果。所以，本土化如何影响翻译策略及其译本的本土接收，是一个需要正视的问题，毕竟本土关心的话题和不同问题之间是相互关联的，并以各种方式通过作为文化对话方式的翻译与外界相联系。本土知识故而对翻译极为重要。

　　韦努蒂写道："翻译对源语文本和目标语文化要双重效忠，这就提醒人们，对任何文化群体而言，任何诠释都不可能具终极的权威性，诠释总是本土的、依赖于外部条件的，哪怕是在极具学术严谨性的社会机构之中。"

　　诠释的特性使得翻译难以维持对源语文本的忠实，但如果没有必要的本土知识，翻译将缺乏诠释的框架。因此，译者需具备一定的本土知识，以便目标语读者能够阅读译本，这样的预设是十分合理的。

　　诠释的有效性和合法性很大程度上取决于本土知识，若翻译时本土环境和条件未被纳入考虑范围，交流的效能便难以得到改善。若能帮助目标语读者在阅读译本时将其与本土现实联系起来，译本被理解的可能性就会增大。下面这个比喻或许可以说明本土知识在跨文化实践中的重要性。翻译如同航海，外国船只在靠近本土港口时，由一位具有港口知识的领航员来掌舵（通常是当地人），因为船长对港口的航道危险并不了解，船上有本土领航员可让船只在进出港口时避开暗礁险石，这是出于通航安全所做的安排。另外，人们普遍认为，如若不具备必要的本土知识，作为文化产品的译本可能不被目标语读者接受，所以译入语一般是译者的母语，这也间接地证明了本土知识的重要性。诚然，如果译者具备足够的经历，那么他就具备相关的"本土"知识（非母语的本土知识），译出语为非母语当不会有太大问题，而译本的可达性也不会打大大的折扣。总之，有关目标语文化的知识是成功的跨文化交流的先决条件。本土可达性是首要因素，基于这个原因，翻译必须在一定本土程度的层面上进行。我国对外宣传单位，包括新闻媒体和出版部门聘用的外籍专家，其主要职责是改稿。这里的"专家"，其实主要指他们具备的文化意义上的本土知识，专业知识和技能倒是其次。在这里本土知识的价值无异于港口领航员，译文最终的接受与否，在相当程度上取决于他们的判断和对译文的修改。

因指涉性可能丢失，不同程度的本土化改写是翻译成功的必要条件。不少文本在经翻译之后可达性仍较低的情况并不鲜见。一旦出现这样的情况，翻译的基本交流任务便告失败。文化语境的变化意味着词汇层面上的翻译，这原本或许是较为容易的，但容易使意义难以捕捉。文化语境知识之于翻译的不可或缺在此得到印证。那么，翻译究竟是如何本土化的？最大的可能便是通过本土习语，可明显地帮助异质文化进入目标语系统。当然，考虑到可能引起的认知偏差和错误表述，对本土知识的过分依赖对源文本是否公允仍有待商酌。毋庸置疑，有时候本土知识恰是问题的一部分，因为滥用或误用本土知识会导致无节制的操纵。但是，为了给翻译护航，将文本送至相应的译入语文化中，以免发生文化或政治上的冲突，本土知识又是必不可少的。事实上，翻译的成功离不开本土合作或参与。本土化的重要性在源文本的选择阶段就已经十分明显，本土知识有助于判断评估目标语读者的需要。

本土知识对于文化意义的再生成有至关重要的影响。译者对本土实践的了解认识能产生一种参与感，译者的本土知识也有助他确认翻译问题。因为本土知识也是"圈内人知识"，译者需具备它才能进入目标语系统，以使翻译在目标语文化里畅通无阻。另外，由于非本土知识未必具普遍意义，具本土见识的视角将能减少译者直接把外部价值观强加于目标语读者的可能性。故而识别翻译中什么是可用本土语汇表达的知识极为重要。跨文化翻译固有的不稳定性常被格外强调，使翻译成了真实的民族志（ethnography）和想象的猜测混合体。译者必须具备对目标语系统的社会文化传统的理解，方能在文化产品的再造中，把全球关心的问题用本土语体呈现为具体的文本细节。若要将本土体验全球化，移情于本土观点和特征，不仅对再现源文本的文化信息，而且对是否将其恰如其分地呈现给目标语读者，也是至关重要的。

本土知识指的是特定语境下有关特定本土情景的知识，而翻译在一定程度上是为本土人士量身定做的本土化文本。需要注意的是，有时普遍知识

（universal knowledge）在文化意义上是相对的。本土化就是要对源文本进行一定程度的同化。在这个意义上，译者犹如目标语社团的本土代表，考虑到具体的本土需求，针对文本的理解和接受的条件进行协商。

据韦努蒂所言："既然翻译总是面向某个特定的读者群，对翻译的动机和效果的界定无论有多模糊或乐观，必定是本土和偶发的，根据全球经济中的地位高低而产生变化。也许这点很清楚：翻译拥有形成文化身份的力量，创造出一种域外文化的代表，同时构建一种本土主体性，该主体性由于关照本土符号和意识形态而使得文本可以理解并发挥文化功能。"

翻译必然与本土语境相关，因而是一种本土化行为，而其可读性受本土制约，所以再度语境化也就不可避免地经历一定程度的本土化。为应对文化全球化的力量，各种形式的文化挪用乃至对殖民化文化行为的抵抗应运而生，旨在降低或克服异质他者。

然而，需要指出的是，翻译的本土化总是部分实现的。翻译开始摆脱本土文化和地方主义的桎梏，二者的脆弱性日益突出，而更多的是在全球、本土的界面上进行。除本土偏好之外，翻译实践因全球意识的觉醒越发蓬勃，其本土实践与文化整合的功能模式密切相关。通过在不同知识传统之间的整合，可以提高跨文化交流的功效和质量。全球化本土知识的愿望也可以说明本土文化朝着以本土价值和观念为基础的普遍主义的目标前进。译者凭借着本土知识，得以把信息更有效地传达给目标语读者，他们也在追求更好地理解他者。这种翻译的实际益处是同时拓展与适应本土文化。

第四节　翻译的本土化透析

一、本土化翻译

根据皮姆的观点，本土化实践把翻译的本质错误地解读为"一种乏味的、自动地寻找对等的过程。"然而翻译绝不只是皮姆所称一定限度的"本土化中的语言部分"，这其实与归化无异。文化差异和语言的不协调促使翻译中的归化处理。如前所述，较之归化，本土化的适应性和改造功能更为突出，绝不限于对等原则下的语言替代。翻译的明晰化倾向是本土化而非归化的标志。除此之外，调适的策略和手段，以及对全球控制的抵抗构成了反霸权的一部分。翻译作为本土化的第一步，为外来内容本土化创造了一个机会。

本土化提供了一个施为性（performative）语境，在这个语境下本土和全球交汇，使得文本产生意义，也使译本吸收本土表现形式和价值观。既然本土化意味着一定程度的改造，本土习俗、风格和细节都成了改造的一部分。挪用是本土化的一部分，以求意义得以呈现，或者使其与目标语文化产生关联。

梅尔·凡·艾尔特伦指出："'旅行的文化'的理念聚焦于文化语言如何旅行到新的地域，以及如何被其他文化的人们借用来述说他们自己的故事。这是一个超越稳定且一统的民族文化的过程。它专门关注文化接触中的接收方，结果倾向于过分强调文化形式的积极挪用，忽视了权利的行为和结构形式的文化强迫。"

此种形式的文化置换是本土阐释的暴力行为，与肩负文化剥离使命的翻译所具有的施为性（performativity）不无关系。翻译确实提供文化改造的绝佳机会。正是由于过于专注翻译的目的而导致了译者的道德过失，使得一些译作缺乏真实感。

翻译最主要的关注点是语义有效性的问题，但文化强制（cultural imposition）无疑也是阻碍跨文化交流的不可避免的因素。尽管文化强制的后果有时候并不容易预测，但本土化依然需要在其本土文化的语境下寻求化解这些后果的方法。然而，尽管本土化的价值已获得完全的承认，但其某些不容忽略的侵略性也有潜在的危害，并可最终导致没有生机活力的地方主义。对目标语系统需要而引发的关注自始至终都支配着本土化过程。皮姆论及本土化的具体操作方面："本土化指的是文本的翻译和调适（比如说软件程序），适应某个特定的接收情景。"某文本对于目标语读者是否合适，甚至在选择源文本的阶段就已被考虑在内，背后隐藏着对文本本土消费的考量。与翻译相连的本土化包含着由各种原因驱动的各种形式的调适，有些调适是必要的。若再考虑到可理解性和接收等因素，翻译中带有一定程度的本土化挪用和调适则是完全正常的。只是这又意味着限制和排他，导致源文本和译本的分离。

虽然对文本进行调适的好处十分明显，但这种做法通常被视为有碍于跨文化交流。各种各样的调适代表着以文化剥夺为特征的殖民化，使得目标语读者无从与真正的他者接触。如果调适的程度过高，译者的道德基础更将受到质疑。不过，若要对目标语文化进行渐次改造，翻译就必须历经一系列的跨文化调适阶段，以克服交流中可能出现的问题。本土文化在具有征服性的外来文化的重压下（通常指带破坏力和削弱力的美国文化），可能被消解的担心是完全可以理解的。于是就出现了令人进退两难的境地：一方面，在不可阻挡的全球化语境下，翻译既无可避免，对本土文化的发展也不可或缺。另一方面，具有压迫性的文化霸权可能通过翻译悄悄渗入并颠覆目标语文化，翻译由此形成了理解具有多维文化互动性质的全球本土化的重要原型。当翻译要把一些并非普遍存在的东西译介到目标语中时，某种挪用和调适很有必要。例如，有时候逐字逐句地阅读一个文本就是一种错误，而目标语读者如果缺乏相应的知识就容易犯这样的错误。

本土化意味着在翻译中对文本实施某种编辑式操控，其不仅是为了防止译本的价值观与本土文化相冲突，也是为了提高文本的可达性（可达性反映流于表面的跨文化交流的根本问题）。然而，尽管本土化在翻译中要被采用，但不加限制的本土化从长远看所带来的不利乃至危险也是十分明显的。毕竟，这种表层策略只是临时用以抵消对目标语读者所造成疏离的可能性，从长远来看，则有碍于翻译跨文化交流功能的发挥。翻译对目标语读者起到的不稳定或去中心化的效果，绝非罕见。

毋庸置疑，有关目标语文化的本土知识对译者来说具有根本的重要性，但更为重要的是，在发展中国家如果译者拒绝把西方价值观作为全球化的一部分，其累积性效果不可低估。无论如何，翻译并未毫无批判地吸收并重现西方价值观。归化的策略在韦努蒂看来，"被用来强化目标语文化中的占统治地位的本土传统"。这种说法乍看或许有些令人困惑，但通过哈葛德的帝国主义小说的例子，韦努蒂的观点就一目了然了："站在君主思想的立场上进行的中国化翻译最终蚕食了帝国主义文化。"不过，临时利用外国观念制造中国君王依然受到西方人崇拜的幻觉并非韦努蒂声称的归化策略，应是一种本土化策略。这种"大逆不道"的本土化行为旨在完全改变阅读哈葛德小说的感受。不仅包括文化差异在内的众多项目被有意删除，而且译者还超乎原作者可能的想象对它们进行本土替代，如此在文化层面改造的翻译大幅改变了文化叙事。

在特定的文本生成和接受的文化情境下，重要的文化或政治要求，限制了译者翻译策略的选择。翻译任务的完成时常取决于本土实际影响和全球与本土间的互动。

"译者接到某客户或某机构的翻译任务工作时，他须得判断文本类型、译本最可能的用途，以及什么样的规范将最可能左右客户对译文的评价。翻译时是否需要本土化，如化英制测量单位为公制、改月日的日期格式为日－月，凡此种种？是否属于回译？若是译者的话，应该尽可能地在句式上与源文本靠近，以向客户展示原译本是否翻译得当。其目标读者是一般公众吗？是为了说服吗？

翻译实践的条件受制于全球化带来的与日俱增的压力。在很多情况下，本土化确实可取，只是翻译的可靠性也随之产生了疑问。当然，很有可能一般普通读者更关心的是译本的可达性和可读性，而不是准确性。

如果前景化（foregrounding）本土作用，需要进一步考虑的问题是本土化翻译变动不居的特性。本土化对替代的注重胜过再造。两者自然也不是一回事：前者暗含目标语系统中存在可以轻松"匹配"源文本项目的选项，而后者则认为这种对应项并不存在，需要重新创造出本土替代项来填补相应空缺。此外，本土化也不同于迁移，尽管翻译行为本土化的对象是外来内容，也可能是相应的形式。语言民族主义（linguistic nationalism）便是翻译的本土化操作内容之一。据皮姆所言："翻译常被视为本土化中很小的一部分，而本土化偶尔则被看作翻译的细腻形式。不过，两者代表了两种潜在的对跨文化交流而言的对抗性方法。"但还是要看如何协商复杂多样的标准，如何判定各种相关因素。毕竟本土化是对翻译的自然反映，只是必须抵制其将自身制度化的同质化倾向，因为从长远来看，对本土化进行制度化对本土文化弊大于利。

二、全球本土化与其文化意义

人们日益感觉到翻译不应局限于纯粹的语言转换而忽视其跨文化维度。翻译似乎是一个自相矛盾的游戏：同时促进而又阻碍全球化。一方面，正是翻译使信息获得自由流通，进而快速推进全球化的进程；另一方面，它的功能又相当于文化过滤器，通过隐瞒和挪用的手段，阻隔抑或进行更为直截了当的跨文化交流。然而，本土化并非对异质他者性进行制度性的审查，在相当大的程度上，只是一种措施，帮助作为着重于目的的翻译策略得以顺利运作，其特征是强迫性的文化内涵化（forced acculturation），实际上可以隔阻有意无意地文化一体论化。不过，翻译活动是一种整体（holistic）行为，同时包含了全球化和本土化，结果便是扩大了文化流通。各地的本土文化包含了威殊所言的文化跨越性（transculturality）。民族文化的概念也因此由文化跨越性和去区域化取代，随之更有可能体验到身份弹性。与翻译特别相关的是，关注文化意义的传递，更确切地说，是文化意义（再）创造性的选择方式。

文化意义由联系（association）而生，具有不确定性。在不同的文化中，联系意义也常不相同，且由于翻译的缘故，文化意义常有变动的可能。据肯尼斯·艾伦观察，"文化意义的核心在于其'契约性现实'，人们集体约定了某个特定的限制性意义。"而这种（在源语文化）约定俗成的意义在目标语文化中又需经过再次集体约定，也就需要再次协商，意义也可能因此获得不同的阐释，文化意义的阐释也可能出现错误。找出和再生意义的困难正如雪莱·西蒙所言，"文化意义并不存在于文化本身中，而在于协商的过程中，而这个过程又不断重新激活文化。"

此中牵涉的是与翻译相关的两个文化系统间复杂而富有活力的互动。译者须理解"语言牵系于本土现实、文学形式和身份变动的方式"。本土现实的变化因不同文化而异，且很大程度上决定着文学形式，这些形式与文化价值观和审美取向不无关系。文化意义归结到魅力十足却又令人困惑的文化细节。由于文化意义的指涉架构和文化形式的传统有关，译者几乎难以克服这种文化意义的障碍，因为"每个文化的指涉点是独特的，某个特定的事件的意义因观察者的不同而不同"。特别是翻译的殖民和殖民化的特性，使得它可能同时改造着两种文化。可以说，翻译一个蕴含丰富文化意义的文本不免有如临深渊之感。

翻译包含替代的表达形式的选择，在此过程中文化意义给人转瞬即逝和虚幻不定的感觉。正因为如此，对他者文化意义的离散想象必不可少，从而能让目标语读者感知并体验他者现实。为了这个目的，文化疆界被不断跨越，源语和目标语文化的本土特性的差异终至消失。

翻译在力求舒缓全球化中的世界主义（cosmopolitism）和民族主义之间日益增多的张力时，越来越显示出其连贯性和变化的特点。尽管如此，译者的多重属性意味着，哪怕最主张世界主义的译者也要留意牵涉民族眷恋的部分，结果便导致了文化全球本土化。译者置自身的文化翻译行为于全球语境下，以此来增加共有或共享的外部指涉，并开启了更为世界性的跨文化交流眼界。

然而，如果有些翻译涉及的是全球化的（一般是西方）和殖民化的文化，殖民和被殖民两者之间必定产生冲突。无论如何，翻译可能导致不同的交流形式出现，进而产生淡化了的单一文化。从另一个角度看，翻译的世界性眼界有助我们修改对本土与全球之间关系的认知。

雷内·布姆肯斯在提到流行音乐与翻译的关系时谈道："流行音乐源自把各种本土文化内容和风格或流派以不同的版本形式翻译给全球受众，或把全球性的文化风格和内容，以及把全球性的和全球化的音乐风格和内容翻译成本土的或区域性的音乐语言给本土受众。流行音乐家无须直接面向全球性的受众，但若要一直流行，就必须能用国际的或全球性的文化影响去改变、丰富或重组那些他们在新的'流行'演绎中所使用的本土传统。"

在全球语境下，目标语读者的构成也有相当大的变化。这种本土——全球——本土的连接影响深远，表明了全球化使各种形式的文化在互动中碰撞交融，然后再丰富本土文化。由全球到本土，再由本土到全球，如此往复，若无严重阻碍，将能产生文化杂合，可以为全球和本土之间的张力和冲突带来多元化的解决方式。

文化差异给翻译带来持续性的挑战，而随着日益提高的全球意识，文化概念也不时地要修改和变化。全球化的文化后果，无论从正面还是反面来看，常归结到译本所致。看似如洪水猛兽般的文化全球化至少有一种实质性的积极影响——约束同质化的民族主义。毕竟，从中国的跨文化交流实践来看，民族文化从外来（常指西方）专业知识获益，又不至于经历文化意义上的流离失所，是完全可能的。相反，单一同质文化的隐患十分明显：中国曾长期隔离于世界之外——即使偶尔引进外来文化，也是被本土化到面目全非的地步。显而易见，过分强调文化保护主义从长远来看对本土文化是有害的，而支持文化改造无疑才是丰富、扩展本土文化的理性选择。

由翻译引发的从本土视角出发的重新语境建构能激活目标语文化应对异己知识系统的潜能。

要使译者"发现"并激发目标语的潜能，积极的跨文化态度必不可少。

关于这点，戴维·赫维有关他自身体会的论述值得一提："翻译要求我尽可能忠实地表达别的语言中所表达的意思，并同时丝毫不放弃本人母语的表达力。恰到好处的翻译可以展露母语的潜能，从而改变其意义的平衡。"语言和文化上或大动干戈或温和微小的改动能对目标语文化产生或明显或隐蔽的效果。在同化和调适之间，翻译必须求得某种平衡，同时对文化意义的细微差别做出区分。在目标语文化中原本不加鉴别的情景可能由此产生语义和文化的争端，伴随的是译者对可供选择的或相互竞争的翻译方式的敏感度提高。细节要求愈多，则区分愈细，目标语就有可能由此变得更丰富和精确。

翻译创造了对不同现实的不同体验，这些现实又折射出不同的信仰和文化价值。

在全球化的语境中，文化翻译的真正挑战就在于既要调和这些不同的需要、利益、欲求和传统，又要在具体的翻译过程中考虑到本土所关切的内容。尽管文本的生产总是基于本土的，但其消费可能面向全球。因此，如果源语文本被译成多种语言，或者翻译是在不同历史时期产生的，所经历的可能是不同的本土化方式，也就是说，翻译在某方面真正地象征了异质性和多元化。一般来说，目标语读者是抱有对另一种本土文化具体项的阅读期待的本土读者，阅读译本时，文化意义源自对文本中的文化现实的主现和情感的体验。所以说，文化意义高度依赖于跨文化交流，相异的文化传统间的互动使目标语读者通过跨文化想象、分享他者的经历和感受他者体验。不容否认，分享另一个文化系统的人们的主观体验并非易事。随着全球化的不断深入，不同民族的人们接触日益增多，在特定时空中产生的翻译不断修正，甚至互逆"圈内人圈外人"的视角。

翻译代表了文化再生的现实，其特征为日益的全球化而非美国化。

异域影响在本土的可达度关键在于互文关系的重构，而普遍主义与特殊主义（particularism）之间的交锋可以同时振兴本土和全球文化。强势的全球影响对本土文本生产提出了巨大的挑战，本土对其应对的结果便是文化杂合。杂合的可能性之所以存在，是因为当一个知识体从源语文化转移到目标语文化时，对于目标语文化来说未必是全新或格格不入的。全球和本土之间的链接，一方面降低了身份的僵化性和排他性；另一方面也在全球本土化的影响下催生了多语境、多维度和多视角的环境。文化预设的不断变更，意味着翻译有时倾向本土化，有时倾向全球化。由于文本的文学性有时体现在典故引用，翻译中的意义建构行为就不免有生硬约简处理文化和文学指涉的风险。然而，随着全球本土化不断深入，以全球化时代本土操作的典型文化模式的翻译也因此获得了更好的生产条件。

全球化引发本土化，而本土化又常反映出对文化霸权的恐惧，同时又对全球化有着推波助澜的效应。显然，在很多本土语境下，全球性的解决方案并不可行，故此，反霸权的本土知识的重要性更为受重视。根深蒂固的文化取向以参与的方式在译者的改写实践中得以彰显。本土知识和实践减少了源文本中固有的文化上令人反感的特征。但翻译意味着文化改变，不管这种改变多细微或难以察觉，还意味着通过全球化促进本土文化的改造，以及通过本土对全球做贡献。全球和本土之间充满生机的互动以协商和调和文化差异为主要特征，以缓和文化张力，从而体现了在不断全球化进程中仍根置于本土历史的新的杂合的文化现实。

第五章　翻译距离的多元探析

　　近年来，随着跨学科的研究范式对翻译学影响的日益增大，人们愈加感觉到相关问题的复杂性和多重性，认为有必要对其重新认识和进一步的讨论。翻译涉及若干类型的距离：历史的、文化的、社会的、心理的、审美的、形式的，以及更多的派生类别。首先，距离是"时"与"空"的概念，与翻译研究有直接的关系。翻译首先需要面对的是原文和译文之间的时空距离，随之而来的才是语言和文化的距离。对距离的认（感）知，有助于揭示源语和目标语之间在表达方式和思维结构等方面的差异，对翻译活动的认知是有启发作用的。在一定程度上，对距离的判断，也可说是对差异的判断。其次，在基本意义上，距离也意味着差距或差异（至少在中文里，距离的用法是这样的）。有时距离指的其实是差异，后者实质上是距离造成的，有时指的就是差距。譬如我们说文化距离，其实指的也是文化差异，据此，似乎可以说，距离即差别。但也不尽然，有时拉开距离反而减少了差别，适度的距离能提供更佳的视角，更利于提供一个合理的解决之道，跨文化交际集中反映的是不同文化之间认知与审美距离。翻译是一种运动，从一种语言运动到另一种语言，并在不同的界面及层面展开接触及碰撞。这一过程是不断改变距离的过程。

　　一方面，翻译试图消解各种距离，减少疏离感，让目标语读者能贴近原文，做到近距离交流。另一方面，翻译又不可避免地要与各类距离打交道，同时这些距离相互交叠，互为作用，组成立体的制约网络，使得整个翻译过程充满了张力和不确定因素。翻译所涉及的各种距离，可大致划分为客观距离和人为距离。为了便于讨论，笔者借鉴前人经验把人为距离也称为翻译距离，就是说，只要做翻译，一方面要面对客观距离引起的翻译问题，另一方面，则要通过人为距离来解决翻译问题。一般而言，客观距离是固化的，因而也是静态的。而人为距离则相反，不可避免地带有主观色彩，是不断变化的动态距离。客观距离和人为距离形成一种互动关系：

由客观距离产生的交际障碍，需要人为距离的变化去加以克服。一般而言，客观距离是静态，人为距离属动态，故也可称为静态距离和动态距离，而动态距离是对静态距离的反映。在认知和实践的层面上，有必要分别就静态距离和动态距离进行分析，进而讨论、分析二者之间的相互关系。

第一节　跨疆界的文本距离

有关翻译的最基本的距离便是因文本差异而产生的。无论怎样强调目标语与源语的"等值"，译文和原作是两个不同的文本，这是不容否认的。二者之间的差异源于距离，由错位而引发的差异在不同语言之间，在源语读者和目标语读者之间，显然都存在。钱钟书在《林纾的翻译》一文指出："一国文字和另一国文字之间必然有距离……"所指距离属于客观距离。大家知道，不同国家之间的文字距离是不同的，所以"不可译"出现的频率，以及对翻译所构成的挑战难度，自然也是不尽相同的。既然翻译所涉及的两种语言之间有距离，那由此衍生的是：原文和译文两个文本之间必然也有距离。当然，除了语言差异之外，文本之间的距离可能涉及其他方面。但无论如何，文本距离的客观存在对阅读是有影响的。文本旅行中历经了"许多距离"，所以钱钟书便称：一些读者忍受不了撩动，便想去"读原作"，因为毕竟"读翻译像隔雾看花，不比读原作那么情景真切"。欲达到真切效果，只得零距离地去读原文。然而，钱钟书在几十年后完全能够顺畅地阅读原著，竟然还能欣赏当年读过的林译小说，看来距离的吸引力和诱惑力，实在难以抵挡。距离在翻译中扮演了一个神奇的角色。林译里众多的"讹错"其实也是距离的结果：林纾不识西文，要经助手转译，不免又多了距离，出错的概率自然大增。说到底，还是距离惹的祸。然而，因祸得福的是，如果译者妙笔生花（如林纾般），不期然地"增补原作"，竟让译作变得有吸引力，而不贴近原文的"讹"，也就不期然地产生了因距离而生的美妙效果。

重要的是，在特定的情况下，文本距离的性质是如何判断和识别的？具体又怎样体现在译文里并如何处理的？两种语言之间的不可通约性或部分可通约性，势必产生不可译或部分不可译的问题。不可译在本质上应归咎于"把原文的文化背景和译文读者在时空方面隔绝开来"。唯有懂原文的人才知道，翻译真正出彩的地方是译者为"不可译"的翻译问题，寻到了解决良方，不禁让人拍案叫绝！这其中的惊险历程，不谙源语的读者浑然不知，只顾心安理得地坐享其成，而懂行的人则在一旁为译者捏了把汗。由文本距离所产生的种种不可译现象，使得译者难以贴近原文，只得另辟蹊径，绕路而行，致使距离增大。如果翻译涉及的文本距离太远，译文必须得设法摆脱原文的表达方式，故距离的产生不可避免。自然，这中间有个度的问题，否则译作与原文渐行渐远，乃至不归，终算不上翻译。据此可以说，跨文化意识和对距离的识别能力，构成了制定适当翻译策略的先决条件。

两种语言间的客观距离越远，译文越是需要摆脱原文的表达方式。也就是说，人为距离的刻意拉长是为了应对原本就不短的客观距离，这对距离的把握与调控至关重要。

吉奥瓦尼·蓬蒂耶罗指出："如果对距离的初始分析得当，而且译者也正确地把相关的时空参数确定下来，也就是说，根据他的能力和手头的任务，那么就有了后来可以指望得上的具体决定，而不必每次都再做决定。换句话说，时空距离把文学作品的翻译和原作的内容分隔开来，其文化协调主要取决于有关时空距离的决定。"

时空是影响距离的主要因素，受制并听命于一系列解决翻译问题时必须要制定的参数。所做的决定取决于在具体情况下的其他类别的距离，任何有关解决翻译问题的决定方案，都需考虑到距离的作用和功能。

与距离紧密相连的是方向问题。距离是变化的，就算是客观距离也并非一成不变。需要指出的是，翻译是由某种方向感驱使和控制的。据施莱尔马赫所言，翻译可以朝着截然不同的两个方向运作：目标语读者要么被送往国外（作者的居处），要么被带回国。无论何种情况，都涉及距离：离家多远算是既有意思又安全呢？乔治·斯坦纳也有相似的看法："任何模式的交际，同时都是一种翻译的模式，是横向和纵向的意义的传递。"如此一来，就把视角推向了前台，使翻译的进程有了方向，同时也不可避免地对距离产生了影响作用。而且，任何视角的转变不仅突显新的因素，同时也会改变观察的距离，并使干预行为的必要性得以确定。鉴于原文和译文读者较少有机会共同拥有同一视角，他们从不同的距离观察同一事物时，感知也可能是不同的，至少是不尽相同的。

随处可见的是，不同的译本之间，存在某种文本差异并体现在距离上。同一源语文本在不同时期的不同译本，常常呈现出不同的距离。无论是保留下来的原有距离，还是人为制造的新生距离，都以不同的方式把目标语读者和源语文本隔离开来。就时间顺序而言，任何重译与原文相距时间只能是更为久远，但时间距离并非一定增加。譬如，后来的译本可能更贴近反映源语文本的时代，因而不同的文（译）本的距离又可能是不同的。翻译处于过去和现在的交叉路口：无论何种情况，翻译都与源语文本的生产和目标语文本的再生产的各自历史语境之间的时间距离相关联。此处潜在的两难之境在于：是把过去带到当下？还是为尊重历史距离而突显差异？重塑历史氛围产生具象即时性，有助于提升阅读体验。但如果历史距离过长，文本的移情作用就要减弱，也难与目标语的文化产生关联。由此可见，文本距离的一个主要因素是时间距离。有意思的是，为了保持时间距离，有必要缩短翻译的人为差异。所基于的考虑是：目标语读者在与源语文本保持距离的同时，很难不因情感距离而生出某种疏离感。

第二节　历史的距离

翻译不可避免地涉及历史距离。原文先于译文是客观事实，这中间的时间距离可长可短。如果这中间的距离足够长，不妨称之为历史距离。在两个文本距离的基础上，又增添了历史距离的考虑。时间距离把目标语读者同源语文本分隔开来（当然与源语读者的距离自不待言），这方面已有不少讨论。首当其冲的古语问题，为了理解的方便，通常情况下，在译文里都得到了不同程度的更新。在其过程中，同时出现的是语内和语际翻译，既要缩短历史距离，又要克服语言距离，二者缺一不可。有鉴于此，时间距离会不断变化，虽然译者也可能有意识地保留时间距离，有时甚至人为地去刻意制造时间距离。原文里的古语是否应在译文里保留重现，一直是争论的话题。当然，无论是过去还是现在，让所有人满意的译文是不存在的。一个不可回避的问题是，一般而言，原文对当时的读者而言，一定不是古语。倘若如此，翻译时对其进行现代化处理有何不妥？历史距离无论对源语读者和目标语读者而言，都会隔离文本，这是个不争的事实。还有一个实际问题：如果古语是刻意重造出来的并强加于目标语读者，就要冒使读者对文本不知所云的风险。这种看似零距离的翻译处理手段，虽然传递了某种历史的真实感，但从翻译功能的角度看，产生的可能是"译犹未译"的反效果。这里需要的是同时进行的双重翻译：即上面提到的，罗曼·雅科布逊所指的，语内翻译和语际翻译。

诚然，更新或更改原作可以在一定程度上缩短距离。米尔德里·拉森主张："极端的古语化在翻译里是没有一席之地的，因为这使得原作对现代读者虽不是毫无意义，至少是不真实的。"的确，这会使译文对目标语读者减少关联度。但如果提供一个不存在历史距离的假象，不仅没有效果，而且适得其反，给历史的真实性蒙上了厚重的疑云。不难看出，翻译需要重构时间距离，为的是使过去和现在区别开来。然而，锐减了的时间距离，虽然有助于提高可读性，却有潜在的误导之嫌，并可造成混乱，因为时间距离的缩短是以罔顾原文的历史时间设置为代价的。同样，文化借用亦可能对原文所叙述的过去事件和当下目标语读者所处的现实之间的关系，产生距离感。如果译者和原作保持一种时间距离，目标语读者的需求似乎更容易得到满足，但这样又可能引致脱离历史的译本。

有时对译文进行历史化的处理是必不可少的，但并不意味着一定要古体化，因为这样容易产生疏离感，造成阅读障碍。在评论安托因·维托的《哈姆雷特》译本时，让米歇尔·德帕兹注意到："维托的翻译不属于某个特定时代：距莎士比亚的时代并不比距我们的时代近。主要的效果是将哈姆雷特与我们产生距离，使剧本显得旧时和古体，他在此所用的文体就是要表示我们同《哈姆雷特》的距离有多远。"

这个时间距离是刻意和精心维系的，译文被注入了一种历史感，对争取把握有关情节设计和展现的特别环境，是十分必要的。有助于尽可能地将哈姆雷特复杂性格里的细微之处传递到目标语，达到既历史化了《哈姆雷特》，又能让当代读者读懂剧本颇为微妙的平衡效果。

对翻译文本是进行古体化，还是现代化的处理，直接决定了源语文本和目标语文本之间的距离是拉大还是缩短。阅读历史剧或小说时，需要认识历史意识的首要性。但如果对翻译语言进行极端化的古体处理，能指和所指之间的距离就可能加大，造成阅读和理解翻译文本的障碍。众所周知，有的译者利用历史距离批评当下的事件，于是看似客观的距离不言而喻地起到了某种保护作用，从而使批评者逃脱惩罚。林纾的翻译采用的是精练的古文，其结果是，异质的东西进一步远离目标语读者，这是一段较为安全的距离。文言文的使用，事出有因，为的是缩短目标语读者对异质的审美距离。胡适认为，文言文与小说的叙事形式显然格格不入，在林纾之前，没人用文言文写小说。但我们不能仅仅把其归于林纾的复古坚守，林译的目的和功效，毕竟可以诱使读者去读外国作品，从而有效地消解审美距离。他用文言文人为地重构了时间距离，易于掌控和操纵有关审美距离，更好地起到诱导作用，从而向目标语读者展示一个全然不同的新世界。

与此相关的是中国古诗词的英译该如何进行的问题：是保留古体？还是用现代体？抑或是从中寻求某种平衡？古诗的格律十分讲究，押韵、平仄还外加对仗，其明显的不可译性让人望而却步。若勉为其难地在译文里复制某种独特的诗歌形式，不免有削足适履之虞，结果有时竟出现了基本的语法错误。古香古色的古典气息如何同现代的审美情趣达到一致？这里又不免涉及时间、文化和审美距离的问题。若要让目标语读者领略且感知历史的生动和鲜活，而不是让译作散发一股霉味，并且还有做到不丧失历史的厚重感，距离的调整至关重要，否则难以满足现代人的审美情趣和对异国古典文学的向往。当代中国人对自己文化传统的态度尚且十分不一致，是贴近还是疏远，见仁见智，何况是只能读译文的西方读者呢？时间距离终究是绕不过去的问题。

第三节　身份与文化的差距

一、身份之距

译者身份反映出静态距离和动态距离之间的相互影响、相互作用。译者与作者之间的距离原本就有，如何看待这个距离别有深意。译者的文化身份、政治身份、立场角度，与原作者可能相近，亦可能大相径庭。是居高临下，还是情感沟通？是漠然行事，还是感同身受？是亦步亦趋，还是大胆重组？身份距离背后还有心理距离，并不是所有的译者都想去缩短与作者之间的距离。译者身份的定位或重新定位也是改变距离的体现，作者与译者身份的戏剧性转换莫过于作者自译了。无论是写作还是翻译，均属交际行为，但面对的是不同的读者，作（译）者的心理（态）定会有某种微妙的变化。表面上看，作（译）者之间似乎是最短的零距离，但实际上又可能是最大的距离，所谓的译本完全有可能是一个非常不同的文本，可以说是极端化改写的产物，全然不像一般意义的翻译。张爱玲便是这方面的突出例子，她的原作和译作有时看似是不同的两个文本。实际上，自译既是一种特殊的翻译，又是一种特殊的写作。塞缪尔·贝克特故意把写作当成"不准确"的翻译。自译似乎享有极大的自由度，如对其提出"不忠"的指控，不仅显得苍白无力，似乎根本就有些"文不对题"，所以不大有译评者去讨这个没趣。

　　有关译者的身份问题，近来谈得较多的是文化身份，这的确是最容易引人关注的话题。与之相关的是译入还是译出的选择——与译者的文化身份相关。译界的一般共识是，译者的目标语最好是自己的母语，把握的距离自然也就近，反之，熟悉程度相对低一些，距离也就远了，操作起来不那么自如。从作品接受的角度看，这无疑是有道理的，译者的身份代表了他/她的读者的需求。另外，译者与作者直接相关的距离：成长经历、教育背景、气质性情、写作能力、人生态度、政治观点等，这些因素的结合还可能形成心理距离和情感距离。的确，相近的文化心理，可使译者更有资格代表目标语读者，进行有关文字和文化方面的协商、调剂、沟通，以达到更好的交际效果。情感距离似乎更微妙和复杂一些，由于以目标语为母语的译者与原作的语言、文化、历史等诸方面的自然距离，其情感距离也不免拉大。

　　钱钟书指出："译者的理解和文风跟原作品的内容和形式之间也不会没有距离，而且译者的体会和他自己的表达能力之间还时常有距离。"此处提到的"译者的理解"所暗示的应该是目标语为母语的译者，对他/她而言，原作是外文，理解的距离一般更长一些。至于"文风"和译者的"表达能力"，这个问题就更明显了。例如，郭沫若主张：诗人译诗，以诗译诗。无论如何，客观距离肯定是存在的。也不一定构成难以逾越的障碍，否则，恐怕就没人敢译莎士比亚了。大概很少有译者敢称自己的表达能力与莎翁十分接近，乃至不分伯仲。回到前面论及的时间距离，因为莎剧离我们时空遥远，需要跨（穿）越，倘若用文言文译莎士比亚，不免有些怪诞。伊丽莎白时期的英语，现在很多英国人都不大懂，他们阅读莎剧困难重重。与之形成有趣对比的是，手捧莎剧译著的外国读者，反倒看得津津有味，他们的译文是当代文字。时间距离缩短了，阅读障碍也就清除了。也就是说，译作离原作的语言距离远了，而离目标语读者的距离近了。

　　需要指出的是，在全球化的影响下，人口的流动大为增加，国家疆界的概念也在演变，越来越多的人旅居他国，经过与当地文化杂糅，其文化身份也悄然发生改变，于是就有了离散译者的身份。这些译者与源语文化和目标语文化的心理距离也是有变化的，一方面，去国怀乡成了一种挥之不去的情愫，另一方面，对所居住国的文化也有了近距离的接触，"日久生情"，心理和情感距离相应地缩短。离散译者也是文化使者，他们旅居国外，势必更能直接地从事跨文化交际，而近距离观察乃至参与同远距离观察毕竟是有差别的。另外，还有一个影响身份的因素：有些翻译家配偶的母语是译作的源语，如戴乃迭的先生和葛浩文的夫人，对"译者的理解"，无疑是大有裨益的。

　　此外，译者跟原作者的身份距离也需要考虑，如在写作气质、政治见解、社会角色等方面有多大程度上的身份认同。当然作者自译自己的作品情况除外（即使如此，也有距离的情况，但性质不同）。译者完全可能在翻译的时候同原作者保持距离。如不认同其见解，行文中的情感投入大抵就不会有了。是浓墨重彩还是轻描淡写，是避重就轻还是避轻就重，都可能是亲近或疏离的距离感使然。玛丽亚·铁木志科指出："一个文学译者选择强调或特别关注需要翻译文本中的某个方面（譬如语言忠实、语气、形式、文化内容，或者这几方面的结合）。"为了达到某种效果，突出或淡化某些方面，在翻译实践里是十分常见的。

　　总之，在文化翻译复杂而多变的过程中，距离问题无时不在。翻译离不开阐释，而且通常先于翻译行为，于是注定产生间离效果。按照约翰·斯坦利的说法："译者总是迫于进行阐述，因而间离了译文和原文，还间离了译文和根植于源语的语言结构里的他者。"也就是说，为了以最佳和准确的方式捕捉原文的内容，不仅是在字面上重现，更是立体地重现，需要引入距离的概念并对其不断做出调整，以应对源语文本可能产生的任何挑战。对涉及不同语义可能性的任何一个具体的词语、短句或隐喻的多重特性的阐释，都可能造成翻译的距离变化。译者主体性的突显莫过于阐释的行为了，其身份在一定程度上体现在阐释的结果，而后者则反过来参与塑造译者的身份，并决定其和原作的距离（包括心理、社会、审美等方面）。原文和译文的两个历史和文化语境之间，自然也存在距离。译者在阐释的过程中所进行的重新语境化，也不免要考虑到语境的距离问题，并对其进行操控。

影响翻译身份的因素众多，有时相互重叠，并有依存关系。性别距离，男作者和女译者及读者，女作者和男译者及读者，女性主义作者和非女性主义译者及读者，非女性主义作者和女性主义译者及读者等，都能构成某种身份认同距离。另外，不容否认的是，在跨文化语境下，距离可能源于各种偏见和应对偏见的各种手段。后殖民和女性主义译者，有以非常明显的方式改写原文的"暴力"倾向，旨在达到改造的目的。斯坦纳在论及因距离而产生的间离效果时指出："迄今为止，艺术和历史记载大部分是男人留下的。'性翻译'的过程或语言交流的崩溃过程，几乎总是从男性的焦点出发的。"结果再明显不过了：这样的翻译实践自动间离了女性目标语读者。女性主义译者对充斥着男性霸权的文化史深恶痛绝，原文的阐释表现出的视角与非女性主义观点截然不同，自然不足为奇。有时在政治动机驱使下的女性主义改写，与原文背道而驰，完全颠覆了原文的本意。女性主义译者的政治身份在与原作者的政治身份不一致的情况下，用极端的手法，不惜强行改写原文，对其进行"妇占"（womanhandle），即做女性化操纵（性）处理，进行逆向的"性翻译"，着力凸显女性意识，就是要打破或消除原有的各种对女性不利的种种距离。直截了当地（也是最短距离）对原作"施暴"，这构成了她们政治行为的主要特征。

二、文化之距

由各种文化差异造成的文化距离，是与翻译相关的最常见的距离。具有不同文化背景的人们各自的文化心态、阅读体验、互文资源、审美感知等都有差距。有鉴于此，译者的跨文化意识和对审美差异的敏感度，无疑是至关重要的。文化距离是客观存在的，所引起的不同反映，必然是动态的，且充满变数。文化距离是大多数类别翻译活动中绕不过去的核心问题，同时也是"不可译"的主因。对于不可译所造成的交际障碍，不同的译者有不同的翻译策略。翻译催生了各种距离变化，其中有些微妙，有些则不那么微妙，通过加强或削弱原作里的某些成分，力图细腻地表现出充满张力的文化差异。如前面提到的，与客观距离相反，翻译距离是译者刻意制造和实施的距离，为的是在面对形形色色的文化差异时，能有效地进行协商和干预。

　　人们普遍认为，在原文与译文之间建立最短距离，应是最忠实而可靠的翻译，虽不无道理，但也不尽然。因为最短距离并不总是最佳距离，所以并不一定是防范"不忠实"的保障措施。遇到不可译时，翻译距离的作用在于创造空间，以便于更好地使用目标语里可资利用的语言与文化资源。以"忠实"为动机对最短距离的追求，往往事与愿违，达不到好的翻译效果。这方面的例子，比比皆是。一般而言，距离的定位取决于如何最有效地处理实际的翻译问题。在现实中，距离表示选择、包容与排斥。明显的，距离的问题需要同其他影响翻译的相关因素结合起来分析。在实际运作里，译者可能希望与原作所主张的内容保持距离，这属于政治文化范畴的距离。在某些特定的政治敏感时期或国度，这种情况并不罕见。譬如说，译者在译作的序言里，明确提醒读者要对他们将要读到的内容持批评的态度，即保持清醒的距离。

　　文化距离会给译作带来陌生感和离间感，缩短文化距离的最好办法，莫过于增加对外来文化的接触，无疑有助于文化距离的消解。虽然归化翻译能帮助目标语读者避开陌生感和离间感，但客观上起到的是保持文化距离的效果，似乎违背了跨文化交流的初衷，即缩短不同文化之间的距离，以便更好地进行真切的相互了解。距离太远，看不太真切，听不大清楚，文化之间的藩篱无法冲破，交流的效果就要打折扣。于是，异化翻译近年来又受到相当程度的重视——毕竟这是一种相对贴近原文的翻译策略。但具有离间目标语读者的风险，增大历史和文化距离，疏离感更强，差异性更大。表面上，异化产生亲密，目标语读者"直接"与原文"亲密"接触，不需译者代为协商和辅助。但由于这样的亲密有强加之嫌，不免让人不舒服。因为异化容易与不地道的翻译行文挂钩，极易滋生离间之感，降低可读性，有时甚至导致读不懂。无视原本固有的文化距离，对相去甚远的源语与目标语文化规范不加理会，会使远离自己熟悉的语言和文化家园的目标语读者，陡增无可奈何的无助感。

劳伦斯·韦努蒂针对英美翻译现状大力推崇异化翻译，提出了一个反问："译者能够与本国规范保持一个临界距离，同时又让译作免遭被视为不可读的命运吗？"诚然，从跨文化角度出发，归化无可厚非。虽然直接性和即时性值得争取，但重要的是，我们应该意识到任何译作都有对于可接受性的基本要求。其实，有时译者的确也鼓励读者与原文拉开距离，其中一个主要的动因是让他们后退一步，可看清更大的图景，反之，过于近距离的翻译，容易引致视野狭窄或模糊视线。未经调和的翻译，可能因翻译中的各种张力引爆冲突，致使交际失败。至少，不经调解的近距离接触容易加剧陌生感，同时造成目标语读者理解译作时的距离感。客观距离引致不少翻译问题，没有人为距离的介入，后果堪忧。例如，径直把隐喻直接移入译本：表面上看，保持了同样的距离，但效果并不好。在许多情况下，隐喻是不能跨文化直接转移的，否则，欲"近"则不达。

第四节　审美的差异与距离的操控

一、审美之距

文化距离所衍生的审美距离，关乎译作的接受。翻译使文本跨越时空和文化距离，与不同的读者进行交流。原作读者熟悉源语文化，故能产生文化亲密感，但这种亲密感在翻译里要么丧失殆尽，要么大打折扣。文化精髓的分享并不容易。而且，文化亲密造成的强烈生疏感，可能让人心生恐惧，反倒妨碍译者展示原文的要意。有鉴于此，需要翻译距离来启动一个重新配置的复杂过程，以捕捉原文相对不确定的意义，同时又不必受紧贴原文的句法结构及其他形式特色的束缚。这里自然涉及翻译决定的问题，而任何决定都明确地与建立相关的参照框架有关，从而对翻译语义、词汇、语法和文体等方面进行整体分析，其内容包括规范、惯例和属性。譬如，当出现词汇游戏不可译的情况时，常见的方式是置丧失某些形式特征于不顾（因不同文化的所指方式也是有距离的），主要尝试去译意义。如果因担心可能出现的不可译现象而避开语言的游戏感，翻译的焦点就转移了，这对译文所涉及的两个语言之间的距离显然是有影响的。如果呈现的翻译单位让目标语读者看到的是不同的东西，空间距离也因此受到影响。再者，审美的参照框架不同，阅读体验和效果自然也不同。

不同的语境会造成不同的视觉感受和观看距离。这情形颇有点儿类似摄影的对焦，具象化文本的某些部分，挑选出具有典型代表意义的部分或特色进行翻译，而不是全景式翻译，文学翻译的具象化处理有助提升阅读体验。时而模糊的淡化处理，时而清晰的重彩油墨，无不与距离的调整有关，同时对审美空间的挪用，亦具有审美移情的作用。有时，具象化是文化语境化，更确切地说是重新语境化的一个手段。通过"特写镜头"增添细节，突出译者认为是相关和重要的部分，用"以点统面"的方式作为语义或效果的补偿。杰克·伦敦的《野性的呼唤》中有一句："It was beautiful spring weather, but neither dogs nor humans were aware of it." 中文译文是："时值莺呖燕啭的春日，阳光明媚，但是不论狗或者人都没有觉察到这一点。"译者刻意通过增添细节的方式，近景观察，拉近了观察的距离。原文里的 beautiful 是一个较为抽象的形容词，在译文里具象成了"莺呖燕啭"，声像并茂地渲染春天的美好。此外，还有"阳光明媚"，表现出译者对春天预设的审美想象。当然，春天，尤其是英国的春天，未必总是阳光明媚的，亦可是细雨霏霏。此处，作为基于原文基本意思的发挥的视觉表现是否妥当，则又另当别论。不可否认的是，译者主观想象的因素渗入了翻译，而增添的细节却又并非是添足之笔，它们确实给译文增添了活力和吸引力。从客观效果看，译者真正拉近的是审美距离，这样处理更符合中国读者审美习惯，由此产生的视觉感知也较容易感染读者。

鉴于近距离阅读能带来奇妙的亲密感，有些译者考虑用近距离的方式翻译，好让译文读者分享到原文读者近距离阅读的体验。什么在场，什么缺场，均是翻译过程中需要考虑的重要内容，要么是重点突出译者认为重要的方面，要么是淡化处理棘手麻烦的成分。对表层意义的改造性处理是必要的，但若因此而导致消除和淡化，也就谈不上近距离阅读的亲密感了。不妨看一个相关的例子：我友有一妻，极贤惠，日日举案齐眉，家中颇有世外桃源之感。如采用近距离翻译，保留原文的表层意义，译文也许有荒谬之嫌：My friend has a wife, who is extremely virtuous. *She holds a serving tray all the way up to her eyebrows* every day. And his home is reminiscent of a garden of idyllic beauty. 中文读者都知道其中的幽默，"举案齐眉"和"世外桃源"均属于文化互文，相关的互文知识阻止人们只看字面意义。但英文读者则不然，弄不好将此误读为"一个像仆人的妻子……"，出现南辕北辙的审美效果。审美距离其实是跨文化交流中很关键的一环，考虑到审美差异而调整过的译文可以是：My friend has a loving wife who tries everything in her power to look after him. Which makes their home like Xanadu. 译文删掉了原来的具象，把特写推远，拉开距离，好让译文读者不至于产生字面解（误）读。至于丢失了的幽默感，可考虑采取补偿性措施：His every whim is indulged. 或者 His every whim is her command. 这其实也是虚与实之间的距离。

　　审美心理和审美效果是在做翻译时必须要考虑的，当然，这并不意味目标语就一定排斥异化的外来成分。人们之所以要读翻译，多少带有一些猎奇心理。有人说好的翻译读起来就像读本国文字一样，却全然忽略了人们阅读翻译的初始动机。一定程度的审美距离反倒增加译文的吸引力，由此不难看到异化翻译的价值。人们有尝试未经过度稀释和扭曲的异质体验的意愿和兴致，也就是说，适度的审美距离非但不构成审美障碍，反而有助于提高审美情趣。不容否认的是，异化翻译受制于译文读者对异质的容忍或需求的程度。自我与他者之间的距离，视具体情况而异，有时相差甚远。毕竟，自我也有和他者重叠或一致的时候，当然也不排除有人宁愿远距离地通过归化来翻译和了解他者。

　　何为适度的翻译距离？当然难有一个衡量的模式。是兼容的结果？抑或是妥协的结果？翻译距离的长短与虚实，审美习俗的流变与演替，无不左右和影响翻译的策略。以隐喻翻译为例也许可以更好地说明这个问题。隐喻一向是翻译的难题，在翻译过程中，其外在形式能否保留？如果保留了，其认知功能又该如何体现？如"她是一贯爱翘尾巴的"的一句，所含有的"尾巴"意象，促使译者考虑各种翻译策略，至少有如下几种可能的译法：

（1）She tends to get swollen-headed.

（2）She is too big for her britches（boots）.

（3）She is a bit caught up in her own self-importance.

（4）She has suffered chronically an inflated sense of self-importance.

（5）She has always been a self-important figure.

（6）She is always insufferably cocky.

第一句　把"尾巴"换成"脑袋"，意象不同，意义相近。第二句也有意象，但也没保留"尾巴"，而是"裤子"（或靴子）。这两句都还算"实"译，另外几句则是"虚"译，干脆不要意象了。无论虚实，在译文里不见了"尾巴"，因为其功能在中英两个文字里是不同的。去掉意象，虽无可厚非，但也出于无奈，其生动性并没有表现出来。再看一句："他那在上司面前摇尾讨好的样子让我恶心。"意象动感十足，然而又不好贴近原文译成：He behaves like a tail wagging dog. 因为这个意象在译文里不一定让人恶心。那只好又拉开距离，进行"虚"译：He is fawning and obsequious to his superiors，which just makes me feel sick. "摇尾"的生动特写镜头在译文中就只得割爱了。

二、距离的把控

翻译离不开对距离的调整和把握，按距离的远近捕捉翻译对象，结果可让译文读者获得不同的透视感觉，乃至阅读体验。对距离的操控，无论译者出于有意还是无意，无论源于什么动机，政治的、意识形态的、文化的、美学的、心理的等，都是翻译行为中不可或缺的组成部分。人为的翻译距离的产生及变动，是为了构成一个最佳的翻译策略，目的是确保对原作的意义的解码及复制的某种控制，所揭示的是翻译行为的定位、视觉及在处理原文时距离的变迁。距离过短则限定性过强，因为这个缘故，"译者忍不住人为地要制造距离，为的是获取行动的自由。"另外，人为距离同时也是阐释及实施距离，由翻译的功能所决定。然而，如果译文同原文之间的翻译距离过长，明显偏离原作（体现在无节制的归化翻译），可致使跨文化交流的真实感和可靠性受到严重威胁，译文读者无法近距离地体验异质他者。可以说，任何成功的翻译肯定得归功于最佳的翻译距离，这是动态的距离，避免了太近或太远距离的极端取向，显示了足够的灵活性，很好地平衡了客观距离和人为距离。翻译距离是操控的结果，避开了难以解决的语言和文化专有项的纠缠，可以收到较好的翻译效果。

翻译一般所遇到两种典型的截然不同的途径，都可能十分有效，在给施莱格尔的通信里威廉·冯·洪堡写道："所有的翻译似乎都仅仅是为了完成一个不可能的任务。每一个译者都一定会被两个障碍物的其中一个干掉：

他要么就是离原文太近，以自己国度的品位和语言为代价，或者是过于紧跟自己国度的特色，以原文为代价。"

人为贴近的无论是源语文化还是目标语文化，在某些时候，似乎简单方便，起到的要么是阻碍要么是促进作用。但是，这种要么/要么二分法思维首先排除了在原文和译文之间的中间距离的可能性。当然，距离的长短首先取决于关于翻译运作方向的决定，以及如何达到与源语文化和目标语文化之间的最佳平衡或妥协。

距离的问题势必与观察方式和效果相关。与此相关的是对意象的处理：设计一个最佳平衡方法的结果是要么使其模糊，要么使其清晰，总之要想达到预期的翻译效果，具象和抽象之间需要有个最佳距离。有时为了回避对抗和冲突，迂回翻译的策略也不少见。通过拉大距离取得弱化效应，因有些意义的再生产唯有通过"绕行"方能实现。翻译总是意味着一定程度的改写、变形、转换，促使距离的变化。如果翻译所涉及的两种语言差异明显的话，未经对表层意义进行协调的翻译是难以成功的。如果客观距离太短，以致不能有足够的空间做调整、挪用和本地化处理，就有打开空间的必要。许多修辞手法，包括隐喻、提喻及反讽是不能直译的，但可以在一定距离外翻译。为了平息对蹩脚翻译的担心，需要不断地调整距离。简言之，满足制造翻译距离解决不可译问题的迫切需求，要靠对文体的操作调整，以增添译文的美学情趣。

距离的调整，目的是有效交际，手段是灵活变通。贴近不一定匹配，贴近翻译指的是寻求原文同译文之间最近似的匹配，意味着两个语义场最大限度的重叠，这是可遇不可求的。例如，"你们的身上也应该流着道德的血液。"英文翻译可以用：In you should flow moral blood. 巧合的是，英文里有 moral blood 的说法，翻译时如法炮制就行了，紧贴原文，几乎分毫不差。直截了当的表达方式具有难得的即时性，如果译者并无把握，而译成了：blood of moral responsibility（courage，principles，values）等，即时性则丧失殆尽，制造这样的翻译距离全无必要，只会削弱表达效果。但是也需要当心，"道德血液"固然有英文的 moral blood，那反过来英文的 moral fiber，中文就没有对应的表达方式了，总不能说"道德纤维"吧。Fiber 这个词只能避开，譬如用"道德力量"来替代。只能改变二者之间的直接距离，即直接由间接替代，原本的具象"纤维"就不能在译文里出现了，不符合目标语的规范。换而言之，文化意义的直接和间接与距离的差异关系非同小可，克服跨文化交际的障碍靠的是距离的变通。

通过抽象与具象的空间操控，在译文里有可能显得奇怪的陌生内容，至少在一定程度上，受到了控制和归一。在美学的层面不可贴近时，去直观化不失为一个选择，理由是适度的文化整合与重构在实际操作中是可取的。译者总是在面对具体细节时，觉得无从下手。诚然，翻译复制原文的语义与形式并不总是可行，但如没有严丝合缝的再现机会，抽象表征不失为可行的办法：焦点的调整及创造更大的空间可体现灵活性，文化与审美的距离也随之产生变化。用基于对文化和审美距离理解而生的不同语言和文化框架，拉开译文与原文里的视觉语言距离，形成可行的替代方法，方能够应对各种翻译问题。实质上，制定一个恰当的语境框架可以更好地聚焦、解读和呈现原作里必不可少的要素。操控性的绕道而行，也是避免走进僵局、跌入陷阱并解决潜在冲突的有效手段。

通过以上简约化阐释，我们可以清楚地发现，距离是翻译的关键概念，翻译传递的不仅是基本意义，其本身也需要跨越历史、语言、社会和文化的距离。关于距离的成因和含义的思考就是为了更好地理解翻译在跨文化层面上究竟是如何运作的。距离的调整导致原作里某些细节模糊或清晰，影响到翻译的整体效果。距离主要指感知差异、相似、语域等，有关距离调整的协商决定了距离在翻译中的整体功能，突出的是聚焦和顺应。缩短原文和译文直接的距离而调整翻译距离，有助于更好地理解翻译的性质。翻译消除了原文里的习惯表达方式，起到了克服文化距离里的陌生感的功效。以迂为直，以退为进的做法是翻译行为里常见的变通手段。那种不紧贴原文便是违背原意的担心，恐怕过于绝对。以为偏离就要造成背离，最终只能是作茧自缚。捆住了手脚的译者，动弹不得，如何能舞动起来？差异的特征是不吻合，但细节的不叠合不代表总体的不吻合。一味追求每个细节的准确，可能适得其反。

翻译关注偶发性或开放性，是做出翻译决定的先决条件和主要依据。鉴于任何完整的翻译都是不可企及的，其表现变幻莫测、难以捉摸。翻译不断地游移于在场和缺场之间，显性与隐性之间，静态与动态之间，微观与宏观之间，外延与内涵之间，字面与比喻之间，抽象与具体之间。因客观距离产生的诸多不可译现象，可能导致隔膜，甚至隔绝，但由此产生的人为距离，则是解决这类问题的不二手段，也是认知的必要途径。遇到某种距离时，如何调适文化认同并做出应对的策略，必然在动态距离的不断变化中显现出来。通常以纯客观视觉从事翻译是不大可行的，因为翻译是在视角移位的情况下产生的，势必引起两种语言和文化价值之间的距离变化。解释的开放性难以避开使翻译文本不稳定的风险。"视角"的概念与阅读和翻译的视觉及效果相关，而影响距离的一系列变换因素决定了翻译的特点：永久的偶发性、历史性及随意性。翻译距离的客观存在和主观能动，意味着虽有未知张力与潜在冲突的实际存在，但挑战跨文化交际的极限终归是可能的。

第六章　翻译与文化心理

中国古代文论家非常重视作家和作品的文化心理分析，认为这是解密文本深意的一把重要的钥匙。

唐代韩愈说过一段很有名的话：大凡物不得其平则鸣。草木之无声，风挠之鸣。水之无声，风荡之鸣，其跃也或激之，其趋也或梗之，其沸也或灸之。金石之无声，或击之鸣。人之于言也亦然。有不得已这而后言，其歌也有思，其哭也有怀，凡出乎口而为声者，其皆有弗平者乎？

（韩愈《送孟东野序》，《韩昌黎集校注》）

韩愈说的就是我们今天所讨论的主旨：特定的文本一定有它特定的文化心理。言为心声，无缘无故的"言"，没有必要去理会它，翻译也一样。

那么，具体地说，翻译与文化心理（或文化审美心理）之间有什么关系呢？换句话说，研究翻译为什么有必要研究文化审美心理？

为阐明这个问题，我们就必须从若干最基本的问题谈起，其包括文化心理范畴、文化心理与语义生成，以及文本组织形态之间深刻的相互关系等。很明显，不探究这些问题，文化翻译只能停留在表层；还可能只停留在"知其然不知其所以然"的"必然王国"（无意识状态）内，不能进入"自由王国"（知性状态）窥其堂奥，将文化心理与翻译中的语义与文本赋形挂钩。将两者联系起来研究，就能知其然又知其所以然，这正是文化翻译的关键。此外，翻译学研究文化心理问题还有一个实际目的，就是为文化审美表现法研究做铺垫。另外要说明一点，文化心理范畴很广，包括思维和精神领域里的很多命题，但语际语言转换主要涉及语言文化审美，因而，本书的文化心理探讨主要局限在用优化的语言表现出来的文化审美心理。

第一节　文化审美心理的范畴论、系统论和功能分析

人类对心理的认识经历了漫长的过程。语言、心智、思维、精神、情感等之间究竟是什么关系，长期以来，人们还不甚了然。我国古代的哲学家荀子在《天论篇》中说："形具而神生，好恶喜怒哀乐藏焉。"他认为情感源于神，但"神"又是什么呢？他只能用"形"的对立面来解释。这一点中国古代的哲学家是有共识的。《淮南子·原道训》中说："耳目非去之也，然而不能应者而也？神失其守也。"中国学者开始接触到心理学奥秘时间较晚。1830年，我国清代学者王清任首次提出"灵机、记性不在心，而在脑"。这是很了不起的真知灼见，可惜古代中国学术不重实验而重悟性，他的见解没有得到开发和发展。在西方，心理学观念和对心理现象的关注早已引起很多学者的注意，但真正称得上最早从事心理学本体论研究的人是德国的哲学家莱布尼茨。莱布尼茨是唯理论（理性论）者，他对感觉、意识和知识的认识也都建立在理性知识之上。他认为人先有感觉，由感觉提升为知识。莱布尼茨的感觉论影响了英国的哲学家洛克，但洛克认为知识并不源于感觉，而是源于观念，知识始于观念，观念又始于经验。人是在特定的人文环境里，是在对观念的反省中获得知识。

人类对心理现象和心理活动（心理现象也就是心理活动，但前者通常表现在后者中，后者强调表现）的科学探索始于19世纪末。心理学家在哲学和医学发展的促进下对感觉、知觉、表象、思维、想象和记忆进行了系统的探索和研究，从而认识到从感觉到记忆的连续性活动，就是人的认知过程。认知过程是人类之所以成为人类的非常重要的心理过程。

与认知过程并行不悖还有三个过程：一是情感过程，二是意志过程，三是表现过程。

人在认识客观事物（构成其认识中的客观世界）和主观事物（构成其认识中的主观世界，也就是自我）的过程中大都不会只停留在认识维度上。伴随认识，他必然会获得感受，做出反应，也就是采取某种态度，这时认识就表现为情绪和情感，也就是荀子说的"好恶喜怒哀乐"，当然这六个字只是一种概括，实际上人的情绪和情感"色谱"是言语不可穷尽的。

第三个维度是意志过程。人对事物有了一定的了解、认识，做出了情感反映，同时伴随某种感情、心态、情绪等，就会上升为某种态度，从而进入意志过程，其中包括相应的行动意向、决心，以及进入某种实施过程以实现自己的意图。如果是艺术家、作家或翻译家，就会产生创作冲动、创作意向，这就到了最后一个过程：表现过程，也就是将一切认知、情感、态度、意向统统诉诸自己的表现手段，终而结出成果的过程。

以上说的四个过程统称为心理过程。这四个过程都与文化心理密切相关：它们都不能在"真空"中，而是在特定的人文环境中完成的。就翻译而言，以上四个过程可以图解，如图6-1所示：

翻译的文化心理过程 ⟨
· 认知过程：对原语文本（SLT）的理解（SLT Comprehension）
· 情感过程：对原语文本（SLT）的感悟（SLT Feeling）
（从情感过程意志过程的过渡是关键）
· 意志过程：对译语文本（TLT）的酝酿（TLT Structuring）
· 表现过程：对译语文本（TLT）的赋形（TLT Formstion）

图6-1

除心理过程以外，心理现象还包括两个次范畴，其一是个性心理，其二是群体心理。

个性心理反映个人或个性的取向（倾向性），也反映个人或个性的心理特点。与之对立的是共性取向或共性心理特点，我们常常称之为群体心理特点。

先谈个性心理特点。在心理学中，所谓"个性"指具有一定倾向性的心理特征的总和。这就是说个性是多维的、具有概括性的。例如，有些人个性比较开放、外露；有些人个性比较孤僻、含蓄；有些人自信心强、比较主观；有些人自制力强，但可能比较矜持；有些人很重情、很深刻；有些人很重利、很浅薄等。总而言之，这些特征都是在特定的人文环境中形成（发生、发展、完成）的，它们都表现出文化的个人特质（cultural qualities）。知名的瑞士心理学家荣格将个性分成两个基本类型：一是内倾型（introvert），二是外倾型（extrovert）。他说所谓"大千世界"，就是由种种表现出个人特质的以上二类芸芸众生组成的。

群体心理特点是特定群体的心理共性。这个群体可以是某种相对稳定的社会集结体，它们可能是某个社会阶层、阶级，也可能是某种松散的社会群族（如"上班一族""单身族"）。通常最受关注的社会集结体是民族。每一个民族都有自己独特的民族心理特征，这些特征都是在特定的人文环境中形成的。所谓"民族文化环境"，指具有特定的文化历史传统、地缘经济形态、地缘政治形态和地缘社会形态的环境，与人种或种族（race）没有什么直接关系。

至此，我们可以将文化审美心理范畴（心理现象及其次范畴）表现如图 6-2 所示。

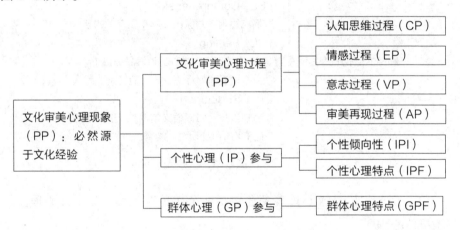

图 6-2　文化审美心理结构：范畴与次范畴

文化心理范畴是从文化信息心理结构的视角来剖析文化心理。除范畴问题以外，文化心理还有一个次系统论。文化心理系统是从文化信息内容属性的视角来剖析文化心理。

首先是文化心理的价值系统，与价值属性有关，也就是我们通常说的人们的价值取向。人的价值系统是由认知决定的，源于经验，也有情感参与，并常常见诸行为。文化价值系统包括以下六个次系统：人生——生命价值；自然——环境价值（如儒家传统中的天道观）；道德——宗教价值；智力——知识价值；经济——政治价值；审美——情感价值。文化价值系统人人都有，尽管有的人并没有用言语表明他的价值取向。

其次是文化行为系统。人类有些行为在一般情况下是没有什么意义的，如打喷嚏、打哆嗦一般属于"自然行为"或"生理反应行为"，我们称之为非意向行为（unintentional act）。有些行为在一定的条件下或环境中可能具有特定的文化意义，我们称之为意向行为（intentional act）。有些意向行为发生在特定的人身上，文化意义还非常深刻，如屈原的自杀，足可称"千古之谜"；李白的嗜酒也不是简单的嗜好或习惯性行为。

最后是表现（法）系统。文化心理的表现（法）系统分为言语表现（verbal expression）和非言语表现（non-verbal expression），非言语表现又分情态表现与体语表现（body expression），可见表现法与文化翻译关系相当密切，如图6-3所示。

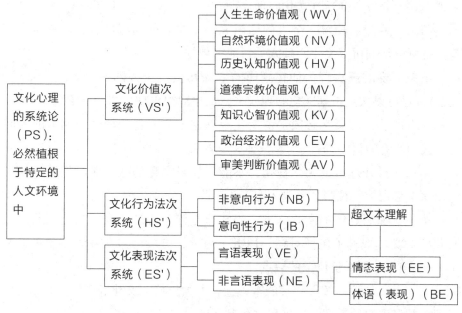

图6-3 文化心理结构：系统与次系统

在文化心理的系统论中文化表现法次系统对文化翻译具有特别重要的意义。可以毫不夸张地说，如果文化翻译不注重研究表现法，那么我们的一切研究成果就不可能落到实处。

我们需要了解的是人的文化心理能起什么"作用"、担负什么"工作"，英语叫作文化心理的"task"。

根据当代认知科学家的研究，人在有所行动（action）以前受着三股作用力的支配：一是感觉（sensations），二是记忆（memories），三是思维过程（thought processes），这三股作用力被整合为一个心理过程，这个过程表现为"注意"（attention）。由"注意"发出"行动"指令，这里的"行动"（行为）当然也包括语言表现。值得注意的是这个心理过程的重要特征是受文化制约的（culture-bound），具体而言就是受各种价值观的支配，人不可能违背他的心理结构中的价值观来说话。这就说明人的话语受制于他的文化心理结构。例如，赞赏印象派作品的人不可能说出贬抑印象派大师的话。这就使我们得出以下结论：

第一，人的话语表现（式）受制于文化心理，反过来说也一样，文化心理也必然会反映在话语表现式中。这样，我们就可以根据一个人的话语表现（式）分析、推断其文化心理。

第二，要深入理解一个人的话语表现（式）中的深层意义、意向、意蕴，就可以从剖析其文化心理入手，取得依据。

第三，要准确再现，如在翻译的双语转换一个人的话语表现中（式）（SL），也可以从剖析其文化心理入手，从中取得再现（TL）的依据。

综上所述，翻译学必须了解文化心理这个与文化翻译密切相关的大问题。我们研究的目的是：

第一，打开理解的文化视角，不能仅仅对文化的这个深层领域一知半解，而是必须扩大视野"登堂入室"。

第二，加深理解的文化深度、弄清原作深及心理层面的文化底蕴，克服我们对文本理解（包括对词、词组、句子、语段、文本整体的理解）止于 face value（表层价值）的缺点。

第三，在加深、校正理解的基础上，着力搞好"文化表现"，了解文化心理支配表现法的道理，以确保文化翻译的效果。

第二节　语义诠释与文化审美心理

文化心理可以在很大的程度上校正、调整、调节，并最终决定词语的准确意义。这在文化翻译中是一个很重要的问题。例如，中国传统哲学中一个重要的范畴"道"的意义，就完全取决于不同的哲学流派的界定。很显然，不同哲学流派在界定"道"的时候是根据自己的认识论和方法论行事的：这就是一个文化心理参照问题。在道家的文化心理中，"道"要通过"无"来认识，才可以把握它的质朴性、绝对性、虚无性。因此，老子说"道可道，非常道。名可名，非常名。"庄子也说"夫道，有情有信，无为无形"（《庄子·大宗师》）。对比之下可以看到，儒家的文化心理具有完全不同的结构，孔子心目中的"道"，指儒家的政治主张和思想体系，也可以说就是儒家所宣扬的大同世界。总之"道"是儒家政治理想的一个代码，比道家的"道"要实得多。所以《论语·公冶长》中说"道不行，乘桴浮于海"，《卫灵公》中说"道不同，不相为谋"，可见它是"可行""可谋"的东西，是相当具体的。法家的"道"又基于另一种认识。在法家心目中，"道"就是"法治"，"守道"就是坚持按法律办事（《韩非子·守道第二十六》）。可见法家的"道"更实了。

毫无疑问，以上三种文化心理中的"道"不能不加分析、鉴别，或不加调整、修润地统统译成"the way""the doctrine""the ideal"等。

《易经》（周代古文献经典）的"易"也是这样。在不同的心理结构中，"易"的意义是不同的。儒家心目中的"易"往往符合中庸心态，犹《礼记》所云："君子居易以俟命"（似乎在说，"你就安安稳稳地给我待着等待命运的安排吧"，这是很消极的人生态度）。《周易》的心态（认识）完全不同。《易经》中"易"的理性认识水平相当高，它的基本思想是人必须"观变"，因为客观世界在变。《易经》的主旨是"观变于阴阳而立卦"（卦生于象，象就是符号，古人欲以符号来记录客观世界的变化）。《易经》的思想非常深刻。《系辞》云："穷则变，变则通，通则久。"可见理雅各将《易经》阐释地译为 I Ching，Book of Changes 是完全把握了《易经》的文化心理深层理念的，在题目上点出了要旨，是很好的对策。德国人很严谨，批评理雅各"画蛇添足"，有失公平。

词以上的语言单位亦复如此：意义之定位在相当大的程度上甚至取决于文化心理参照。"明哲保身"在饱经劫乱的中国人的消极心态中是个贬义词组。但在盛唐时代理性思维居于主导时，明哲保身完全是个褒义词组。唐代孔颖达解释此词组时说："既能明晓善恶，且又是非辨知，以此明哲择安去危，而保其身，不有祸败。"前两句足以表明这种人的心理素质堪称一流。

一、文化审美心理与语义定夺

让我们看一看屈原的《橘颂》。

从文化心理结构的视角看,《橘颂》由三个有力的支柱托起:一是理（理想）；二是志（意志或志向）；三是情（情怀或情感）。前段是颂橘,以橘的嘉美生性和生态喻人。后段是自颂自勉,注家李陈玉说"橘颂,屈子自赞"。以上评述可以说是理解《橘颂》和解释注疏其中每一个词的一个纲。现在我们不妨按句序来看看上述英文翻译。

其一是"后皇"的翻译。英译按郭沫若的理解译为"fair tree",归咎于郭沫若完全无视文化历史背景以致望文生义、不求甚解,令人惊诧。译者不宜附和,信以为真。"后皇"一词后世注家的解释是"君王",与郭沫若的"辉煌"沾不上边。"后皇嘉树"很可能类似于《汉书·礼乐志》中所云"后皇嘉坛",后者将"嘉树"移词曰"嘉坛"。坛就是祭坛（颜师古）,"后皇嘉坛"犹云"皇上有上佳的祭坛"。那么屈原为什么不说"皇上"而说"后皇"呢？《礼记·内则》中说"后王命冢宰",《释文》引孙炎解云,"后王"即"君王",可见"后皇"较端重。从屈原的心理上分析,后皇指皇上、君王也是自然之理。《橘颂》写在诗人理性意识萌发期,他心中的理想犹如一株嘉树之生生可发,更值年轻有为期。尤其值得考虑的是其时诗人与楚怀王过从甚密,屈原为王左徒,"王甚任之"（司马迁）,出入相随,屈原对君王敬重之情,溢于言表,而冠于诗首,这正是"后皇嘉树"的"后皇"之称的文化心理依据。

其二是"受命不迁"一句。郭沫若译为"独立不移","独立"之意没有根据而且与原意相左。"受命"正好不是"独立"。这里的"受命"指受天候水土之命,意思是说,橘子这种"习服植物"（"习服"是医学名词,指适应于宜于栽培之水土环境）,禀性是不移的。按当时屈原的心态,正是君臣融洽时,也不会特别强调要"独立",而确实是安于受命。这些心理因素,郭沫若就一概不管了！幸好英译没有盲目附和。但"laden with orange"则缺乏依据,原文只说了"绿叶素荣"（绿色的叶子,白色的花）,后面才提了果实圆浑之类的词。

从第11句到第16句,郭沫若的理解大都莫名其妙。"青黄杂糅"就是青色和黄色杂糅在一起,根本不是"由青而黄"。英语摆脱了郭氏的谬误,译为 a riot of yellow and green 是对的。"文章烂兮"意指文采斑斓，与郭沫若所谓的气味"芬芳"扯不上。英译也未将错就错。"纷缊"的意思是五彩斑斓之状，郭沫若译成"赋性坚贞"，差之千里。"姱而不丑"指面容俊俏，这几句都是仪表描写，是"精色内白"的发挥，郭沫若扯到"仁人志士"去了，这怎么能算翻译呢？"类任道兮"意思是"看来是可以委以重任"的，郭沫若任意发挥为"不怕冰雪雾霏"（意下为耐寒，不合原意），英译者看似吃不准，给了一个模棱两可的修饰词"virtuous and right"。

第 24 句到第 27 四句郭沫若的理解真可谓十分荒谬。其实"横而不流"不难理解，"横"意思就是横江而过，横而不流就是"横浊世之流而过，而不随之漂流"，这与"故步自封"差得很远，如果说这也是"语义调整"，那么也未免调整过了头。看来译者主要是昧于文化心理分析。"闭心自慎，终不失过"意思是"常常扪心自勉，勿失言失密，以求行为审慎，不至于到头来造成过失"，郭沫若理解为"不胡思乱想"，真可谓"胡思乱想"了。下面的"秉德无私"（第 27 句）意思也很清楚，英译为 so selfless, you have virtues high，但郭氏的理解却是"至诚一片"，按此回译（back translation）应是 perfectly honest，与"秉德无私"无关。

第 29 句到第 30 句中屈原说，"愿岁并谢，与长友兮"，"长友"就是长与为友，不是什么"忘年交"。忘年交是年龄、辈分不相当而结为好友。《南史·何逊传》云："弱冠，州举秀才，南乡范云见其对策，大相称赞，因结忘年交。"我们试分析一下屈原写《橘颂》时的文化心理（其时屈原才二十四五岁），"嗟尔幼志"，也不到辈分不相当的地步。英译能不受郭沫若误译的影响，难能可贵，至于英译文字上不够自然，那是一个审美问题，语义上大体是没有错的。

从以上分析中我们可以得到的教益是：

第一，语义诠释一定要符合原著的文化历史背景、作者的文化心理及其创作契机和理念。语义的最终定夺必须在原文的文化心理框架中进行，不应望文生义，更不应"胡思乱想"。即便是意译也应该有个"意"的依据。

第二，在大体同义的情况下，表现式的微调（包括分析甄别、调整、鉴别、修正）也应以文化心理为依据，调过了、调偏了或调错了都是没有准确地把握作者的心理因素。例如，"美政"在屈原的政治理念中是一个关键词，在翻译这个关键词时应十分细心进行微调。如果屈原只是一般地说说，实际上相当于"从政"时，译成"engaged in politics""enter politics"等未始不可，但在下面这一句中（屈原《离骚》的《乱辞》最后两行），"美政"就具有充分的"屈原个性"甚至是他的政治理念性、纲领性：

　　既莫足与为美政兮，

　　吾将从彭咸之所居。

这时我们唯有将诗句放在文化历史的整体观照及文化心理结构中进行分析、定夺：屈原这时的"美政"指的是他心目中的治国方略或抱负理想，相当于屈原的 guiding principle 的实现。

David Hawkes 的英译如下：Since none is worthy to work in making good government，I will go and join P'eng Hsien in the place where he abides.

如果不是从文化翻译的严格的文化内涵要求来看，这样翻译当然也可以达意，只是留下微妙的文化意义或文化心理特征上的欠缺，因为这里的"政"是"政治"，不是"政府"，good government 可以是治国有方的工具，但却并不一定是屈原式的"美政"政府，还不如译为"to work with to meet my political ideal"。

第三，文化心理的探索是艰苦的，如何表达也殊非易事，并不是在任何情况下文化心理都是可以如愿以偿地表达到原语中的，因为译者的理解不一定不悖于原作者的文化心理，因而必须仔细斟酌。

二、文化审美心理与语势获得

诗人毛滂写过两句诗："酒浓春入梦，窗破月寻人"（《临江仙·都城元夕》），妙就妙在"破"字和"寻"字的语势：月色撩人，破窗而入，似乎是在有意地跟踪、纠缠住思绪万千的半醉者。特殊的文化环境可以给原本没有生命的词语带来极大的动感、动势：上两句诗中的行为者不是人，竟是月！月在这种情况下的这种动势感就是语势。对比一下"月明星稀，乌鹊南飞"（曹操），这两句诗虽然也很美，但月字没有动势，"明月几时有，把酒问青天"（苏轼）也是一样，月是静态的。要把静态词"激活"，使它获得动势，关键在作者的文化心态，并营造一个可以产生语势的意境。莎士比亚的哈姆雷特王子口中的那六个小词"to be or not to be"的 be 的动态语势也就是这样获得的。

现在让我们回到《橘颂》。在一般情况下，橘是毫无语势的，如"江南多红橘""潮落橘子洲"等。但《橘颂》中的橘字却充满语势：它似乎充满芬芳、充满色泽，充满志、充满情：它好像充满了生命，充满了人格！

可见，对"橘"字的人格化、动态化、语势化译者是决不可以掉以轻心的，因为这里正蕴含着屈原的创作动机。现在我们来看看译者是如何认识的。

第二句"橘徕服兮"，郭沫若译成"枝叶纷披"，不知译者如何理解"徕服"，他忽视了一个很重要的文化信息，这个信息正好反映了屈原的心态。屈原在第三句提到"受命不迁"者，即指橘。据《考工记》：橘踰淮而北为枳。陈子展在《楚辞直解》中云："橘本热带植物，移至温带地区，尚能如常结实。人及其他生物之一种高度适应环境状态，今在学科上称为习服。屈原出生地为橘之乡，梯归至今犹称为'三峡橘乡'。"董说著《七国考》中云：《橘颂》言楚王好草木之树，而橘生其土。因此，"橘徕服兮"这一句是不能在翻译中省略的，译成"树叶纷披"更没有依据。此句文化心理信息有三：其一，屈原开宗明义地以比兴手法托出橘来，并将橘的植物科属目名及本性也一一交代了；其二，屈原开宗明义地将橘树称之为君王之树，其心理因素很明显，表现他的忠君、爱君情结；其三，一开始就说了君王的美树，又赞之以洁志的不移，就等于表明了他与君王的亲密关系。据王逸说屈原相当年轻就当了三闾大夫，职掌楚国王室屈、景、昭三姓之学子。在《橘颂》的后段自颂时他说"年岁虽少，可师长兮！"我们也可以在这里找到互文参照，即"离骚"中所说的"余既滋兰之九畹兮，又树蕙之百亩"，这时屈原的心态是踌躇满志。英译也没有反映出他这种心态，将屈原颂橘、颂己的心理活动体现在遣词造句上。很明显，这时的"橘"已获得了语势，它不是一般的橘，它已经被人格化、被人化了：诗人赞颂的是一个形质雅洁的人，一个磊落挺秀的人，一个意气风发的人！

在任何情况下，语势都是一种微妙的附加意义，它具有动态性，它的"势"（force）来源于随"语境"之机的change（变化），turn（转折），shift（转移），因而需要有心人的把握。

第三节　文本解读与文化审美心理

比之于词语，文本含蕴着更深不可测、更难以言喻的文化心理，读后更有可能为读者留下"a complete blank"（一片茫然，西格蒙德·弗洛伊德，1953）而不得不掩卷叹息。可惜，译者不是一般的读者，他不能像一般的读者那样，合上书、闭上眼，茫茫然往沙发上一躺，叹一口气，在无可奈何的心情中不了了之。

翻译家没有那份"福气"，为了翻译——也由于有那份情志，他必须穷根究底。那是一种永恒的欲罢不能！文本是作家心迹的记录，文本也是作家心理的透镜。翻译家不能不把握文本：他必须缩小他与文本之间的疏离度——不管它有多远！文本可能是一片望不到头的处女林，可能是一座迷宫，一片荒原，也可能像詹姆斯·乔伊斯自己说的是"一头怪物"！

Finnegans Wake（简称《芬尼根》）可能就是这么"一头怪物"。为此，乔伊斯给自己开了三个方便之门：一是无时空限制；二是无语言规范限制；三是无情节限制。从很多方面来说，《芬尼根》就是《尤利西斯》的反面，最重要的一个反面是：《尤利西斯》写的是白昼遐想而《芬尼根》写的是夜晚梦呓。乔伊斯说"我已经写过文学中最漫长的一个白天了，我现在要想象出的是最黑暗的一个夜晚了"。因此，乔伊斯给了自己最大的自由度以摆脱语言常规带来的约束，这样也就给了他最大的自由度来构筑一个读者始料未及的内心世界和文化心理迷宫。

下面我们可以以《芬尼根》为例谈一谈文本解读与文化审美心理，相信会更好理解。《芬尼根》是一本梦幻书（dreambook），无系统的情节可言。传统小说中的所谓主人公在《芬尼根》中是一个叫作 Humphrey Chimpden Eanvicker（缩写是 HCE）的酒吧老板。整部作品大抵讲述人们在夜梦的似睡非睡中的奇思怪想，更像阴阳界里那种人鬼情未了者的心理交流。由于 James Joyce 在总体设计中摆脱了三项限制（时空、语言和情节），他就可以从容地在文本中构建"历史"。

对此，乔伊斯的研究者述评说：The book's（指《芬尼根》）ambition is immense in numerous ways. Once...he though the would write a history of the world

（DMW 203）. That history is evoked through what the Wake calls the "monomyth"（FW 581.24）, in which many—sometimes the effect seems to be that all—of the world's myths, legends, folklore and historical events are evoked through the figures of a single family living in Chapelizod, near Dublin : the husband and father, HCE（Humphrey Chimpden Earwicker）; the wife and mother, ALP（Anna Livia Plurabelle）; and Their two sons（Shem, similar in some key ways to Joyce himself, and Shaun, often reminiscent of Stanislaus）; and their daughter（Issy）. An important grounding for the presentation of the monomyth was the thought of the eighteenth-century Italian philosopher and historian, Giambattista Vico, who believed that the study o both language and mythology can illuminate the course of history, which is thereby revealed to occur and recur in cycles. As the Wake puts it, history "moves in vicous cicles yet renews the same": the seim anew…Anna was, Livia Plurabelle's to be…（大意：乔伊斯曾经雄心勃勃想以小说的形式阐述世界历史的发展，并深受 18 世纪历史学家维柯的影响，认为语言和神话可以说明人类史的进程，其基本形态是"循环论"。）

乔伊斯受到维柯的著作《新科学》中阐述的循环论历史观的影响是毋庸置疑的。在维柯看来，万物周而复始，在自身的存在上更新（the seim anew），生者必死，死者犹生。这是《芬尼根》文化心理的"中枢神经"。实际上这也正是这本梦幻书的题旨所在。

The title itself reflects both Joyce's methods and his themes : the traditional baliad Finnegans Wake（with the apostropne）tells of the fall and death of a hod carrier, Tim Finnegan, who turns out not to be dead after all, rising up—awaking—during a free-for-all fight at his wake. Without the apostrophe, Joyce suggests that all Finnegans shall awake, and that their counterpart the Irish mythical hero Finn MacCool shall awake again. The title meant so much to him that he kept it secret until the publication of his work in book form in 1936 ; until then, he told only Nora its actual title, publishing excerpts as Work in Progress。（大意：乔伊斯曾经在这本小说的命名上大费周章，而且一直秘而不宣，直到 1936 年出版才正式公开小说的定名。）

我们应该顺着这个心理轨迹去了解作者的文本，这就是所谓"文心即人心"。

一、文化审美心理主轴

以《芬尼根》为例，从文化心理上分析，《芬尼根》有四条发展线索，其中融贯全书的主轴也就是中心线索是历史的回归意识：人与历史的关系——人对历史的思考，这显然是乔伊斯心中最重要的问题。人不能回避历史本身的规律，而必须认识、正视这种规律，否则只有毁灭（fall）；但是同时，人只有经历毁灭才能获得新生（riseup）——也就是苏醒（wake），这是维科所描绘的历史的历程。

乔伊斯在《芬尼根》中写道：The Vico road goes round and round to meet where terms begin, Still onappealed to by the cycles and unappalled by the recoursers we feel all serene, never you fret, as regards out dutyful task. Full of my breadth from pride I am（breezed be the healthy same!）for tis a grand thing（superb!）to be going to meet a King... We only wish everyone was as sure of anything in this watery world as we are of everthing in the newlywet fellow that's bound to follow. I'll lay you a guinea for a hayseed now. Tell mother that. And tell her tell her old one.Twill amuse her.

行文中有些词义研究者有不同解释。大意如下：

维柯之路周而复始，不断循环，而我们对这种循环却麻木不仁，对循环之道上的来去者无动于衷。我们泰然自若，从不感到心烦，似乎一切都是理所当然。自我感觉绝对良好，（春风得意嘛！）犹如晋见皇上，伟哉大事啊！（太棒了！）……但愿在这个水汪汪的世界里人人各有所得……

有意思的是，我们可以从引文中看到，乔伊斯并非将《芬尼根》写成一本彻头彻尾的梦幻书。事实上，《芬尼根》中时隐时现地表露出作者很清醒的思考，就像"水汪汪的世界"里，时时会露出点点陆地，甚至绿洲。这也说明文本具有一种非整体性、非统一性，将文本看成一成不变的或铁板一块的整体，既不符合实际情况，也不利于我们对之做深入的文化心理分析。总之，我们应该既把握主轴也了然非主轴对主轴的衬托，使之相得益彰。这种辩证关系表现为"场"。

二、文化审美心理的"场论"

心理活动具有时空性及超时空的"场"，它指心理活动中具有某种有特征的、可持续的、可迭现的领域。文本中通常具有融贯全书的心理主轴，也就是一条中心线索，《芬尼根》的心理主轴是乔伊斯的上述历史观。除此以外，文本中还可能有一些次要的心理活动领域，这些领域通常也融贯于全书中，形成具有明显特征的场界。《芬尼根》有三条次要线索，形成三个次要的心理场：一是乔伊斯的女性观；二是他的人际观；三是所谓未来意识（sense of futurity），指作者怎么看待未来，包括人的未来、世界的未来和文化的未来。

乔伊斯的女性观很有特色，在 20 世纪二三十年代也很有代表性和进步性，特别是他的表现手法很新颖奇特。乔伊斯将充满活力的水、河流和海洋象征女性。他认为水是生命之源，这个大千世界是一个"水汪汪的世界"（watery world）。川流不息恰好代表着自然界不可抗拒的再生循环模式。因此，生命之泉正是力量之源。乔伊斯将自己的女性观充分地体现在对《芬尼根》的女主人公安娜·利维亚的描写中。下面是他的描写之始，形式上颇为独到，语言上也被称为具有"难得的清澈"。

O

Tell me all about

Anna Livia! I want to hear all

About Anna Livia. Well，you know Anna Livia，Yes，of course，we all know Anna Livia. Tell me all. Tell me now.You'll die when you hear. Well，you know，when the old cheb went futt and did what you know.Yes，I know，go on.Wash quit and don't be dabbling. Tuck up your sleeves and loosen your talktapes.And don't butt me—hike!—when you bend...

乔伊斯自己说，《芬尼根》中描写女性安娜的那一部分是"男人所写的散文中最伟大的散文"。这是其中的片断，语段中充满了暗语、双关语和莫名其妙的缀合词——但它确实使你感到"不同凡响"：

Ah，but she was the queer old skeowsha anyhow，Anna Livia，tnnkettoes! And sure he was the quare old buntz too，Dear Dirty Dumpling，foostherfather of fingalls and dotthergills. Gammer and gaffer we're all their gangsters. Hadn't he seven dams to wive him，And every dam had her seven crutches. And every crutch had its seven hues. And each hue had a differing cry. Sudds for me and supper for you and the doctor's bill for Joe John.Befor!

Bifur! He married his markets, cheap by foul, I know, like any Etrurian Catholic Heathen, in their pinky limony creamy biinies and their turkiss indienne mauves. But at milkidmass who was the spouse? Then all that was was fair. Tys Elvenland! Teems of times and happy returns. The seim anew. Ordovico or viricordo. Anna was, Livia is, Plurabelle's to be. Northmen's thing made southfolk's place but howmulty plurators made eachone in person? Latin me that, my trinity scholard, out of eure sanscreed into oure eryan! Hircus Civis Eblanensis! He had buckgoat paps on him, soft ones for orphans. Ho, Lord! Twins of his bosom.Lord save us! And ho! Hey? Wha tall men. Hot? His tittering daughters of. Whawk?

大意如下：

啊，但不管怎么说，她是我们的老朋友呢，安娜。而他，也确实是那个老混账，亲爱的、脏兮兮的柏林，你把小溪呀、小河呀都糟蹋了……女性，女性，我们全都是她们的不法之徒……我往圣艾芙走的时候碰到一个人有七个老婆，每个老婆都……给我来杯啤酒，你来一份晚餐……可九月二十九日圣米迦节那天谁又是老伴呢？多福多寿啦，彼此彼此了，我不会忘了你……她过去是安娜，现在是丽菲娅，将来是普鲁拉贝尔……

尽管有许多暗语、双关语和梦呓中的插科打诨，我们还是可以揭出文本中的中心话题——女性和文本中隐含的心理脉络。毫无疑问，这是我们组织翻译行文的极重要的线索和依据。

文本中另一个心理活动领域反映了乔伊斯对人际关系问题的一些思考，主要体现者是酒吧老板的两个儿子和一个女儿。实际上，乔伊斯的视角高于一般意义上的人际关系——争争吵吵。他是眯着嘲讽的睡眼，透过那些争争吵吵，来检视人类社会的存在特征——争斗。突然，乔伊斯在第三部分的中间收紧了焦距，把聚焦对准了不幸者——爱尔兰的"卑微者"，而且用的是相当平易、相当清醒的语言，读者似乎可以从话语中看到詹姆斯·乔伊斯自己：

Numerous are those who, nay, there are a dozen of folks still unclaimed by the death angel in this country of ours today, humble indivisibles (individuals) in this grand continuum, overlorded by fate and interlarded with accidence, who, while there are hours and days, will fervently pray to the spirit above that they may never depart this earth of their still in his long run from that place where the day begins，ere he retourneys postexilic，on that day that belongs to joyful Ireland，the people that is of all time，the old old oldest，the young young youngest，after Decades of long-suftering and decennia of brief glory，to mind us of what was when and to matter us of the withering of our ways，…（大意：他们人还不少呢，这么说吧，今天，在我们这个国家还有十来个人被死亡天使所抛弃，在这个宏大的群体中还有十来个卑微的人被命运所主宰，被飞来横祸所夹击。夜以继日地，他们将向头顶上的精灵虔诚地祈祷他们不会离开这块属于他们的土地，直到最后那一天——那属于欢乐的爱尔兰的一天的来临，我们永恒的人民，老老少少，经历了数十年漫长的痛苦，经历了十年短暂的荣光，提醒我们往昔的痛苦和前程的艰辛……）

于是对人的思考与对历史的思考相互交融：经历了漫长的痛苦和短暂的荣光，那本应属于爱尔兰的一天一定会到来。

The silent cock shall crow at last. The west shall shake the east awake.Walk while ye（you）have the night for morn（morning），lightbreakfastbrmger，morroweth whereon every past shall full fost（fajj fast）sleep. Amain（Amen）.（大意：那沉默的雄鸡一定会起而啼晓，西方一定会把东方摇醒，你将要从黑夜走向黎明，成为破晓者，黎明一定会取而代之，往昔的一切一定会陷入沉睡之中，阿门。）

这实际上是一种历史感和未来意识的朦胧交织，一种心理活动场界的迭现。历史循环论和人生循环论是并行不悖的，而其实质则是一种无穷极的未来意识：原生代托出了新生代，新生代又成了新新生代的原生代；生生不已，循环无极。川流河海——大自然是这样，夏娃、亚当——全人类也是这样。这就是乔伊斯为《芬尼根》设计的那个新颖、精致而且寓寄了相当深刻的情思的开头，大意如下：

河水汩汩而流，流经利菲河畔的夏娃和亚当教堂，流过一弧海岸，回到豪斯城堡和都柏林的市郊（原文中"Vicus"是拉丁文，意思是"街道"或"村庄"；又与"Vico's"谐言，原文并有"recirculation"之意，这个词因而很容易使人想到"维柯式的历史循环论"。"commodius"与意大利文 commodus 音形极近，后者的意思是 Roman Emperor）。

在 Joyce 出人意料的设计中这个开头一句是接在该书末尾一句后面的，

（不过按循环论就谈不上"出人意料"了！）大意如下：

我们穿过矮树丛后的草地。别出声！一只海鸥。许多海鸥。远处的呼唤。来吧，从远方！就飞落到这儿，我们这儿，芬，再一次，苏醒了，你轻轻地吻我，别忘了我啊，千年再相会。我会给你去天堂的钥匙。我们约定了！那旅程，孤独的、恒久的、可爱的、漫长的利菲河（河水汩汩而流……）

这种行文安排（stylistic device）实在是别出心裁，它完全符合乔伊斯的心理取向：历史和未来就像汩汩而流于百川和大海的流水，水是永恒的，历千秋万代之回环，永远不会完结：那确实是一个孤独而永恒、漫长而可爱的旅程。詹姆斯·乔伊斯在《芬尼根》中用了 62 种文字，还用了爱尔兰的四种所谓"密语"，如 Bog Latin，Shelta，Bearlagair Na Saer 等。乔伊斯寄希望于未来，他认为今天的"不可知"就是未来的"可知"，当然这就不得不"使教授们忙上好几个世纪"。

《芬尼根的苏醒》（可与《芬尼根的守灵夜》相互"循环"，"wake"语义双关，合"weak"，一语三关）于 1939 年出版，初版共 628 页。根据文化心理线索分析，至今已大体能理解又无争议的部分约占二分之一。乔伊斯曾经幽默地对试图将《芬尼根》译成意大利语的翻译说，这件工作不宜延宕，因为"眼下至少有一个人能理解（整个文本），那个人就是我自己，我能理解我写的东西。但是，两三年后我还能不能干（这份差事），那就不能担保了"。

看来，对《芬尼根的苏醒》一类的作品做完全透彻的理解，除了文化心理分析，别无他途。因为文化心理对语义、文本和风格的"定点""定位""定格"都起着非同小可的参照作用。此外，詹姆斯·乔伊斯写《芬尼根》时以坚持不渝长达 16 年执着于采取梦幻体式，将语言和事件都高度符码化，也与爱尔兰文艺传统和审美价值观有很大的关系。与楚文学类似，爱尔兰文学也崇尚浪漫主义（或者说注重浪漫主义的"实在"）和高度意象化的人物塑造与情节安排，崇尚一种虚淡、飘逸的文化艺术气质。爱尔兰民间更有种种"梦里出真情"和"酒后吐真言"的说法，对非常态心理有一种拨乱返真、拨乱求真的偏执爱。爱尔兰文学批评中很推崇朦胧美（obscurity）。T. 麦克唐纳在其所著的《爱尔兰文学》中说："没有一位伟大诗人能免受朦胧、狂想之责，免受情溢于言表之责。"下面一段对朦胧美的评析转引自上述著作：

A thing may be hidden by Art in two ways. It may be overlaid with irrelevancies, or its expression may be restrained to the point of poverty. The effect is the same. The essentials are hidden....there are two ways by which things may be hidden. They may become so common as not to be regarded, or they may be so uncommon as not permit to regard. They may be as universal as light or as unique as the sun, ... An artist is one who has the power of unveiling Nature, only to substitute the veils of Art. Indeed it is by imposing the veils of Art that he is enabled to show the real qualities and relations of things. For the veils of Art need not be obscure. The vision of the artist if of such a kind that it penetrates these veils and thus can view the realities underlying them that otherwise could not be confronted. It is through his Art that the artist sees. （艺术可以一两种方式隐藏着某一样东西。其一是累之以种种无关的事物，其二是束之以贫乏无力的表述，这两者的效果其实是一而二、二而一，都是把实质掩盖起来。实际上也确实有两个办法将事物掩盖起来：其一是使它们平淡化到根本引不起人们注意，其二是使它们异常化到不容人们注意。一句话，它们可以平凡如日常的光亮，也可以不平凡到如耀眼的太阳……艺术家是那种能揭开大自然奥秘的人，而其手段则只是一块艺术的帷幕。的确，他确实用的是艺术的帷幕来揭示事物的实质和它们之间的关系。因为艺术的帷幕不必模糊不清，艺术家的视力可以穿透他布下的帷幕，看到帷幕下的现实，否则现实是不可能被看到的。艺术家是透过他的艺术透视一切。）

The artist's task, however, is to make others see; for all Art is revelation. This he does chiefly by the great instrument of inspiration, Choice. He chooses the portion or phase of Truth that he is to reveal, and he chooses the veils that he must impose in order to make that Truth visible. Here it is that the artist is liable to obscurity. He is apt to lose the consciousness of his purpose of revelation to others in the overwhelming devotion that the vision requires. Then is it that the quality of his inspiration decides the nature of the obscurity that is certain to result. If his vision be powerful and his inspiration deep he will choose to scale the topless peaks of beauty and attempt to set down the splendour of the spreading plains of Truth. He will fail to clothe his vision with the necessary veils. （然而艺术家的任务是让人们看到他自己看到的一切，因为所有艺术的功能就是揭示现实。他之所以能做到这一点，主要靠的是一件激励人的伟大工具：选择。他选择了他要揭露的真理的那一部分或那一面，同时他也选择了使真理仍然朦胧可见的帷幕。这时，问题的关键就在于艺术家应该善于使一切朦胧化，因为他在竭尽一切努力向世人揭示他所洞察到的一切时，易于失去艺术的目的意识；另外就是他的艺术激励手法之高下决定了朦胧美的性质是否能确保达到他预期的成果。如果他的洞察力足够透辟有力，他的艺术激励手法足够感人至深，他就会敢于攀登至美的无上顶峰，努力涉足于气象万千的真理的广袤高原。正是在这时，他将失足于将他洞察到的一切覆盖上必不可少的帷幕。）

　　审美价值观决定创作方法。把握及表现梦幻意识之美使乔伊斯沉迷在《芬尼根》写作中长达 16 年，仅此一点也足以使文学世界钦佩、折服。此外我们还需用历史的观点来分析乔伊斯的文化心理。乔伊斯锐意创新与 20 世纪前 30 年的现代主义思潮很有关系，其时西方很多文艺家都力图摆脱 19 世纪的陈规旧习，特别是 19 世纪末的颓废消极心态，创出新路。乔伊斯经常住在欧洲，与当时欧洲的文艺改革派前卫人物过从甚密，如现代派诗人庞德与乔伊斯就是好友。庞德曾经对《尤利西斯》赞扬备至，并努力使乔伊斯与当时欧美的文艺革新派人士保持联系，他们经常讨论的话题正是时间、空间；无形、有形；存在、序列等。这些问题，都是当时欧洲的哲学界、科学界和文艺界人士思考、探讨、研究的热门话题。在这个大的社会、历史背景观照下，我们就不难理解为什么乔伊斯津津乐道于这类问题了。

　　当然，作家的文化心理与其作品中蕴含的文化心理及文化信息并不是一回事。新的文本观认为，作家一旦完成了作品，也就是说作品一旦发表与读者见面，作家与作品的"生产者与产儿"（或"父子"）关系就此告终。批评家或翻译家诠释文本的依据除文本以外，别无他物；"互文参照"和"人文互证"都只是供分析的参照或旁证。特别是翻译，我们不能将原文文本以外的东西写进译文中。

　　密切联系文化心理来观照作品，是我们在翻译实践中很薄弱的环节。一般而言，有经验的翻译者往往只将他的解析工作做到语义层面，而忽视了心理层面。更有甚者是译者将自己的文化心理做凭据来解释原作。这大概是许多翻译出版物（尤其是文艺小说、诗歌和戏剧）中错误百出，使人啼笑皆非的原因所在。

要纠正这种倾向、改正错误、改进翻译质量，不可不走的一步是提高理论认识。为此，我们在这里对文化心理分析的重要性做一个小结。

第一，文本心理分析是文化理解的重要环节。

对原文文本进行文化心理分析是翻译中深化对文本理解的不可或缺的认识手段。俗语云："知人知面不知心。"不知其心，但知其人是浮泛的"知人"；既知其面，又知其心才是真正的"知人"。文本也是一样：它是一个层次结构，必须深及深层，才谈得上真正认识、理解了文本。特别是非常态文本，意义往往被隐藏、掩盖得很深，这个"深处"就是心理层。唯有深入到心理层，拨开心理屏障，表面上莫名其妙的东西才会变得了然。

第二，文本语言是文本心理分析的基本依据。

要分析文本心理首先要准确理解原文，因为语言是基本依据，舍此而凭主观臆想就难免出错。唐代杜甫有句名诗："出师未捷身先死，长使英雄泪满襟。"（《蜀相》）有位西方译者就译错了，把"身先死"的主语一并看成"泪满襟"的主语。这就怪了：人死了为什么还能哭呢？他没有分析出杜甫诗中的"身先死"'说的是诸葛亮病死军中（公元234年），令后世英雄感伤不已（"泪满襟"）。活着的英雄哀痛壮志未酬而死去的英雄，"泪满襟"只不过言其极，也不是像有些译者说的那样"哭成了泪人儿"。

对原文文本进行文化心理分析是翻译中校正对文本的理解是否正确的不可或缺的检视手段。文化心理具有给语义和文本整体含义定点、定位、定格的功能：定点指语义"支点"（许多可能的含义）的确定；定位指方位、品位（如上位与下位；主与次；增与减；褒与贬及品级等）的确定；定格指风格、风骨或基本的艺术倾向、思想倾向的确定。这一切对翻译中的意义定夺和行文体式及特征的鉴别、分析和确定都至关紧要。

第三，文化心理分析是确定翻译表现法的重要依据。

对原文文本进行文化心理分析是翻译中确定我们的表现法以及使双语转换表现法多样化、多层级化的重要手段，表现法受制于文化心理。

第四，文化心理分析对非常态文本翻译尤其重要。

对非常态文本进行文化心理分析尤为重要。非常态文本的意义高度隐喻化、符码化，意义处在"似花非花"之间，而作品中反映的整体文化心理结构往往是比较稳定的。这时，文化心理参照就是给含义定点、定位、定格的重要途径，文化心理分析作为认识手段、检视手段和实践手段的功能就更为突出。

　　可见，对文本进行文化心理分析不是可有可无的工作，它实际上是整个翻译过程中不可或缺的一环。这个重要的环节在未来以多元文化发展为特色之一的新时代中，将越发显现出它的重要意义。在未来，文化心理分析将成为翻译学的基本课题之一。归根结底，翻译是对原文作者的心迹跟踪。

第七章　翻译的异化

　　文化性的翻译的原则是肯定异化翻译，以使读者"直接地"接触原作的"真实"形式，进而获取跨文化交流的真切体验。文化翻译固然不能与异化翻译简单地画等号，但其突出异质性的特点与异化翻译显然具有相通之处。我们需要对异化翻译的多面性质进行进一步的探究，在当下全球化的语境下，由翻译引发的异质性问题，其复杂性和悖论点又给我们带来了新一轮的挑战。然而，考虑到目标语的不同语言与文化的规范和惯例，异化翻译不可能是无条件地可以行得通的，弄不好会造成译文表述荒谬，乃至丧失意义。归化虽然能即时解决可达性的问题，但效果是隔靴搔痒，容易造成跨文化交流的隔阂与疏离。要化解归化与异化之间的旷日持久之争，可另辟新径，将文化流散这一概念引入文化翻译的研究范畴。唯有对有关翻译和异质他者接受的历史与社会环境的仔细考察，尤其需要关注日益增多的人员全球性流动和文化影响，才能对文化的异质性有更好的理解。与翻译相关的文化流散，意味着对文化身份的反思，并且使翻译转向到离散语域，通过策略性地把目标语读者的文化家园迁移至一系列的不同空间，以分析和解决源语与目标语文本之间缺乏联系的问题。与此同时，日益增多的非领地化则进一步促使了文化杂合和交融的产生。创造使跨越文化障碍成为可能的多极空间，能够直面他者，从而激发文化的多元化并促进不同文化间的对话。

第一节　译文的"忠实"性探讨

　　任何真正理解的实现都要涉及某种形式的翻译，其中包括语内翻译。不容置疑，每个人在使用本族语时都需要翻译以化解语言中不熟悉的因素，否则往往会影响交际的可信度及实际效果。此种做法可以被看作是获取语言的所有权，或者可干脆称之为对语言的重新占有。采用不同的（通常为熟悉的）表述形式可以使人感到心里踏实，毕竟翻译的目的是在本质上使交际成为可能，使内容较易理解。施莱尔马赫曾提出这样的问题："难道我们不是经常被迫翻译别人的语言吗？虽然人彼此相似，但性情及思维却是迥异的。"翻译的必要性源自对理解的需求。虽然说阅读便是翻译有些言过其实，但理解与翻译关系密切是显而易见的，毫无疑问，翻译在确定意义的过程中扮演着举足轻重的角色。然而，这并不意味翻译即为释义或者是一种不必要的明晰化行为。无论违背目标语规范的翻译是具有屈从抑或是暴力的性质，施莱尔马赫所倡导的异化翻译作为一种策略都极具争议。在谈到翻译的功能时，鲁贝尔和罗斯曼认为翻译"旨在传递尽可能多的原文信息"。原文信息该如何传达的确是个问题，但更为棘手的问题是：原文信息究竟是什么？鲁贝尔和罗斯曼提出应小心从事，否则可能会给接受带来风险。他们甚至提出："译者必须在译入语中再现源语的文本关系，而且绝不逾越目标语基本的语言系统半步。"翻译在本质上应尽力走向目标语读者，为了实现这一点，就必须满足目标语可接受的标准。

　　施莱尔马赫曾将翻译这一艰巨的任务定义为"不得不在译者的母语中再现源语"，这就意味着，即使不明确指出异质因素由何构成，译文也将不断跨越目标语的文化疆界。施莱尔马赫曾对翻译的两种方法做出著名论断："译者或尽量不打扰原作者，将读者移向原作者；或尽量不打扰读者，将原作者移向读者。两种方法可谓是迥异，译者采用其中之一时必严格遵守。若将两者混合，则会产生非常令人难以信服之结果，作者与读者可因此终不得相见。"

　　这段话的第一句常被引用，代表了施莱尔马赫著名的翻译方法，但其后的表述却颇令人费解。施莱尔马赫宣称混用两种方法会引发困惑，造成身份混乱。但事实上这样做却可以平衡，或确认翻译实践中经常两相冲突的翻译策略。施莱尔马赫所倡导的截然对立的方法似乎是要消除语言及文化的同一性。如此的二分化会导致不纯正的异域体验，因为在他看来，翻译中涉及的两种语言体系互相排斥，在本质意义上不具可通约性，尽管翻译的终极目标是要寻得一条通路，使目的语读者分享原本似乎难以共融的东西。与此相左的观点是，即使原文的形式体现出异质性，也并不意味着原文本身的本质具异质性。目的语读者或许认为译文的文本特点怪异，但未见得对其内容产生疏离感，反之亦然。

施莱尔马赫认为一位罗马作者不应在翻译中被呈现为似乎他的母语为德语，而且绝对不应将其改造为一个德国人，他强调译者应模仿原文："（在译文里）力求再现与原文相同的优雅与自然风格。"但是，他此前在同一篇文章中提道："译者的目标是要给读者提供相同的形象与感受，就好比用源语阅读原著一般……"然而，所谓相同的感受，就如同他所承认的，亦包含了源语读者阅读时的自然感。就性质而言，此"自然"与彼"自然"显然是互为矛盾的。诚然，在经验的层面上，此处的核心问题在于异化翻译罕有自然感。事实上，自然感与异化翻译似乎是根本对立的，因而难以找到调和这两种翻译策略并使其两全的策略。同时，他也提到"相同的形象"及"相同的印象"。然而，简单地将形象与效果对等起来是成问题的：如此假定的一致性何以体现？当某一意象无法移植时，译者有可能也必须采用不同的意象，以期产生相同或相似的印象。如果将问题进一步复杂化，译者的印象完全可能是"靠不住的"；译者极可能把其错误的印象当作真正的"异质感觉"。

尽管施莱尔马赫提出的两种翻译策略并非他首创，但他对二者强制性地区分对时至今日的翻译研究产生了广泛深远的影响。论及翻译研究的方法，人们仍倾向于两极化区分，原因在于的确有潜在的对抗性，虽然事实上不同的翻译策略绝少处于完全对立的位置。其实，翻译策略的对抗性规律可以比作一个钟摆，在尚有待于确定的异化与归化之间不断摇摆，具体定位在不同的程度取决于固定的语言习俗和目的语读者的期待值。故此，翻译策略出现无穷尽的变化和不间断的调整也就在所难免了。此外，当然也有人努力试图调和这两种相互矛盾对立的翻译策略。能够在两者之间取得经常性的平衡显然具有重要意义，但如果译者按照韦努蒂所倡导的那样极度异化，译者就无处遁形，而一定会"显形"。无论是"把读者移向作者"还是把"作者移向读者"都绝非易事，因为读者可能不听劝导，拒绝被移动。异质因素是技术操纵的对象，不论是源于意识形态或审美方面的动因，操纵都最好是译者在隐形状态下完成。由于动因不同，操纵也体现在不同层面上。译者作为中间人，在翻译过程中处于核心地位，其重要作用不言而喻。

其实，无论是施莱尔马赫将译文读者"放逐异域"的主张，还是韦努蒂具浓重政治色彩的论述——反对根植并且滥觞于"英美文化"的"隐形"

翻译策略，均未能给予异化翻译充分和令人信服的理论解释。与翻译相关的文化流散，意味着对文化身份的反思，并且使翻译转向到离散语域，以分析和解决源语与目的语文本之间缺乏联系的问题。所用的方法是：在策略上重新定位目的语读者的文化家园，从而避免使作为复制品的译作对原文的丰富性和复杂性大打折扣；译作反映的不仅是原作的本质属性，更重要的是其异域特质。

翻译活动的主旨自然是要解决交流中的实际问题，而问题的核心便是缺乏普遍意义的可达性，抑或是在创造或增大可达性过程中可能造成的意义缺损。虽说译者传递信息不仅要克服语言障碍，还需跨越文化疆界，但毋庸置疑的是，完全不受约束的归化无益于跨文化交流，一些具体细节的特殊属性不容降低，因为其能体现"文化价值"的丰富性及复杂性。尽管翻译的目的在于试图减少在理论上不容忽略的差异，同时在译文中保留本体论意义上不容抹杀的文化多元化，我们必须承认，某些本质意义上的异质在翻译中以简约的异化方式是捕捉不到的。同时需要指出的是，异化并非深不可测或仅仅是故弄玄虚。一方面，翻译的目的在于了解外域他者所内含的异质性；另一方面，翻译也热衷于消解差异，或者至少去繁化简，增加关联度，从而使之成为可识别的熟悉内容。

第二节　视角的转换

翻译的异质性可使目的语面临支离破碎，就原文看来本不言自明的思维联系可能会在翻译后消失，文学翻译尤为如此。由于不同的语言体系会引起连接范式的变化，文学翻译极易在目的语中以支离破碎的形式出现，以致源语里的修辞效果在译文里大打折扣，乃至丧失殆尽，甚至荒唐可笑。因此，在目的语文本中必须重构思维的链接，重构整合实为翻译实践的必要模式。尽管如此，仍有理由使异质性在跨文化的语境下得以体现，至少达到可识别的程度，因为译者肩负的任务是，在两个文本之间搭建互为平行的语义结构。尽管目的语读者只能间接体验原文，透过翻译看原文仍有某种直接的感觉，或者说至少在两文本间存有某种对应的可能，也可说是所谓的"间接的直接"。

　　异化翻译可展示"原文本的异质"，从而给予读者"一次异己的阅读体验"。安托尼·伯曼批驳了将目的语读者隔绝于异质因素的论点，而该论点也似乎愈加站不住脚了。伯曼认为"接触"是翻译的前提。与此相似的是，韦努蒂认为，如果语言及文化方面的差异有所抑制的话，势必导致某些成分在翻译中丢失，在不知不觉间抹杀翻译原本的身份。但是，抱着"求同"的希望引入异化并非总是避开抑制这一顽症固结的有效途径。原因之一就是，非源语读者无法以源语视角审视他们关心并认为有意义的问题，翻译的重点就在于译者需要向目的语读者介绍这样的视角，而不是把某个视角从外部强加给目的语读者。文本解读本身其实就与视角密不可分，无论是历史的、政治的或文化的视角，都源自通常为文化政治价值所统摄的世界观。毫无疑问，短视的世界观无法为与文化理解相关的核心问题提供广阔的视角，所以目的语读者因采用与源语读者相异的视角——视角可能彼此冲突则无法对某一问题与源语读者看法一致。

　　如果形式可在目标语中得以一定程度地复制，视角也同样需要被拓宽及（再）确定，从而使目的语读者在对细节的重新表述中了解和体验不同的文化价值，文化他者的身份即由此凸现。持文化不介入的态度固然不一定导致对异己视角的欣赏，但形式确有助于揭示文本生成方面的相关考虑。迈克尔·克罗宁认为，"唯有通过接触人类所支配的、最为复杂的符号表达形式，即语言，人类才有可能开始理解以异己视角生活的生活方式"。因此，翻译的确开启了异域风情的视角。阅读翻译作品表明了读者有意愿思考异域文本中所提供的非本土文化视角。从某种意义上讲，翻译就是一场带"解放"性质的冒险行为，目标语读者由此获取重新思考自己视角的机会，与此同时学习理解异己视角。的确，只有凭借源语的视角看问题，所有内含于源语文本中独特的细微差别才能在翻译中得以保留或再生，并进而通过目标语读者阅读翻译时被发现。我们应提出这样一些问题：从谁的（什么）视角、依据何种（谁的）条件来进行翻译或阅读翻译的？凡此种种，无不显示目标语读者应改变，甚至放弃其自身视角，从而使其有机会经历纯正的异域文化，由此而来的体验是直接、真实和清新的。

　　如上所述，施莱尔马赫所倡导的翻译二分法——或移动读者或移动作者，也许皆行不通。在当前全球化的跨文化语境中，我们不需要受制于二者之一。文化疆界正日益变为共有，并生成转化成某种文化身份。于是催生了一种中间文化地带，从而构成文化离散的空间。文化离散的概念指的是，离开自己的文化家园，在异域文化环境里憧憬并审视本土文化，在接触和体验异域他者的同时，进行文化间的沟通与杂合。如此获取的异域感受和构建的文化心态，对于解决施莱尔马赫的两种对抗性方法所处的尴尬境地具有极其重要的意义。

有论述指出："对于文化身份与政治组织之间复杂而又总是存有争议的关联，文化离散为主权国的范围提供了一种可选择的'境地'。这一可选择的境地能避免主权国以必要的暴力方式抵抗其自身不可避免的消亡。而且它亦可增进对纯洁性的坚持，即坚持来自居于主导地位的、稳定的、合法共有身份的概念。"

纯正与永久的概念因此被颠覆了，因为其与隔离相关，而隔离通过并伴随着日益增长的跨文化交流越发难以为继。文化再定位有益于抗击隔离与消减孤立，只要某种特定文化以开放的态度存在，允许异质因素进入目标语系统，由此而产生的不断的文化错位与再定位就能促进文化的适应和兼容，同时减弱文化排异。

文化开放程度的不同可能的确影响抑或决定了翻译策略的形成。严复就是一个典型的例子，作为中国著名的改革家与翻译家，他从事翻译的动力源于民族救亡。严复是中国政府第一批派往欧洲学习的中国留学生中的一员。在 1877 年他年仅 23 岁的时候，严复就作为一名海军学员在英国开始了异域体验。他先在朴次茅斯学习航海术，后转学格林尼治的皇家海军学院，真正的跨文化际遇使他直接学习了英国的政治经济体系。他经常参加、旁听法庭审判。英国有效且公正的法律体系深深触动了严复，他认为这就是英国及其他欧洲发达国家得以强盛的基石。然而，作为西方政治道德忠实的拥护者，严复避免批评中国的社会现实，尽管他的离散经历促使他放弃了对皇权的幻想。严复于 1879 年回到中国，仅一年过后，使他闻名于世的译著，即基于托马斯·赫胥黎的《进化与道德》翻译而成的《天演论》出版了。在这部译著中，严复策略性地倾向于把异域指称中国化，并在需要的地方添加了注释。考虑到严复反对当时体制的政治思想，他实际上担心的是中国的精英阶层因完全不了解西方的政治思想而抵制他倡导的改革计划，但这部分人恰是严复的翻译所要影响的对象。

引人注目的是，似乎为了进一步麻痹读者，在严复提到的"翻译三难"

中，首先便是"信"。许多翻译学者曾指出严复的翻译理论与其自身实践相矛盾。这种执拗的反历史主义的认识方法即使不是扰人视线，也至少是毫无裨益的。如果我们用历史的眼光看严复，很显然他是以"信"作为必要的诱导，使人们相信并接受异质事物及反对当时体制的理念。这一策略成功了。严复的译著《天演论》产生了空前的影响，而且他随后又译的几部西方政治著述也都成就斐然，虽然严复以自己的解读和见解改写和操纵了源语文本的一些主题部分的内容。事实上，之所以人们把严复作为一位西方思潮的阐释者而顶礼膜拜，是因为他不仅有对西方的直接体验，而且对中国文化有着深刻理解。因此，严复通过改动原文帮助目的语读者理解原本陌生的异域事物，并最终接受具有产生动荡效果潜能的西方理念。严复在翻译时发现有必要改变或删减政治上敏感或文化上冒犯的指称。同时，我们不应该像许多人声称的那样，认为严复反对异化。有趣的是，严复在1903年后的确玩味过字面翻译，也就是直译，但最终还是放弃了——显然还不能为当时的中国所接受。

第三节　文化变形及身份嬗变

　　文化翻译总是围绕差异和身份进行的，且翻译过程中往往会遭遇他者性。自我与他者的两极分化是跨文化交流的障碍，为避免这种两极分化，对于译者来说，最现实的选择就是鼓励并诱导目的语读者离开家园走向中间地带，这并非异想天开的想象。诺维利斯就认为，"一个成就卓越者应当像过去的人才一样同时生活在许多不同的地方、不同的人群当中……唯有如此方能造就真正伟大的灵魂"。文化离散意味着在遭遇异域文化传统的同时仍保留自身的文化身份。因此，目的语读者会被有目的地送往异域。正如道格拉斯·罗宾逊所说，"离散文化是一个永远处于背井离乡状态的被放逐的全球文化，我们身边的陌生人都变成了自己生活和工作环境之中的熟悉人物"。关键在于，如果我们与陌生人所处的时间足够长，陌生人将不再陌生。对于目的语读者来说，以前陌生的地方最终也可能变为"温馨的家园"。这一消除异域者及异域文化的异域性的过程也体现了读者的文化视角。在跨文化交流中，选择排他虽为省力之举，但对促进交流于事无补。

　　异化必须从文化离散的角度重新定位，它既是一次跨文化交流的机会，又为文化教育提供了一个论坛。其结果是：内里与外面、包容与排斥、自我与他者之间的二元对立不复存在，因为此前未知的、陌生的、异域的事物开始产生意义。要把目的语读者送入文化离散的状态，表面看来似乎有些牵强。但离散作为一种"错位"的状态，其实是一种极普遍的现象，正如罗宾逊所说："在最近的后殖民研究中，文化离散已经开始代表差异、异质和混杂；事实上，全球绝大部分人口甚至所有人口都是从某地移居至现在的居住地。这也意味着，通过吸收当地的规范与价值观，以及血统的混合，我们已经部分适应了新的文化环境，但是自身仍然部分保留着过去的痕迹。"

　　对异域事物的直接体验并不会导致个体身份的丢失或遗弃，反而有可能让个体拥有双重身份。文化离散往往会带来关于家和家文化概念的创造性解释。离家在外，文化心理处于离散状态的读者找到临时的新家。这相对而言更为新鲜刺激的新文化环境需要读者去学习去体验，而文化移位也会导致文化杂合体的产生，文化杂合体又反过来引领读者重新发现自己的文化传统。这种交替选择的境地也就是跨越里、外疆界时主体间性的表征。

　　文化再定位推动并加速从文化变形向复杂的文化相似的转变过程，由外至里，由文化排异至文化融合。从严格意义上说，只有实现最终的文化变形和"变态"，才有可能通过可达性显著增加的文化翻译理解文化含义。因此，文化翻译在目的语读者的双重文化身份之间变换、协调，而读者在面临蕴含文化信息的归化所致的异质性时，也能够设法把自身的关注点投向异化和文化真实性之类的问题。问题并非真的在于目的语读者是否被洗脑、被改变，而是目的语读者是否愿意体验不同的事物。这样，目的语读者才会自然而然地使用变化了的语言阅读理解。简言之，要使异化翻译发挥作用，就必须一定程度地异化目的语读者，使他们能够在不牺牲可达性的同时阅读异化译文。目的语读者如何才能被异化呢？在考虑到他们有离家出走的自然倾向同时，还应该帮助他们克服必然出现的文化限制，因为这些限制会妨碍他们去探索相关知识，以及通过创造性的想象去理解异域知识，同时还应该为他们提供更多自身文化与异域文化的互动机会。除此之外，详尽准确地了解异国文化也是必要的。关于此点，艾德里安·巴布雷在谈及他的翻译经验时做了有力说明："在翻译《年轻的古德曼·布朗》时，必须要处理与新英格兰地理有关的数据，这类知识可能会超出非本土读者的文化理解能力的范围（如地名、意境地图）。因此，目的语读者极有可能忽略一个事实，那就是如果在见到古德曼·布朗之前15分钟时，古德曼·戴韦尔果真还在离萨勒姆小镇16英里之遥的波士顿，那他绝不可能是从波士顿一直走到萨勒姆的。这条揭露老古德曼·布朗不是超人就是大话家的信息（书中后来有表明他两者都是），便在翻译中丢失了，除非能在正文之外进行补充说明……"

应当承认，即使是本土的美国读者，也有可能对故事中地理名称的具体位置懵懂不明。然而毋庸置疑的是，如果异士永远是异士，永远那么遥不可及，那么非本土读者就永远没有机会在不损失原文文化真实性的前提下提高可达性。而对于目的语读者来说，最理想的境界莫过于：所有异国都是家园，所有家园都是异国。从这点来看，拥有与异域事物相关的丰富知识绝对是个优势。

与此相关的一个问题自然便是译者的文化身份问题。在文化翻译过程中，译者本来就应当密切注意在原文与译文中包含的不同的文化密码，同时还要负责对目的语读者进行非强迫式的文化教育。这一工作在文化单一的时代会轻松许多；否则，译者就要承担被指为异质事物的风险，这种指称可能会是一种负面评价，因为如果目的语读者对缺乏文采、干瘪艰涩的异化译文心存怀疑甚至敌意的话，完全可能影响到译文的接受程度。虽然如此，译者之所以被异化（此处指的是目的语为母语的译者），或许首先就是为了能在代表甚至变身为异域他者的掩护之下，发出异域（质）的声音。然而，如果译者译出的译文异域感觉过于浓重，译文效果也许并不理想。另一方面，习惯于在陌生人群中生活也有益于译者，因为这样一来译者就能更好地理解文化含义，并能以一种更有效和成熟的方式传递这些含义。相对于目的语读者而言，译者更容易实现文化离散——毕竟只是个体行为，因而在译者有能力教育、影响和改变自己的读者之前，拥有在国外生活的直接体验对文化使者的译者大有裨益。

翻译总是处于真实性（不同于过时的"准确"概念）与可达性（这点也不应小觑）之间的两难境地。它既面临保持真实的挑战，又要传达原本就有些陌生的信息，因而翻译的首要任务就是协调二者之间的关系。如果翻译行为被定位于仅仅获取基本信息，那么纠缠于翻译及翻译理论化中的许多问题将不复存在。我们可以充分设想，作为跨文化的交流方式，翻译

（主要指文学翻译）的真正目的不仅仅在于获取信息，更重要的是，信息得以表达的方式或形式，因而对不断延伸的文化政治关系也理应给予重视，尽管这些关系有时表面看来十分有限。人类学家认为，翻译寻求"在目的语译文中保留源语中的文化价值"。翻译应充分考虑提高文化交流的空间，包括就源语及源语文化紧密相连的独有的文化特性进行交流。韦努蒂对翻译曾做出重要定义：翻译是对外来形式及意义的一种阐释。尽管究竟如何对形式进行阐释韦努蒂语焉不详，有些令人困惑不解，但这至少表明同一形式在不同的文化环境中功能可能会有所不同，甚至还可能失去其语言和文化上的功能。由于目标语读者有时不愿或者不能进入由源语代表的另一文化系统，而这一系统可能结构严密，壁垒森严，所以他始终只能是一个外人，而缺乏有关表达方法的基本知识，就无法享有异化翻译提供的跨文化交流机会与空间。然而，与此同时出现的一个问题便是因翻译导致表达形式的残缺散乱是否能完满地传达意义，虽然有时残缺散乱的形式（刻意而为）也代表某种意义。故此，对外来形式的处理必须小心谨慎，而应对这一难题便要求进行跨文化协商。若继续探究，便会产生另一新问题：翻译与原文的关系如何得以体现？

有一点似乎已经愈加明显：我们没有理由把翻译简单地看成一个单一文化体，因为翻译本身无可避免地涉及差异，其要求就是应对文化多元化所带来的挑战，试图做到既不隐瞒也不扭曲。然而，跨文化交流中的最大障碍就是目的语读者可能难以理解译文，因为鲜有目的语读者习惯阅读"翻译体"。这类文体往往使阅读乐趣锐减，并且令人费解。阅读译文的最切实感受产生的是对异域者与异域性的矛盾心理。一方面，目的语读者被相对未知或知之甚少的领域所吸引，希望了解或体验某些真正的异域事物；而另一方面，正如有人参加宴会过频地使用或夹杂外语词汇会招人厌烦一般，过度地表现或渲染异质往往不仅让人联想到深奥难解、遥不可及的事物，还可被视为一种妄自尊大或浅薄卖弄的社交表现。

第四节　文化体验

若是面对有一定文化离散经历或体验的目的语读者，在跨文化交流时，异化的复杂程度可能会相对降低，但异化本身仍可能存在问题。翻译本质上围绕替代而进行，在翻译过程中，尽管真实性是其焦点，但对于文化现象的文化理解仍然至关重要。

关于异化的一个更深入的问题便是：把一篇晦涩难懂的原文译成优美流畅的译文自然不对——尽管这可能正是编辑和读者的要求。但问题在于译者通常处理的是异域语言，很多在他们看来或许晦涩难懂的源语文本，在本土读者读来只是稍有难度，甚至有可能诙谐精妙。

问题的关键似乎在于译者，译者的文化意识和文化知识至关重要。如果把文风艰涩误认为是源语的文体特征，那么译者就会心安理得地"复制"甚至"模仿"那些被误以为是令人不忍卒读的源语文本。文化和语言方面的知识经验不足，会扰乱异化翻译的整个理念。因此，离散的译者必须做到，在了解一定文化政治的同时正确理解人类经验固有的混杂性。

此外，如果源语可读性极高，而译文读来却极不流畅，那么读者对真实性的体验就不是严格意义上的真实。但如果保留原文中语言文化特征明显的"真实性"能指符号，就有可能使译文产生不真实的所指意义。这一翻译策略自然难以被接受，因为毕竟意义最为重要。而另一方面，由于意义本身具有不确定性，所以对意义过于明确的策略是成问题的。霍米·巴巴评论道："符号形式与符号化意识究竟有何不同呢？正如巴特所言，内容与形式的关系总是在不断随时间更新……"这点同时还指向异质事物的暂时性，以及历史意义上自然趋同的可能性。同时也必须承认，形式对于意义和译文的接收都具有一定的操控意义和影响效果。对于意义的层次架构，如果在不同的时间和文化架构中重新阐释和重新协调，所得的结果可能相去甚远。在此意义上说，异化象征着对本质主义的断然拒绝，因其有可能导致曲解和非此即彼的二元对立模式。

如果形式的决定性力量被认为具有重大文化意义的话，在翻译过程中对形式的忽略就会产生问题，如有的译者轻率地在译文中创造出的替代形式。确定形式的决定性力量究竟如何起作用才是问题所在，因其在转入目标语系统后可能会与"原本"形式的功能大相径庭。所以，若要源语文本与目标语文本之间达到某种一致，难免就会产生文化杂合体。斯图尔特·霍尔就把离散和"多样性"、"杂合体"、"差异"置于一起讨论。他声称自己采用"隐喻"意义，而非"字面"意义，并解释道："我此处想说明的离散体验并非由本质或纯度来定义，而是通过对必要混杂性的识别，通过始终贯穿着差异性的'身份'观念，通过杂合体来定义。"事实上，走到异化极端的直译有接近非译的危险。一方面，异化有可能被误解为未经译者调节的直接结果。另一方面，由目的语文化控制的翻译有助于跨文化交流只是虚假的表象，翻译的可理解性取决于目的语读者预先具备的相关知识。如此而言，直译似乎是必然的发展趋势，因为读者相关知识越多，直译便越有可能被接受。此外，可理解性必须基于文体的相对稳定性，但这点往往难以保证，因为目的语的语言规则和文化规范一般来说总是迥异于源语。能指究竟是如何被操纵的呢？从经验主义的角度来看，翻译的首要目标就是帮助目的语读者更好地理解不同的经验，或按照某种模式去理解，并通过修改那些太富异域性而难以理解或体验的译文，以期尽可能地消除不可理解性。

译文代表源语缺席的原文本。换言之，译文只能显示一种间接的在场。译者是把自己当成原文本的作者呢，还是仅仅代表原作者？不可否认，作者和译者都拥有各自的身份，尽管有时后者非常希望自己能被看作是前者。然而，译者不是作者的第二自我，他可能会也可能不会强迫自己扮演该角色。韦努蒂所言的翻译的"透明"，是指译者的隐身。其暗含之意便是译者融入了原文本。那译者既推动文化又过滤文化的协调身份呢？韦努蒂称"作者的在场"为幻觉。因此，透明意味着读者可以清晰地看到作者，而译者则被清扫出其视野变为隐性。韦努蒂鼓励译者在译文中彰显原文的语言和文风特质，背离目标语规范，以吸引读者的注意，并以此实现自己的现身，赢得应有的尊重。相反，隐喻就是缄默，译者的声音会因此微弱难辨。但正是译者的声音需要被听到，而荒谬的是，译者的声音却是清晰可辨的原声的"真实"代表，尽管缄默有可能象征着身份缺失。人们一般认为译文流畅就意味着译者的隐身，而译者的这种努力，结果似乎只会抹去自己的痕迹并淡化自身译者的身份。在韦努蒂看来，译者努力的方向是错误的，译者的隐身也是"一种怪诞的自我灭绝"。这就导致了权力关系的重组。在涉及译者时，韦努蒂关注的是语篇与权力的问题，他表示："译文越流畅，译者就越隐身，自我淡化就越明显；译者操纵的越多，他（她）就越隐身。"由于不满足译者的从属地位，韦努蒂甚至提出了"译者的作者身份"。他把"现身"特别定义为专指"当代英美文化"中的翻译现象。然而，把译者的低收入和低身份归咎于译者的隐身，并不十分准确。目标语是英语，为译者所操控。译文冒充原文，因而流畅成为关键词，译文读来就如同原文一样。

但是，仍有一些实际问题有待考虑。有意无视目的语文体规范的译文，若不适当归化，就难以出版，因为考虑到整体的可理解性，原文中的某些元素确实应当替换，或者至少应加以补充。韦努蒂就认为，不应当出于对可理解性的现实考虑，而"强迫替代异域文本中的语言和文化差异"。但这不说明，可理解性这一基本问题并不重要。进行有效的信息交流仍然是翻译的重要因素，而其本质问题就在于交流的形式。韦努蒂对此问题着墨不多，并未具体说明如何在译文中体现异域的他者性。光说译者应当保留原文的语言和文化特征，不会解决而只会带来有关如何有效进行文化交流的问题。通过引用菲利普·刘易斯的话，韦努蒂表明自己赞成译文聚焦在能指的使用上"大胆进行尝试"。但如果两种语言系统在能指的使用上并没有共通之处，译者就有义务对这些形式差异进行处理，但不一定采取"强迫替代"的方式。似乎在韦努蒂看来，未经适当异化的替代就是强制性替代，就如同他认为语言文化的归化等同于"种族中心主义暴力"。无替代只是虚幻，似乎表明读者有权体验真实。

第五节　文化间对话

翻译应该是替代原文中的语言、文化及历史语境，但译者只可能以部分替代的方式再创造出类似的语境。因而，这样的替代被认为是一种温和的替代，人们可能因无法察觉而认为完全没有替代。任何替代都是某种程度对原文的破坏，而且就如同文学批评家一样，译者在翻译的同时就在解构并重构。译者这种重构的行为要求其对翻译的内部运作机制有清醒的认识。与韦努蒂的观点相反，译者必须尽力在译文中排除时代错位的关联，但如果目的语读者在不具备必要的文化离散体验时就面临异化翻译的话，这种可能的危险性很难排除。如前所述，不同的文化条件彼此相异，这使得某些异质因素难以产生意义或者说难以产生所谓的正确意义。

虽然翻译实践在某种程度上具有视野狭窄和排他性的特点，目的语语言中现存的规范仍有可能发生改变，尽管总体上说这需要过渡的时间。跨文化交流相对来说缺乏普遍接受的规范，这就使得异化翻译策略举步维艰。譬如，在一种文化传统中部分表达的内容在另一种文化传统里就必须完整表达，可能唯有如此才能产生合适的意义，而且这样做或可与视野狭隘的态度及考虑毫无干系。简单地说，无论大家愿意与否，某种形式的替代是不可避免的，或粗暴或温和。异化不应被理解为字面翻译，也不应将其与直译对等起来。对于代表着某种语言和文化限制下的异域体验在翻译中已建立的形式参数，我们必须有清醒的认识。为了不使目的语文化价值统治翻译行为和翻译阅读，最好的方法就是远离目的语读者家园中的主导文化环境，以适应纯正异质为目的的文化离散带来的开放与容忍，从而促进跨文化理解。

　　如果异质因素逐步稀释，因而不再被认为是异质因素并彻底融入目的语语言体系，这种翻译过程实际是把形式而非内容本土化了，虽然在有些文本里，尤其是文学作品二者的界限时常是含糊的。什么时候应采用异化翻译或去异化翻译是译者经常面对而又难以决断的问题。尽管如此，人类对文化扩张的普遍愿望使异化翻译为人们所青睐，异化翻译反过来也可能会显露目的语在文本层面的语言缺陷。因此，借用就必不可少，以使异质因素被目的语吸收、同化，使其得以丰富发展；与此同时还应设法让异质因素保持某种异质特征。虽然目的语的语言限制不可小觑，但无法找到所谓的对等语给创造性翻译提供充分的理据，这有助于译者摆脱翻译本体论上的束缚。但这样做也会导致"本体论意义"上的不同，因为译者所宣称的译文就其本体论意义来说已脱离了原文，成为新事物。这不但会引发身份危机，也会阻碍目的语的不断丰富。过度归化实际上断绝了目标语发展的可能。

　　无论主体性如何体现，译者的语言都是在不同程度上已变化了的语言，这就要求译者担负起一定的责任，保留异质特色，并因而创造出离散空间。通过从文化及心理上使人产生错位感，为翻译的试验开创了更广阔的空间，尽管人们在接受陌生的异域影响时可能会感到无所适从。但是由此产生的结果催生了翻译体：一种诞生于为人们所认同的准确翻译中的新型杂和语言。文化离散以辩证的中间状态在自我与他者之间提供了一个居中空间，这一方面凸现了译者从一个语言群体向另一个语言群体从事改写的角色，另外也创造了翻译协调进行斡旋的机会。随着离散语境下跨文化对话的增多，翻译协调或干预的功能及必要性将日益减弱。由于语言在原文中的铺展方式较之与译文有所不同，人们通常理所当然地认为是译文读来拗口而非原文，从而心安理得地接受并开始享受异化翻译。

不可否认，异化有时服务于文化政治目的。较之于严复钟情本土化译文，鲁迅倡导异化。无独有偶，鲁迅也是在他旅居日本的离散经历中由一名医科学生转变为社会批评家及文人的。在日本时，鲁迅和他的胞弟周作人抱着改变中国的愿望，考虑把新文学从国外引入中国。鲁迅之所以刻意追求异化，与他对社会现实的观察相关，他认为必须这样做："不但要引入新内容，而且要引进新的表达方式。"虽然在短期内"新的表达方式"不免显得别扭而且可读性差，但它对于目的语文化来说却是裨益良多。日本民众对于阅读翻译而来的外国作品时遇到的拗口句法及词汇就表现出普遍接受的态度，这就意味着"翻译体"作为一种独特的日语变体得到了认可，至少是宽容——佛经在中的翻译也印证了这一点。这或许可以给予我们一个启示，即如何正确地看待并容忍差异。"通常，'翻译体'意味着责谩，其常被（似乎合乎情理地）用于描述某些不够通顺雅致的译文。"由于翻译不可避免地要偏离源语表达上的通顺，因而带有先天的人造痕迹，这就导致译文的可读性必定在一定程度上有所降低，如果说还不至于完全不可读的话。但是，如果考虑从文化离散的途径来解决此类问题，则有助于减少陌生感。

盲目的异化会削减阅读的乐趣并破坏文化意义的生成机制，而本土化策略则有助于译文的接受，但却又可能使目的语读者丧失纯正异域体验的机会。深入的本土化固然可以凭借以实现文化同化为己任的译文得以实现，但这却与追求和实现文化的多样性及多元化背道而驰。如果译者从文化离散的角度不辱使命地承担起翻译这一角色，就可以在协调文化关系及应对文化差异时，找到别出心裁的翻译模式。文化离散鼓励对异质经历的投入性体验，同时避免或减少在交流中遭遇严重障碍，使得异化翻译变得似曾相识，而不是完全陌生。异化的消解因而通过离散想象与理解而非本土化得以实现。至于究竟在何种程度上符合或偏离目的语规范，则要取决于离散体验中的理解情况。

通过上述讨论，笔者希望阐述一种大胆的构想，即在翻译时立足于以文化离散为形式的文化放逐，尽管这一新角度因其在目标语系统中接受性差而较之于本土化策略不易被认可。诚然，目的语读者不得不常吸收陌生的异质因素，并刻意减少和克服差异，笔者仍希望提出以文化离散为形式的文化放逐这一构想。在任何意义上对被认作是异质因素的重构都应引起高度重视。毕竟，翻译并不单是展示差异，而是"跨越"差异。文化差异绝不应以异化的名义被生硬地移植到目的语中，否则难以生存。但是，异化或许的确又在见证一种逐渐成长的趋势：人们在全球化的语境下从文化交流并从移置的角度来解释各种交际行为。如果跨文化交流与文化离散有机地结合在一起，目的语读者就可能更加倾情地阅读与体验异化翻译。

异化的离散状态是有效进行跨文化交流的根本所在。具有离散体验的译者能更好地协调异化与可达性之间的关系。如果译者想把目的语读者送往国外，他最好自己能先到国外游历一番，以成为一名称职的文化导游。源语文学把熟悉的事物陌生化，而文学翻译则试图把陌生事物熟悉化。结果，随文化政治环境应运而生的隐（现）身政策在已变化了的跨文化语境中日益突出。然而，翻译必须跨越文化和政治疆界，翻译中权力关系的性质（重组）意味着，在协调及平衡归化与异化这两个极端的跨文化形式的对话中，小心并有选择地进行文化传入或文化放逐。源语文本中内在的语言妙趣，可在目的语文本中得以恰当准确地表现，这就需要译者具备离散的视野和心态。把目的语读者群转变为异地的离散群体，这将极大促进跨文化交流与对话。在焕然一新的全球语境中，一些先前在翻译中被压制的能指将纷纷复苏，共同实现更为全面和更具意义的跨文化交流。如果目的语读者能够自发地倾情阅读并理解译文，翻译的性质和过程必将经历巨大的文化嬗变，其意义无疑是深远的。

第八章　从译文忠实性看隐喻的解读

每一种语言都是一个隐喻系统，翻译作为一种语言活动，必然带有隐喻性特征。因此，正如拉巴萨所言，翻译活动可以理解为"用一种新隐喻来适应原隐喻"的行为。翻译过程则可以理解为释喻（demetaphorization）和设喻（metaphorization）的统一。释喻体现在对原语的解读方面，设喻则体现在用译入语构成新的隐喻方面。总体而论，翻译的原理与隐喻的原理是相同的，两者都是在相似性的基础上变式对范式的模拟。在翻译中最基本的范式是原作，变式是译者对原作的理解，隐喻则是译作。译作和原作处于一种相似性的关系之中。我国翻译界一向有视翻译为模拟的传统，因而，许多绘画理论，如神似论都被借用为翻译理论。事实上，把翻译看作模拟离看作隐喻只一步之遥了。

忠实性被中外翻译研究者不约而同地采用为翻译的标准或原则。但是，一旦我们认识到翻译是一种隐喻，忠实性的地位就大可怀疑了。因为隐喻的两个要素（范式与变范式）之间存在的是相似关系，而不是忠实关系。

隐喻也有高下之分，当我们谈论一个隐喻的质量时，我们说某个隐喻准确、明晰或含混、费解，而很少说某个隐喻是否忠实，因为隐喻本身便意味着对于原范式的变异。因此，当我们评论一篇翻译作品时，也许最贴切的说法应该是某某词句在某某情景下是否准确、明晰，而不是某某词句在某某情景下是否忠实。

以相似来代替忠实，好像是降低了翻译的标准，其实不然。前辈理论家们早就用相似来解释忠实了。较早的如陈西滢就认为，忠实可以具体化为三个"相似"：形似、意似、神似。而且还认为，意似和神似是"不能冀及的标准"。看来，要做到相似已属不易。我们虽然一向视忠实性为翻译的金科玉律，但在实际工作中，这个原则却往往打折扣，并不是我们以忠实为标准就一定能达到忠实。在很多情况下，一个切合实际的目标比一个完全理想化的目标更具感召力，因而也更有意义。

在语言符号任意性的理论指导之下，我们都习惯于在对比语言学研究和翻译研究中寻找双语之异，忽略或贬低双语之同。这样做的理由很简单。如果一个事物是任意变化的，其规律性便无从捉摸。两个规律性不可捉摸的事物在一起比较，异的概率要远远大于同的概率。

当我们认识到语言符号的属性不像传统学者想象的那么任意，各种语言在机理上都有隐喻性时，我们也许就会更多地着眼于双语间的共性，再从共性出发，整合、细述各自的个性。这样的研究方法带给人们的很可能不再是极易让人迷向的陌路，而是阡陌有致的一方大好田园。

下面就从隐喻产生的原因及其功能和工作机制、中西隐喻的对比研究出发，进行反思和深入探讨，为功能主义视野下隐喻的翻译提供思路。

第一节　隐喻产生的原因及功能

隐喻产生的原因是与其功能密切相关的，原因往往是因功能而起，功能又多半为原因所致，因而本书将这两者置于一起加以简要叙述。

一、语言方面

（一）修辞上的需要和功能

为了使语言不落俗套，表达新颖，人们自然就要去追求新奇的表达方法，隐喻正好可用来满足这一需要。求新猎异的需求成为隐喻广泛使用的一个重要原因，刘勰则强调了比喻的"敷华""惊听"的修辞功能，并阐述了比喻与文体的关系，繁丰的文体与比喻众多、辞采丰富有关。

毫无疑问，恰当使用隐喻可大大增强语言的修辞效果，有力提高语句表达的形象性、意象性、趣味性、隐晦性、诗意性，可给人耳目一新、想象丰富的感觉，这样便可达到打动人心、引起共鸣的目的。例如，1988年复旦大学代表队与中国台北大学代表队在新加坡的辩论场上就"儒家思想是否可抵御西方歪风"的题目展开论战，复旦大学在论证儒家思想不能抵御西方歪风时，将孔夫子因在鲁国得不到重用而周游列国喻说成"带着他的学生，人才外流去了"，将靠儒家思想来抵御西方歪风喻说成"叫内科医生去开刀"，并引用孔夫子的话"画饼不能充饥，巨象不能捕鼠"来告诫对方辩友"不要穿古代的戏装演现代悲剧",这一系列形象生动的隐喻,大大加强了论证的可信度,提高了语句的感染力,因而激起在场观众长时间的掌声,引起了他们的共鸣,从而迫使对方观点不被接受成为定局。

由于诗歌常常依赖于隐喻表达,或者说,也正是隐喻使得诗歌意境深远,难怪有人要说隐喻是诗歌的语言,语言是用旧了的诗,思与诗是邻居,诗以隐喻得以生存。所以,隐喻既能满足诗歌的表达需要,诗歌又能实现隐喻的修辞功能。

(二)经济性的需要和功能

隐喻可使旧词不断获得新义。在语言发展的某一时期倘若还未找到合适的词语来表达某一新概念时,人们常会运用丰富的想象力,寻找概念间的理据性联系,借用已有词汇来对其加以表述,从而形成了该词语的隐喻性用法。这样,就形成了一个多义词中的语义链现象。因此,隐喻可用来解释词汇意义之间的演变过程和相互关系。戈特力分析了整个英语词汇的隐喻模式,发现整个英语词汇都是建立在这些模式之上发展起来的。倘若语言中没有这些用隐喻构成的词语,而把那些多义词都用一个一个单独的字词来表达,那么语言中的词汇量就会不堪设想。

戴侗在《六书故》中说:天下之物名无穷,而书有限也;理义精深广博,而书之所可象者皆初粗也。文字是有限的,而物名是无穷的,如何以有限的文字来表达无限的物名呢?宋末元初的戴侗看出了其中的秘密,可以用"充类之木"(词义的引申,隐喻)来解决这一矛盾。

用隐喻方法来发展词汇是一切语言中都能见到的普遍现象,因而隐喻还具有填补词汇空缺、转换词类的功能,是揭示语言发展和变化的重要方式,对于研究语言发展史具有重要意义。

隐喻可使语言表达简练,达到言简意赅的目的,如说一个人现在已从根本上与原来不一样了,或者是彻底转变了自己原来的立场或思想,可一言以蔽之——"脱胎换骨",仅四个字就可基本涵盖所要表达的思想。同时也使得语句委婉高雅,反映出说话人的情操。成语的修辞性和经济性功能正在于此。

二、认知方面

从亚里士多德至今近2 000多年的时间内,西方学者将隐喻一直视为一种修辞手段，主要被置于语言平面中加以研究。但今天认知科学界普遍认为，隐喻不仅是语言中的修辞手段，而且更重要的是人们一种认识新事体的需要，具有组织人类概念系统和发展人类认知的功能。

首先提出隐喻认知观的当算康德，此后有雪莱、卡西尔、布鲁门贝格、理查兹、布莱克、奥托尼。

根据体验哲学的基本原则可知，概念系统的核心是直接源自我们的体验，来自感知、身体运动，以及对物质、社会的经历。不直接源自体验的概念主要是在直接体验的基础上通过隐喻形成的，隐喻是形成抽象概念并进一步建构概念系统的必由之路。

现实中各类事体之间存在各种关系，人类可通过思考发现其间的相似之处，或通过想象在其间建立联系，这是人们产生隐喻用法的认知基础。隐喻的基本功能是以某一领域的经历来理解另一领域的经历。

此时，隐喻就成为人们对范畴进行概念化的工具。一旦产生了跨概念域的隐喻性用法，就在不同事体之间建立了为人们所能认识到的联系，也就为我们认识事体提供了一种新途径，多了一种重组世界的新方法，从而就可大大拓展我们对世界的理解。他们还指出，概念隐喻的主要功能是将推理类型从一个概念域映射到另一个概念域。

人们通过跨概念域的映射形成了概念隐喻，在此基础之上建构了我们的推理、经验和日常语言，使得我们获得对目的域的理解，而用其他方法则行不通。概念隐喻在思维和语言中是无所不在的，到处可见，不用隐喻来思考主观经验，是很难想象的。通过概念隐喻可使人们不断挖掘事体间的各种新联系，为认识世界提供了一种基本方式，形成了组织经验结构和概念系统的基础，同时还可用来发展理论体系。

因此，认知语言学认为隐喻不仅是语言中的修辞现象，而且是人类认知活动的工具和结果。隐喻在本质上是一种认知现象，具有重要的认知功能。

三、其他原因

此外，隐喻的形成还具有社会文化方面的原因。人们为达到礼貌目的，往往会避免一些令人不快的说法，此时就需借助隐喻性的委婉语。某些圈内人士出于维持一定人际关系的需要，往往会使用一些特殊的隐喻性行话，以此获得团体的认同。这样，隐喻就具备了一定的社会功能。

第二节　隐喻的工作机制

一、简述

人们对于隐喻已经提出了很多理论，如亚里士多德的指称说，昆体良的替代说，基泰等人的转移说，马修、韩礼德、乔姆斯基等人的变异说，肯尼迪等人的分类说，理查兹、布莱克、图兰戈和斯滕伯格等人的互动说，奥托尼的突显失衡说，根特纳和克莱门特的结构映射说，格鲁兹堡和凯萨的类别蕴涵说，瑟尔、摩根、莱姆森等人的语用说，科恩等人的语义说，以及当代认知科学界提出的概念隐喻说（隐喻认知说）。所有这些论说都是基于某一观点，侧重某一方面试图解释隐喻的工作机制，它们都有一定的道理，大都与人们的认知有关，只是从不同的理解角度，强调了不同的分析重点，可大致分为两大类：

（1）语言说，强调从语言不同层面来认识隐喻，包括修辞说、替代说、转移说、语义说、语用说等。

（2）认知说，强调从人类的思维高度来分析隐喻的认知功能。

其实，语言说中有很多观点也涉及了人类的认知问题，认知说也是以前者为基础的升华，两种理论之间存在着继承与发展的关系，具有一定的互补性。虽说当代隐喻认知理论冲出了语言藩篱的束缚，将其上升到了人类认识世界、思维方式的高度，从一个全新的角度来认识隐喻，但也是基于语言中普遍存在隐喻，并对大量隐喻做出详细分析之上的。

乔治·雷可夫和马克·约翰逊于1980年提出了概念隐喻理论（Conceptual Metaphor Theory，简称CMT），后来又吸收了其他学者的研究成果，于1999年提出了"基本隐喻综合理论（The Integrated Theory of Primary Metaphor）"，主要论述了隐喻的形成机制，其实也解释了隐喻的工作机制，包括四个部分：

（1）约翰逊并存理论（Johnson's Theory of Conflation）：心智经验和感觉经验是共存的，儿童起初对这两者并不加以区分，它们是自发地、无意识地联结在一起的。例如，感觉上的"看到"与心智上"知道"可自然地建立联系，"看不到"就自然会与"不知道"建立联系。儿童起初对这两者并不加以区分，只是后来才能区分开来，但仍有较为持久的跨域联结性，这实际上就是概念隐喻的映射。这一发现十分重要，不仅解释了隐喻映射的起源和过程，而且还解释了隐喻习得的过程，即儿童起初是如何理解语言表达的。

在神经科学中，"并存"可解释为共同激活了两个概念域，此时在两域之间就形成了永久性的神经联结。约翰逊和格雷迪两位学者共同发现，不足4岁或4岁的儿童通过感知体验就已经并存着大约数百条基本隐喻。例如，当将果汁倒入杯中或将物体堆放起来时，"数量"与"垂直"两个概念域同时被激活，他们在经验中自动地、无意识地形成了始源域与目标域的并存"MORE IS UP"。

（2）格雷迪的基本隐喻理论（Grady's Theory of Primary Metaphor）：基本隐喻的结构最简单，所以又叫原子隐喻，它是将日常的感知经验自然地、自动地、无意识地映射到概念结构之上的结果，"并存"是形成基本隐喻的基础。例如，婴儿的"情感经验"常与"被抱而感到温暖"紧密联系在一起，温暖就自然地与情感建立联系，两者并存在概念之中。随着认知的发展，两者分离开来，但跨域映射依旧存在，从而自动形成基本隐喻。通过基本隐喻跨概念域的联结和融合形成了复杂隐喻。早期的普遍经验导致了普遍的并存现象，然后发展成普遍的约定俗成的概念隐喻。

（3）纳拉亚南的隐喻神经理论（Narayanan's Neural Theory of Metaphor）：进一步从神经连接角度解释并存现象。他认为，婴儿在并存过程中产生联结的同时也激活了神经联结，前者是通过后者实现的，被共同激活的神经元之间也就建立了联系，从而就可建立横跨神经网络的永久性的联结。这种神经联结就形成了从始源域到目的域的激活，这就解释了基本隐喻是如何被学得的，从而也解释了隐喻推理的神经机制。

（4）福科尼耶和特纳的概念融合理论（Fauconnier and Turner's Theory of Conceptual Blending），又叫融合空间理论（Blended Space Theory），或简称为BT（Blending Theory）。尽管福科尼耶曾指出：隐喻是连接语言和概念化的一种显著的、普遍的认知过程，主要依赖喻体和本体这两个输入空间的跨域映射；不同的概念信息能够被共同激活，在某些条件下形成了跨域联结，从而就导致了新的推理，生成新的信息。但他和特纳都没能运用BT对隐喻做出系统的论述。

格雷迪等人则进一步运用 BT 对概念隐喻理论做出了修正，并对其做出了较为详细的论述。他们将喻体（始源域）和本体（目标域）视为两个输入空间，从其中提取出部分结构和信息，投射到融合空间、类属空间包括两个输入空间中所共有的轮廓结构，能保证映射正确进行。在融合过程中可能会形成一个新创结构，此时就可能生成始源域或目的域中所没有的新创意义。概念融合可以是约定俗成的，也可是全部新创的，BT 主要研究后者。

格雷迪等人指出：CMT 所面临的一个重要问题就是，解释不了为什么隐喻意义可能既不存在于始源域，也不存在于目的域之中，如：

"This surgeon is a butcher."

在两个域中存在一些对应映射的关系：外科医生 / 屠夫；人 / 动物；病人 / 商品；屠刀 / 手术刀，等等。但解释不了"医生无能"的隐喻义是从什么地方产生的。尽管屠夫没有外科医生的社会地位高，但不一定就是无能的，好的屠夫也一样具有熟练水平，会受人尊重。可见，在始源域中并没有"无能"这一概念被映射到目的域中去。BT 运用"新创结构"这一概念就可对之做出解释：将两个输入空间的某些结构和信息映射到融合空间，两输入空间的共有成分存在于类属空间（人们用尖锐的工具对另一个生命体实施某一动作），这些信息在融合空间中就会生成新信息。在屠夫的输入空间中，动作的目的是杀死动物以卖其肉，而在医生的输入空间中动手术的目的是医治好病人，这样就在融合空间中形成了两个输入空间的"手段——目的"对比，医生的手术可能具有屠夫的性质（视病人为动物，目的不是治疗，而是……），通过进一步推理就可生成新信息："医生无能"。

另外，CMT 与 BT 在解释隐喻时有相同之处，如隐喻是概念现象，而不是语言现象；存在系统映射；概念域或输入空间之间的意象结构和推理结构存在对应关系；映射过程有限制等。但两种隐喻理论也有很多不同之处，现列表对比，如表 8-1 所示。

表8-1

	CMT	BT
1	所用术语"域（Domain）"，常指两域之间有稳定的、系统的关系，其信息属于长期记忆	所用术语"心智空间（Mental Space）"，是指短暂的表征结构，但依靠稳定的、系统的"域"来建构

	CMT	BT
2	研究两个域，以及两者之间如何对应和映射	常有四个心智空间：两个输入空间，一个类属空间，一个融合空间
3	强调从始源域到目的域的单方向映射	不一定，强调输入空间与类属空间、输入空间与融合空间之间的多重映射
4	主要研究两个域之间确定的、常规的概念关系	主要研究新奇的、短暂的概念化现象
5	仅用以解释隐喻	可解释隐喻或非隐喻

　　这两种隐喻理论具有互补性，后来乔治·雷可夫和马克·约翰逊将上述四个观点合为一个"基本隐喻综合理论"，认为：我们早年以一般方式生活在日常世界中，在这一过程中，我们能自动地、无意识地获得一个很大的基本隐喻（原子隐喻）系统。在并存期间形成了种种神经联结，自然形成了数以百计的隐喻，使得主观经验和感觉运动经验相匹配，然后通过概念融合而形成了复杂的分子隐喻。我们能形成这样一个基本隐喻系统，仅是因为人们有身体和大脑，是生活在现实世界之中的。

　　本节侧重以认知为基础从两个角度来论述隐喻的工作机制：与语言的工作机制进行对比；试述隐喻五位一体的认知机制。

二、隐喻工作机制与语言工作机制

　　隐喻的工作机制与语言的工作机制有相似之处。对语言的正确理解涉及很多因素，如交际双方（发出者 P 和接受者 R）、语言表达方式（口语 V 和书面语 W）、语义（概括义 G 和情景义 S）等。据此我们可以使用语言交际锥形图（图 8-1）的设想，将语义置于正面位置来加以审视，便于剖析，也突出了语义在交际中的重要性，让久被忽视的语义、被形式所包装的语义，从"幕后"走向"台前"，也反映着当代语言学研究从形式转向语义的基本思路，这与功能学派和认知学派的观点相一致。同时，该图还强调了人们的交际过程是一个动态过程，是一个利用语内、语外多种因素之间的互动关系不断进行推理的过程。

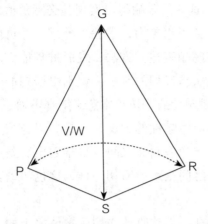

P=producer
R=receiver
S=situational meaning
G=generalized meaning
V=vocal-sound
W=written form

图 8-1　语言交际锥形图

这几个要素互相依存，相互作用，融为一体，构成了一个交际推理程序系统。交际双方以 GS 为基础，运用一定的语言表达形式 V 或 W，在数种互动关系的制约中不断进行推理，逐步获得语言形式的意义和 P 的确切意图，使得话语交际得以顺利进行，程序中任一要素的变动都会影响到整个交际效果。

同样，在论述隐喻工作机制时，也必须全面考虑隐喻理解过程中所涉及的五种因素：认知主体、本体、喻体、喻底、语境。因为隐喻意义是这些因素在动态综合作用下所产生出的结果，只有全面分析和考虑这些相关因素才能较好地理解隐喻，在此基础上提出了解释隐喻的五位一体认知机制。另外，从 PSG 面向 RSG 面传递信息时，其间还可划出一个 VGS 或 WGS 面来表示信息传递过程的中介面，RSG 面就是结果。同样，笔者也主张在理解隐喻时区分出喻体向本体映射的过程，以及映射后的结果——映合。本节拟对这两者分别加以描述。

当然，在隐喻工作机制中，喻体与本体或语境之间的意义始于冲突，结于统一，这与一般的语言工作机制不完全相同。

三、隐喻的五位一体认知机制

（一）主体

这里主要指交际双方两个认知主体，相当于上述语言交际锥形图中的 P 和 R，他们具有认知能力。语境作用、背景知识、文化因素、认知模型等因素（相当于语言交际锥形图中的 S），这些是隐喻得以实现其交际价值的基础。正是由于人类有了认知能力，具备了想象力，掌握了推理，才可能产生隐喻性思维，从而不断学会和丰富隐喻表达的方法，发展推理能力。也正是接受者有了这种认知能力，才能做出确切的判断，识别出语句的隐喻意义。当他发觉某一语句在字面上有逻辑矛盾、按正常意义解释不通、与 S 不符时，就自然要寻求其他方法，转向隐喻性的理解，尽量寻得与当下语境相协调的解释。当然，在字面意义与隐喻意义之间也很难划出一条严格的界限来，就如在死隐喻和新奇隐喻之间很难一刀切一样，这也与语言具有模糊性的观点相一致。

我们知道，喻体的一个或某些特征是无法直接作用到本体之上的，其间必定要牵涉到认知主体的作用，两类本不相同、不相似，或本无关系的事体并置后所产生出的相似性，是在人的认知作用下产生的。特别在说到隐喻可创造相似性时，认知主体所起到的作用就更大了，因为在这一过程中，本体和喻体之间的相似性是人们在认识过程中创造出来的，没有这样的隐喻性表达，这种相似性往往并不为人们所认识。因此，在理解隐喻时应充分强调人的主观能动性，这也是与认知语言学的基本观点相一致的。

有些行话常常仅局限于某一行业或人群圈中，往往不为圈外人士所使用或理解，它们大都是些隐喻性说法，如影视圈中把某人上镜头叫作"触电"。有时隐喻性说法的使用范围还会更窄，仅限于一个家庭或夫妻之间，由于他们在生活中建立起密切关系，形成了许多共享的背景知识，自然就会产生为别人所不能理解的妙趣横生的说法。例如，有位姑娘嫁给了一个学者，学者整天只顾看书，简直就不看新娘一眼，两人有如下对话：

新娘：我要是那本书就好了。

学者：那可不行，这本书我一看完就要换的。

由于在认知主体之间有了这一默契，新娘总爱开玩笑地说："什么时候换书？"而外人听来是很难理解其中隐喻含意的。

因此，隐喻的使用和理解自然会涉及交际双方之间的互动关系，双方达成对某隐喻说法的共识，就可能建立某种常规关系，使其成为双方之间有效的交际工具，这样，隐喻也才获得其存在的可能，才会具有生命力。当然，人们的认知能力、概念系统是复杂的，这才产生出千奇百怪、林林总总的隐喻表达式。另一方面，人们的认知能力是有差异的，概念系统也不会完全相同，因而有时可能会导致对隐喻理解的偏差。一般说来，在上述所设计的锥形交际图中，PSG 面的信息不可能百分之百地传给听话者，因而在很多场合下接受者也不大可能完全理解对方在隐喻中所包含的全部含意。其实，一个隐喻会包含很多隐含意义，这就是布莱克所说的喻体中会含有一系列"联想隐含"组成的"含意复合体"。本体也是一个意义复合体，两个复合体中都包含了大量的背景信息，不同的认知主体对这两个复合体的认识必定会有差异，因而就会导致隐喻意义理解上的分歧。布莱克曾认为，对这些关系的确认是所有隐喻的特征，因而模糊性也就成了隐喻的一个特征。

（二）本体与喻体的互动作用

在喻体特征向本体映射过程中，本体所具有的特征会对该过程有一定的限制作用，这也是不容忽视的一个事实。正是由于有了本体在映射过程中的限制作用，才会生成恰当的映合结果。因此，我们主张区别出隐喻工作机制中的"过程（映射）"和"结果（映合）"，对它们分别加以论述，有利于将隐喻的映射理论阐述得更清楚，这也与福科尼耶的观点相吻合。

1. 映射过程

所谓"映射"，可以想象成将喻体 B 屏幕上丰富的影像（包括通常所说的特征或复杂的形象）投射到本体 A 屏幕上。在这一过程中 S 起着至关重要的作用，一方面可提供相关的背景知识、意象图式，另一方面可帮助排除那些不很相关的特征。

2. 映合结果

A 屏幕中的有关因素会对 B 屏幕映射过来的影像做过滤性的筛选，决定着聚焦信息的形成。认知主体在 AB 信息互动作用的影响下，自然会激活有关信息进行加工，也会抑制那些无关的信息以保证认知加工的效率。通过认知主体的激活和抑制机制，某一或某些关键信息映合后产生了融合反应，形成了注意的焦点，获得了突显的效果，需要重点进行认知加工，而后就能释解出语句真正的隐喻意义。

当然，一个隐喻不一定仅只有一个隐含义，可能会一语几关，此时在认知主体的激活和抑制机制的作用下，以及在多重互动关系的影响下，滤出较为相关的焦点信息，构成了一个隐喻的数层含意，因而映合结果就具有一定的复杂性。在数个因素的共同作用下，两个屏幕映合后就能聚合成一个或数个"焦点"，这就是隐喻话语所要表达的含意所在。例如，在隐喻

"He is a mule"中，"mule"有很多特征，仅将其中的"倔强性"特征映射到"他"上，而排斥了许多其他特征：动物、长耳朵、吃草、可骑、埋头拉磨等，因为这些特征经 S 的认知作用有被过滤掉的可能。倘若更换了句中本体"He"，则必然会影响到对"mule"（该词还可泛指杂交种动物，杂交种植物）特征的选择。又例：

（1）那大款专爱拈花惹草。

（2）那植物学家就爱拈花惹草。

人们从本体的不同会感到这两句话含义是不同的，例（1）明显是隐喻性用法，指男子乱搞不正当的男女关系；而例（2）则更倾向于其本义性理解。可见，本体的不同对于喻体的含义是有很大影响的，因而本体与喻体之间的互动作用具有重要意义。

（三）喻底

为确保对隐喻义的正确理解，就需要着力找出"喻底"。在喻体对本体的映射和两者的互动过程中，主体对它们之间潜在的相似性特征进行了一系列推理和分析，由表及里，去异存同，一旦在两者之间建立了适合当下情景的相似关系，便会产生映合效果，也就能获得这一隐喻意义。

在语言交际锥形图中，G 与 S 存在一种辩证统一的、互动的关系，其间的矛盾没有隐喻突出。我们知道，隐喻中的本体与喻体的异和同也是一对辩证统一、互动的关系，其间的"异"更为突出，它多是推理的出发点。正是两者之间的差异，分属不同的类别，通过矛盾的合理冲撞才可能产生出隐喻义，没有这种"异"，语句就可能仅有字面意义。从矛盾的对立统一这一角度看，正是有了这种对立，以"异"为基础，通过合理冲撞，经过"去异存同"的过程，才可能产生出一种新的统一。这"新的统一"就意味着找到了两者间具有焦点性的相似点，映合成功，从而就能帮助人们到达理解隐喻义的彼岸。

（四）语境

语境对隐喻的确认和理解所起到的重要作用是不言而喻的，它与认知主体之间也存在一种互动关系，这与语言交际锥形图中的 S 所起的作用相似。正如上文所述，人们通过想象力努力在本体与喻体之间建立"统一"，寻找"喻底"，如果这种"统一"或"喻底"能够适合当下的语境，与上下文意义一致，便可获得隐喻义。这也就是为什么很多学者主张从语用学角度来研究隐喻的道理，因为任何语句都是运用于具体语境之中的，隐喻也不例外。其实，隐喻理论语用说与认知说并不矛盾。巴奇曾举过一个例子：玛丽有一只十分喜欢的茶壶，有人触摸它时总是提醒别人要多加小心，有一天她用完朋友的自行车后，却匆忙将其扔到角落里，她的朋友发现后，就大声说道：

"This bike is my teapot."

这里就将玛丽的茶壶的部分信息（十分珍惜）投射到了别人的 bike 上，倘若没有上一语境，就很难理解这个隐喻。比如说：那家伙是一只虎。

究竟是说"他很凶残"还是"他很强悍"，说"他劲头十足"还是说"他是一员虎将"，"一个劲敌"，不同的人会有不同的解释，这完全取决于语境。倘若是在体育比赛中，则可意为"虎将""劲敌"之义。我国清代金缨在《格言联璧》中说"怒是猛虎，欲是深渊"，则是在用"猛虎可伤人"的含义。

语境还会直接影响到隐喻的隐含意义的程度性，如汉语中的"郑人买履"这一成语有其特定的含义（只相信条文，不顾客观实际的人），但如见到一个姓郑的人在商店买鞋，则可戏用此语，这时的用法则巧用其字面意义，缩小了隐含性，在此情景中已不再是指古时郑国的人，也没把量好的尺寸放在家中，语境直接改变了隐含意义的程度性。

在有的场合下隐喻的五要素可能会同时出现，但一般说来，很多隐喻中可能会缺少某一要素，大部分情况下可根据实际语境补全。

因此，隐喻的基本工作原理是基于五位一体的认知机制。发话者用与 A 既矛盾又可能相似，或可以建立相似性的事体 B 来喻说 A，使得隐喻成为一个矛盾对立的统一体。在多种互动过程中，受话人依靠 S，消除矛盾，建立新的统一，求得喻底时，就能产生隐喻义。隐喻的理解也可归结为：异中求同的过程和结果。

四、两类不同隐喻的工作机制

从隐喻与相似性关系角度，可将隐喻大致分为：基于相似性的隐喻和可创造相似性的隐喻。体验哲学认为，感知体验是形成认知的基础，认知又是形成语言表达的基础，感知体验和认知同样也是形成隐喻的基础，这就说明了事体之间的相似性是形成隐喻的原因之一；但是另一方面，隐喻也可以创造相似性，新奇隐喻多属此类，这实际上与人的认知具有主观能动性的观点是一致的。

布莱克首先强调了隐喻可以创造相似性的观点，通过这种功能可使人们获得看待一个事体的新视角，从而使隐喻从一种语言现象上升为一种认知现象。例如，莎士比亚第 73 首十四行诗的开头 4 行，可谓处处都有隐喻，在"秋天"和"老人"之间，在"树叶"与"头发"之间，在"黄叶落尽"和"脱顶"之间等，建立了新奇的联系：

"That time of year thou mayst in me behold，

When yellow leaves or none or few do hang

Upon those boughs which shake against the cold——

Bare ruined choirs，where late the sweet birds sang."

怀在我身上或许会见到秋天，

当黄叶，或尽脱，或只三三两两

挂在瑟缩的枯枝上索索颤抖——

荒废的歌坛，那里百鸟曾合唱。

海德格在《诗人哲学家》一诗中也是处处有新奇的、创造相似性的隐喻。例如：

走向一星——唯此足已。

思，就是使你凝神于专一的思想。

有一天它会像一颗星，

静静伫立在世界之空。

读来颇费思索，需要通过一系列认知和推理来理解隐喻是如何创造相似性的。

这两种隐喻的工作机制是不尽相同的，因为喻底（相似性）在这两种隐喻中所起的作用不尽相同，人们所付出的推理难易度也不尽相同，因而这 5 个要素的相对位置也就不很一样。

（一）基于相似性创造的隐喻

如图 8-2 所示。

语境 + 人
本体 + 喻底 + 喻体

图 8-2

（二）创造相似性的隐喻可图解

如图 8-3 所示。

图 8-3

在图 8-2 中，喻底较为明显地存在于本体与喻体之间，形成了隐喻性表达的基础，人们能够较为容易地发现它们之间的相似性，因而拟将喻底置于两者之间。而在图 8-3 中，由于人的想象力比前者发挥着更大的作用（如较难理解的、隐含性较高的诗词），或者说是在认知主体的作用下才将两者并置，在它们之间建立了相似性关系（喻底），故拟将主体置于本体和喻体之间，喻底主要是在人的主观作用下形成的。

（三）介于两者之间的隐喻

当然，这两类隐喻也有个程度问题，有时也很难在它们之间划分出一个十分严格的界限，此类隐喻的工作机制，如图 8-4 所示。

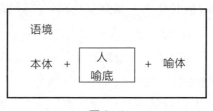

图 8-4

第三节　中西隐喻研究的对比分析

一、简述

正如语义研究不仅仅是西方学者的特权一样，对隐喻理论的阐释，也绝不仅属于西方学者的领地，我国古代学者早已认识到比喻（含隐喻）对于语言表达的重要性，而且他们也触及了比喻与思维的关系，这表明我国古代学者对隐喻认知理论的阐释要远远早于西方。

我国书面语中最早的比喻现象，可见于殷代的《盘庚》三篇，如上篇中："若网在纲，有条而不紊。若农复田力穑，乃亦有秋。"在《诗经》（世界上最早的诗集，约成于公元前 1700 年至公元前 600 年之间）中也有对譬喻的论述，如在《大雅·抑》中就有"取譬不远，昊天不忒"的说法，意思是说：取譬喻须近在眼前，上天赏罚毫厘不差。孔子所说的"能近取譬"与这种观点是相通的。

《诗经》运用了大量的比喻，如归纳出的三种修辞手法：赋、比、兴，后两种就都是比喻。"赋"是直叙其事（"直书其事，寓言写物"的一种直说手法）；"比"是用类似的事物相譬喻，以刻画事物，表达情感，主要包括明喻、隐喻等；"兴"是"环譬以托讽"，常用于文章开头，即先打比方，再说真义，先言他物，并以此为发端，触发自己的情感，而后引出全篇，阐发本义。"婉而成章"地打比方，通常会产生"文已尽而意有余"的效果。根据朱自清在《诗言志辨·比兴》中的统计，《诗经》305 篇中经《毛传》注明"兴也"的就有 116 篇。

以他物说此物，也是一种隐喻，所以"兴"也可大致被视为一种隐喻。周策纵指出，其实有时兴即是喻。李湛渠指出：广泛言之，兴亦比之一种，只不过一般的比都是"写物以附意，飏言以切事"的，是以物比物，以类比类，往往比较明显；而兴则是"环譬以托讽"的，是以义比义，类限不严，往往比较隐晦，需"发注而后见"也。

可见，"兴"被学者们理解为"引譬连类"，并没有仅被视作一种修辞技巧，而更接近于一种类比联想、思维推理的方法，只要两种事体之间在某一方面具有某种关联，便可将它们同化为一类现象。

二、我国比喻研究简史

（一）先秦时期

孔子早在 2500 年前就论述了隐喻，同时还指出了隐喻对于类比联想的思维具有十分重要的作用，这就涉及当今隐喻认知理论的基本观点。

为了辩说、论战的需要，比喻理论应运而生。墨子、惠施、庄子、荀子等对此进行了总结，对提高谈说术起到了很好的作用。但这一阶段的论述较为零碎，尚无系统。墨派总结论辩方法时提出：辟也者，举也物而以明之也。

辟即譬，也物同他物。墨子就常常以人们熟悉的事体或以寓言作譬。惠施指出：夫说者，固以其所知输其所不知而使人知之。

庄子在《寓言》中早就对隐喻做出了如下量化论述：寓言十九，重言十七。

荀子也认为论辩时要：譬称以喻之，分别以明之。

凡同类同情者，其天官之意物也同，故比方之疑似而通。是所以共其约名以相期也。

后一句话的意思是：凡是同一个民族，具有相同情感的人，他们天生的感官对事物的感觉印象是相同的，所以通过各种比喻就可以把事物说得大体相似。就可使别人能够理解和通晓了，这就是人们能共同使用约定事物的名称而互相交往的原因。

墨子、惠施、荀子都认为要用知道的事体来喻说不知道的事体，比喻的作用是为了使对方明白，易于理解，比喻是论辩中不可缺少的一种方法。这就清楚地表明了隐喻的解释功能和修辞功能。

（二）两汉时期

这一阶段对比喻的研究比先秦时期的论述范围广，不仅涉及比喻的条件、性质和重要性，还涉及比喻产生的原因。西汉初年，刘安在《淮南子》中说：

假象取偶，以相譬喻。

假譬取象，异类殊形。

就是说，人们要等于寻找不同物象之间相同或相偶合的地方，这样才能形成譬喻，也就是我们今天所说的隐喻中本体和喻体之间相似点的问题。而且，在使用譬喻时听取之象必须是"异类"和"殊形"，也就是今天所说的本体和喻体要"跨域"，异类和殊形通过偶合，才算是"偶"得巧妙，才能"喻"得恰当。

《毛诗序》指出：

故诗有六义焉：一曰风，二曰赋，三曰比，四曰兴，五曰雅，六曰颂。

其中"比"就是比喻。东汉郑众注《周礼》说：

比者，比方于物也；兴者，托事于物也。

他认为"比"是用比喻来突出事物的特征。王符明确提出：

夫譬喻也则，生于直告之不明，故假物之然否以彰之。

譬喻就是指，用直接表达而说不清楚，就只有借助其他事物来加以说明。

郑玄也认为：不学习用譬，就不能写成好诗。因为诗中多不直言，常用比喻来委婉达情。王充认为：

何以以辩？喻深以浅，喻难以易。

就是说，在论辩中要用"浅易"的话语来阐明自己深邃的思想。

王逸还对《离骚》中的比喻进行了归纳。

（三）魏晋南北朝时期

论述了比喻的定义、分类、作用，以及与文体的关系。刘勰在《文心雕龙·比兴》中对其作了较为全面的研究，有精辟的论述，对后世影响很大。他说：

故"比"者，附也；"兴"者，起也。附理者切类以指事；起情者依微以拟议。起情，故兴体以立；附理，故比例以生。比则蓄愤以斥言，兴则环譬以托谕。

意思是说：比的意思就是比附，兴的意思就是兴起。比附事理是完全切合所说的事，触物兴情可以依据事物细微之处来进行发挥。有时因感物兴情而写诗，所以兴的手法就出现了；也有用比附事理来进行创作的，所以比的手法就产生了。比是把郁积要说的情感，借用类似的事实来加以申述，兴是通过曲折委婉的方法，把内心的寄托告诉别人。

他将比与兴的区别总结成"比显而兴隐"，并进一步论述了用做比喻的事物是纷繁多样的，即喻体可用声音作喻，或用形貌作喻，或用主观意念作喻，或用具体事物作喻。他还提出了一个十分精辟的观点：

物虽胡越，合则肝胆。

即要把比喻用好，必须做到本体和喻体应两者看起来是毫不相干的事体；同时又必须在比喻之后，使本体和喻体像肝胆那样密切，两者要有相似的地方，这就大致相当于刘安所说的"异类取偶""殊形相譬"，类属上的"异类""胡越"，本质上的"相偶""肝胆"，就道出了比喻须具有对立统一的特征，这是一种颇有见地的论述，也就是本书听说的"隐喻始于矛盾，结于统一"。

刘勰还将比喻分为两类：比义（具体的事物来比抽象的义理）和比类（以具体的事物来比具体的形貌）。

（四）唐宋元时期

唐代的皇甫湜接受了刘安和刘勰关于比喻"异"和"同"的观点，他在《答李生书》中也说道：

凡喻必以非类，岂可以弹喻弹乎。

凡比必于其伦。

这就说出了比喻既有"非类"的特征，又有"同类（伦）"的特征。

唐代的贾岛在《二南密旨》中说：

四时物象节候者，乃诗家之血脉也。

就是说，诗人必须用"四时物象节候"作为喻体，它们就是诗人的血脉。皎然在《诗式》中也主要从喻体角度提出了"取象曰比"的观点，即以"象"为喻体。他接着还说：

凡禽鱼草木人物名数，万象之中义类同者，尽入比兴。

也就是说，世上万物都可作为喻体。仔细想来，这里就已涉及这样一个诗歌创作观和哲学观：倡导诗歌中的形象思维，以及世界万物之间可能存在各种联系。当然，仅从喻体角度来论述比喻不能算是一个完整的比喻理论。

南宋的朱熹认为：

比者，以彼物比此物也。

南宋的陈骙在《文则》中较为详细地论述了比喻，指出：

《易》之有象，以尽其意；《诗》之有比，以达其情。文之作也，可无喻乎？

他最早以《诗经》为对象进行分析，将比喻分为十类。但他有时以形式有时以功能分类，未能使用统一的标准。他还述及了直喻（即明喻）的特点：

或言犹，或言若，或言如，或言似，灼然可见。

我国古代学者所论述的"引申"大致相当于西方学者所说的"隐喻"。陆宗达、王宁指出：郑玄在注"三礼"时就已经开始分析引申义；徐锴著《说文系统》也用到这个术语。宋末元初的戴侗认为：具体的事物有形，文字可以肖其形以表达其义；义理道术则无形可象，如何以有形表无形，这就要靠"引申"。引申的基础在于"物"与"理"之间有某种关联。他充分认识到了"无形"与"有形"、"抽象"与"具体"之间的关系，在探求词义引申规律时认为具体的词义之所以能引申出抽象的意义就是因为词义的引申体现了"器"与"道"、"具体"与"抽象"的关系。抽象存在于具体之中，具体之中有抽象。所以，他说：圣人因器以著象，立象以尽意，引而申之，触类而长之，而天下之精义靡有遗焉。

意思是说：圣人以具体的事物形状标示事物形象、意义，以形象表达与之相关的抽象道理，文字表意的道理正在于此。这就是戴侗所说的"充类之术"（即引申、隐喻），他举的例子是：道，从辶，本为人之行路；理，从玉，本为玉之文理，引而申之，则道之广大，理之精微者无不通，以充类之术也。

道表示"道路"，理表示"玉之文理"，后来用"道""理"引申来指称道术、法则、理义，这就是由具体到抽象的引申，语言正是运用了这种方法，才可能体现其经济性特征，用有限的词语表示无限的概念。党怀兴认为：戴侗对这种方法从理论上进行了总结，在实践上进行了运用，确实是对语言研究的一大发展。

（五）明清时期

明代开始出现汇编比喻的专书，如徐元大的《喻林》，共分 10 门、580 类，收集了丰富的典籍资料，是研究我国古代隐喻的难得资料。

清代的吕佩芬编写了《经言明喻编》，其中收集了 13 经中的比喻，共得喻词 7 391 条，作者还将文章立言之法归为两类：正言（相当于直说、明说）、喻言（相当于本书所说的隐喻）。他将比喻分为三类：物喻、人喻、事喻。

段玉裁一部《说文解字注》，贯穿了本义与引申义的问题；朱骏声在《说文通训定声》里以"转注"囊括引申现象，不乏精辟的分析；而章太炎创"转注假借说"，又以"假借"囊括引申，他不但把引申作为词义运动的基本形式来分析，而且把引申理论贯穿到他的字源专著《文始》中去，用引申来解释义通现象；黄季刚则把引申提到训诂学的定义中来，赋予这一问题以更重要的地位。

清末的吴曾祺在《涵芬楼文谈·设喻第十九》中较为详细地论述了比喻运用的四点注意事项：

尝谓设喻之失，凡有数端。一曰泛而不切，好取华辞，无关实意是也。二曰滞而不化，肢于实迹，反昧大意是也。三曰熟而不鲜，袭取旧闻，不得新义是也。四曰俗而不韵，杂用里言，有伤大雅是也。明此四端，则于设喻之道，思过半矣。

（六）20 世纪

在这约百年间，中国学者对隐喻的认识大多还是局限于修辞层面，如唐钺在《修辞格》中，陈望道在《修辞学发凡》中，黎锦熙在《修辞学比兴篇》中，基本上都是在辞格框架中论述隐喻的。钱钟书在《管锥编》中，也提到了比喻有"二柄"和"多边"，也基本上属于修辞层次上的论述。

孔子等先贤能在 2 500 年前论及隐喻的认知作用，确实是一件了不起的事情，但可惜的是这一观点没能得以延续和发展，我国大多古代学者和现代学者还是将隐喻视为一种语言上的修辞手段，特别是当今汉语界的很多学者也往往只看到了隐喻的修辞功能，如在 1979 年、1989 年、1999 年出版的《辞海》中对隐喻的定义还为："比喻的一种，本体和喻体的关系比之明喻更为紧切。"这确实令人感到有点遗憾！

体验哲学和认知语言学认为，隐喻不仅是语言中的修辞现象，而且是人类认知活动的工具和结果。隐喻在本质上是一种思维现象，具有重要的认知功能，是人类认识新兴事体、建构概念系统、形成各类学科的不可缺少的认知策略。汉语界也有学者注意到了这一点，就笔者所知，我国汉语界的张明冈谈到了隐喻的认知功能，他指出，比喻的基本作用有二：一是认识作用；二是修辞作用。他说：通过对已知事体同未知事体之间相似点的比附，使人们从已知的领域向未知的领域前进，扩大知识面。他还说：有人把比喻称为"形象的形象"，因为形象的一切特征在比喻中表现得特别明显，在任何艺术形象上，其直接的字面意义的背后，总是贯穿着深刻的意义。在比喻中形象表现的这些根本特征（即"任何时候都不局限于它的字面上的意思"）都充分地显现出来。无论对于艺术家还是对于艺术作品的接受者，比喻都是思想的特殊途径，是思维的特殊方法。比喻思维有助于艺术成为关于生活的、综合的、整体的知识。

张明冈能在汉语界一片隐喻修辞论的声音中提出隐喻的认知功能，而且还将认知功能置于修辞功能之前，这确实是难能可贵的。但他的隐喻认知观也存在缺陷，他只说到了隐喻是基于相似性这一点，而没能认识到隐喻还可以创造相似性，但乔治·雷可夫和马克·约翰逊又仅强调了后一点。笔者主张将两者结合起来论述，隐喻既是基于相似性的，同时也可以创造相似性。例如，当我们说"婚姻是牢笼"时，一方面说出了婚姻与牢笼的相似之处，都有"禁锢"之义；另一方面，当我们把"婚姻"和"牢笼"并置，实际上也就对事体再次进行范畴化，重新划分了概念范畴，创造出了这两类事体之间的关联性。因此，我们主张可分别从这两个角度来论述隐喻的工作机制。

三、"比，兴"与"隐喻"

"比"，主要包括当今所说的明喻和隐喻，"兴"更属于篇章层次上的隐喻。朱自清将比体诗分为四大类：咏史（以古比今）、游仙（以仙比俗）、艳情（以男女比君臣）、咏物（以物比人）。可见，"比"和"兴"都涉及语义或概念的跨域使用，这与当下认知语言学所说的"隐喻"大致相当。

例如，《诗经》开头就说：

关关雎鸠，在河之洲。窈窕淑女，君子好逑。

以雎鸠求鱼与男子求女这两者在"求"上具有相似性为基础，将这两者引譬连类，用前者来隐喻性地表达后者。这里本体为：男、女。喻体为：雎鸠、鱼。喻底为：求。又如，《卫风·淇奥》中云：

有匪君子，如切如磋，如琢如磨。

意思是说：美君子文采风流，似象牙经过切磋，似美玉经过琢磨。"切磋"和"琢磨"原来是指加工象牙、美玉的方法，而在此处被隐喻性地用于描写君子学道修身的过程，今天这两个词组也已常作隐喻用法。庄子在《寓言》中还用光线和影子来喻说两物之间的依赖关系、存在与不存在、生与死的关系等。这也是将隐喻运用来阐述哲学道理的许多例证中之一例。

"引譬连类"就是要"善取类"，这种触类旁通式的思维方式和表达技巧得到孔子的充分肯定，使得后来的学者更加精于此道。子曰：

诗，可以兴，可以观，可以群，可以怨。

此后，"诗可以兴"就流行开来了。孔子还对儿子孔鲤说："不学诗，无以言。"意思是说，不从诗歌中学习引譬连类的联想方式，就不能具备在正式场合中论说发言的权利。"善取类"就成了当时衡量个人理性教养程度的基本尺度。

海德格尔说：一切冥想的思都是诗，一切创作的诗都是思，思与诗是邻居。

这与我国 2 500 年前孔子的思想，以及其后哲人的观点，可谓是不谋而合。而与孔子几乎同时代的柏拉图将诗视为非理性的观点，形成了鲜明的对比。

叶舒宪指出：需要强调的是，孔子不是把《诗》作为艺术品来看待的，而是当作类比思维的典范，希望人们能够从中学到主观联想式的推理方式和表达方式。由此看来，"诗可以兴"的命题绝不是什么文学批评的命题，它表明了孔子作为中国的诗性智慧的理论奠基者，对于"诗、语言、思想"这一本体论关系的深刻洞见，对于类比联想的思维方式的特别推崇。

此后，这种"善取类"的类比联想的推理方式和表达方式就广为流行。惠施将隐喻视为"以其所知喻其所不知而使人知之"，这实际上也涉及了隐喻的认知功能。汉代刘安等人在《淮南子》中说：

言天地四时而不引譬援类，则不知精微……

从大略而不知譬喻，则无以推明事。

这些观点可被视为是"不学诗无以言"的最好注解，把诗歌构成的思维机制譬喻为打开思路的绝妙手法，解说为认识事体的唯一法则，确实是具有历史深远意义的言论。这正是当今认知语言学所说的隐喻性思维的预言，原来隐喻认知理论从我国古代哲学家孔老夫子一直延续至汉代哲人，就已流行了几百年之久，我们似乎可从这里找到当代隐喻认知理论的最早始源，它就发源自我们这片神奇的土地之中，就在东方文明古国——中国。倘若当代西方学者能认识到这一点，可以想象，他们也会大惊不已，为此而拍案叫绝！

至于对隐喻进行量化统计问题，我们的老祖宗也早就有了一定的认识。庄子在《寓言》中说：

寓言十九，重言十七。

寓言十九，藉外论之。

意思是说：在我所说过的话中，寄托寓意的话（或假托的话）占全部言论的十分之九，重复别人说过的话，借用先哲、时贤的言论占十分之七。寄托寓意的话占十分之九，都是借助于他人他事来发议论，借他人的话说自己的意思。可见，我国古人早就认识到隐喻在言谈写作中所占的比例是极高的；同时，这不就是当今西方学者所认为的隐喻具有普遍性的最早量化论述吗？据乔治·雷可夫和马克·约翰逊等学者统计，隐喻在日常语言中约七成，有的西方学者认为实际比例还要更高，这些观点也正与庄子的说法十分接近。

　　通过这一简单对比可见，当代西方认知学者对隐喻的认识，以及对隐喻使用的比例数的调查，竟与我们祖先的发现有如此惊人相似之处，同时也为我们采用定量分析语言的方法找到了最初源头，我们不禁要为我们的祖先感到自豪！同时，外语界在引进西方理论时，切切不可忽视我们的本土理论。真可谓：知己知彼，方可百战不殆！

四、隐喻与文化

　　隐喻，如同语言一样，也是深深扎根于社会情景、文化知识之中的，在当前中西文化对比研究的论著中，其实蕴藏着大量的隐喻性文化内容。我们生活中有关文化方面的隐喻实在是太多太多了，如春节期间将"福"字倒着贴，通过语音隐喻转义为"福到"，等等。

　　很多学者论述了数字与文化之间的关系，如当代我国许多地方"厌4喜6、8"的现象，也与语音隐喻有关。在西方数字13也为大多数人所讨厌，据说是与犹大成为叛徒有关，这一贬义数字隐喻性地运用到当今社会中来，门牌号码不要13，运动员号码回避它，宾馆中的楼层号、房间号也有很多是空缺该号的。西方还有"黑色星期五"的说法，即每月的13日，又逢星期五，这一天会有不少人找借口全天不起床，以躲避灾难。

　　在中西方许多关于"狗"的隐喻性表达中有很多不同，这也与文化差异密不可分。这类隐喻性用法实在是不胜枚举，此处不再赘述，阅读一下有关中西文化对比的论著便会有更深的体会。

第四节　隐喻研究的反思

一、关于认知隐喻研究的批评意见

　　在本节我们将简略回顾一些学者从不同角度对隐喻研究所提出的批评意见，以便对隐喻研究有一个较全面的了解。

　　隐喻研究的中心论点是隐喻在本质上是认知性的，反映在语言层面上的隐喻表达为我们了解人类认知的奥秘提供了重要线索，它们或许可以证明人类的概念体系从根本上来说是通过隐喻构建起来的。维兹比卡对这一观点提出了质疑。她以 Love is a journey 这一隐喻为例，认为该隐喻并不适用于"Love"这一概念的方方面面。例如，它不适用于母亲和孩子之间的爱。确切地说，该隐喻只限于情侣之间的爱。维兹比卡认为，不借助于旅程隐喻是可以比较全面地理解"Love"的，她对"Love"的非隐喻性定义可表述如下：

"X loves（person）Y.=

When X thinks of Y，X feels good feelings towards Y.

X feels that he wants to be with Y.

X feels that he wants to cause good things to happen to Y."

要想回应维兹比卡的批评，我们首先有必要指出维兹比卡给出的定义也并不是唯一可能的定义，并且也没有覆盖"Love"这一概念的各个侧面。其次，莱考夫和约翰逊在很多地方都强调过概念隐喻只是部分（partially）地构建目标域，换句话说，目标域的结构并不是完全仰仗某一个隐喻构建起来的。当然，的确有一小部分抽象概念其理解和构建都完全依赖隐喻，比如"Time"，但是大多数的情况是多个概念隐喻交织在一起、部分地构建某个抽象概念。例如，对于"Love"而言，"Love Is A Journey"这一隐喻只是揭示了它的一个侧面。另外还有一些隐喻，如 Love Is Heat，Love Is Force 等，则突出了 Love Is A Journey 所未能涵盖的侧面。这些不同的隐喻彼此之间并没有矛盾冲突的地方，它们形成一个相对和谐的体系，帮助我们理解和把握"Love"概念。第三，认知隐喻研究并没有排除"Love"概念的部分内容可以、用非隐喻的方式、进行理解的可能性，认知隐喻研究只是声称"Love Is A Journey，Love Is Heat，Love Is Force"等隐喻丰富了我们对"Love"概念的理解，我们有关该概念的思维和行动也因此受到这些隐喻的影响。

杰克道夫和艾伦在评论莱考夫和特纳时指责书中 metaphor- 词用得太宽泛了。杰克道夫和艾伦认为莱考夫和特纳所列举的规约隐喻都不应算作隐喻，并且说传统修辞学研究和语言学研究所强调的隐喻的特异性应该被保留。麦考马克也提出了类似的观点，他认为所谓规约隐喻（他称之为"dead metaphors"）已经不能算是隐喻。此类批评的产生源于莱考夫和特纳、杰克道夫、艾伦和麦考马克对隐喻的不同理解。根据认知语言学的观点，如果我们通过一个概念自身来理解该概念，而无须借助其他概念，那么这个概念在语义上就是自主的，是非隐喻性的。如果我们是通过另外一个或几个概念来理解某个概念，那么这个概念在语义上就不是自主的，是隐喻性的。规约隐喻符合这一条件，因而认知语言学家坚持将其视为隐喻。这样做的另一个理由是，规约隐喻和新鲜隐喻之间本来就缺乏清晰的界限。例如，杰克道夫和艾伦与麦考马克都认为 "His theory has thousands of little rooms and long, winding corridors" 这样的句子是隐喻性的句子，而 "The theory is sound in its founding" 之类的句子则被他们视为非隐喻性的，因为这类表达太规约化了。但是，他们却没有注意到其实两个句子体现的是同一个概念隐喻，即 Theories Are Buildings。第一个句子听起来隐喻味道很足，而第二个句子听起来显得平常，是因为第二句中出现的是 Building 这一始源域中最经常被用来构建 Theory 这一目标域的部分，而第一句中出现的 internal rooms 及 corridors 则是很少被该隐喻激活的部分。

认知语言学关于隐喻的研究旨在揭示隐喻作为一个有效的认知工具在我们的概念体系中的重要性。规约隐喻之所以重要，是因为它们证明即便被我们当作规约的、寻常的对于世界的描述其实也还是通过隐喻来实现的。规约隐喻向我们显示隐喻不仅仅出现在花哨的文学语言中，而且是我们的日常语言和概念体系不可或缺的部分。正因为如此，认知语言学才坚持将规约隐喻视为隐喻。杰克道夫、艾伦和麦考马克在提出他们的批评意见时未能抓住这关键的一点。

内奥米奎因从文化的相对重要性对认知隐喻理论也提出了不同意见。她认为，拉科夫和约翰逊断定隐喻不仅构建甚至限制着人类的理解和思维是夸大了隐喻的阐释功能。在奎因看来，隐喻的使用反映了深藏其下的文化观念，而在一个民族的文化观念里不仅仅只是有一些特殊的隐喻。用奎因自己的话来说，"隐喻并不构成我们的理解，相反它们通常只是被选来去适应某个预先存在的文化模式……一般说来，隐喻并不能生发新的、之前未被认可的蕴涵，尽管它们也许能够帮助思考者理出预先存在的文化模式的蕴涵，从而做出各种复杂的推论"。奎因的结论是在构建我们对世界的认识方面，隐喻只是扮演了一个相对次要的角色，更重要的角色是文化模式来承担的。

奎因的结论并未完全否定隐喻的认知功能，但她认为文化模式所承担的认知功能更大。如果她的意思是文化模式限制着隐喻的选择，那么此种观点与认知语言学家的观点并不相悖，因为尽管认知语言学家认为隐喻根植于我们的身体经验，但他们同时也承认身体经验只能告诉我们有可能产生哪些隐喻，而这些待选隐喻是否真的为某个文化所选择，则主要取决于该文化的各类模式。从这个角度来讲，文化模式的确限制着隐喻的选择。

但是，我们不能忽视问题的另一方面，那就是文化模式本身也很难脱离隐喻。以美国社会关于"LIFE"的文化模式为例，钦将其概括为"Life Is Playing A Game"。这一表述本身就是一个隐喻。又如，中国文化里的阴阳理论，阴和阳最初的意义是指日光的向背，向日为阳，背日为阴。中国古代的思想家看到一切现象都有正反两方面，就用阴阳这个概念来解释自然界两种对立和相互消长的物质势力，肯定阴阳的矛盾势力是事物本身所固有的，后来更进一步把阴阳交替看作宇宙的根本规律。这一阴阳理论体系是中国文化里最基本的模式之一，而该体系本身就是一个巨大的隐喻，为中国人提供了一个将世界概念化和范畴化的隐喻方式。简言之，如果许多文化模式本身就是隐喻性的，那么隐喻在人类认知中所扮演的角色就不是像奎因所说的那样。格特力、基拉茨和斯蒂布从一个更实际的角度出发，对认知隐喻研究提出了微词。他们指出，不少认知隐喻研究不注重语料收集，所分析的语料通常覆盖面偏窄，甚至有不少是研究者坐在书斋里闭门造车地编造出来以证明一个事先预设的理论的。这样做的结果是有些研究不能为实际语料的分析提供框架和可操作的模式。斯蒂布等人呼吁，认知语言学家应该从自然语言中尽可能选择有代表性的语料，对语料的分析也应该尽可能地在完整的语境中进行，这样才能验证认知隐喻理论的可靠性和解释力。

笔者认为，莱考夫所提出的守恒原则也有可商榷之处。该原则的主要内容是隐喻映射不是随意的，而是必须与目标域的内在结构相吻合。根据这一原则，始源域中的占位（slots）被映射到目标域的占位之上；始源域的各种关系被映射到目标域的各种关系之上；始源域的特性被映射到目标域的特性之上，始源域的知识被映射到目标域的知识之上。但问题是，通常情况下大多数目标域，如"time""emotions"等，都是十分抽象的概念，缺乏内在结构（所以我们才需要借助概念隐喻来构建它们和理解它们），既然如此，我们又怎能期望所有的目标域都有各自的占位、关系、特性和知识呢？笔者以为，守恒原则至少在措辞上有失谨慎。

二、认知隐喻研究所面临的问题

认知隐喻研究目前主要面临两大问题。

首先，我们需要更多跨语言、跨文化的研究来证明认知隐喻的主要论点，即抽象思维部分是隐喻性的。莱考夫已经从英语的角度提供了证据，证明"time""states""changes""causes""purposes""quantity""categories"等基本的抽象概念都是通过隐喻构建和理解的。但是不进行跨语言、跨文化的对比研究，我们就无法证实在其他的语言和文化中情况也是如此，或在多大程度上如此。

与此相关的第二个问题涉及概念隐喻体系的普遍性（universality）或相对性（relativity）。莱考夫曾经预言："隐喻映射在普遍性上有差异，有的可能是普遍的，有的是分布广泛的，还有的可能是某个文化特有的。"一方面，人类的理解和思维都植根于人类基本的身体经验，而基本的身体经验应当是人类共有的，因而我们有理由假定普遍性的概念隐喻的存在。另一方面，身体经验又离不开特定的物理、社会和文化环境，而这些环境是各处不同的，因此我们同时也有理由预测不同文化的概念隐喻体系之间应当是存在差异的。不过，不同语言和文化的概念隐喻的普遍性和差异性究竟在多大程度上存在、又是以何种方式存在，则是有待具体的研究来发现的。

约翰逊在谈及认知语义学的哲学意义时也表达了类似的观点：我们的身体和大脑的构造已然如此，同时我们出于各种各样的兴趣和目的而从事各种物理和文化的交往，因而有理由认为存在普遍性的意象图式、概念隐喻或认知结构。至于它们是否真的存在就是一个实证问题了。目前能够提供这方面证据的跨语言和文化的研究尚未大规模地展开，所以我们尚不能做出任何结论，当然我们也不能因此否定各种普遍性的存在。只有当必要的跨语言和文化的研究实施之后，我们才可能知道答案。

总之，认知隐喻研究现在已发展到亟待跨语言和跨文化的研究提供确凿证据的关键位置。

第九章 基于功能主义与忠实性考虑的文本文化解读

可以毫不夸张地说，没有准确的文本文化解读，就不可能有准确的翻译。但是，文本文化解读还必须以语义文化诠释为基础，二者关系极为密切。如果说语义的文化诠释重在对词语文化内涵的微观剖析，目的集中于借此析出词语的准确含义；那么文本的文化解读则是重在对文本的宏观兼及微观审视，集中关注对文本结构的拆析和重构，一则达到对文本的整体性理解或解释，二则有利于双语的文本在整体形式上的大体契合和对应。要达到这两个目的，当然也不能忽视从文化视角进行审视，因为不如此，则必然不可能理解原作者在篇章整体上的意匠运斤。这时，执着于词语的微观语义辨析也就没有什么意义。可见，文章的意义和审美价值既离不开词语，更离不开篇章（文本）。

因此，文化翻译总是而且必须在两个相辅相成的维度上进行：一是对词语意义的文化诠释，二是对文本的组织结构（或层次）的解析（analysis）和文化解读（interpretation），而后者实际上是译者在以上两个维度上进行工作的结果。可见，词语诠释是基础，具有不可或缺的先导性；文本解读是对词语诠释在整体上的推衍、推导和综合，具有明显的后续性、归递性。对文本的解读在很大程度上取决于对词语诠释的有机整合：文本解读通常是对词语诠释的整体性含义推展和衍化、提升和阐发。通俗地说，如果连词语文化内涵都浑然不知，就谈不上对文本有一个清晰的解读了。这是我们要言之在先的。

但是在阅读实际和翻译理解实践中，情形远不是这么简单。不同读者或译者对词语不尽相同的诠释和理解，很可能产生对同一文本截然不同的解读或阐释（英语均为 interpretation）。这一章是基于功能主义与忠实性考虑对文本整体平面进行探索。

第一节　文本的文化审美解读

文化审美是文本解读的一个重要维度，因为文本是由语言材料构成的，而有语言就必定也必须有语言审美的任务，就有一个遣词造句的择善从优问题。由于语言都是为了交流，交流必定也必须有一定的预设目的，有预定的基本效果，因而世界上不存在不经遣词造句的优化而构建的文本。

一、文本的文化意义审美

文本中的词句承载了文化信息又携带了审美信息，而且常常是两相结合，因而我们常说"审美"是一种"文化形态"。当然，文本中并不是所有的词语和句子都有一个文化意义审美问题，语言中有许多词语是没有什么文化审美意义的。有待于我们在文化审美解读中进行文化意义审美解析的通常有三种情况，有赖于译者凭借自己的文化审美认知和经验，首先将它们从原语中析出，然后表现在译语中。

（一）关键词语

文化审美关键词语是在比较中显现的，它们的特点是具有鲜明的文化色彩、具有典型性或具有很强的情感审美功能，因而也叫作"文化审美功能词"。美国诗人弗罗斯特曾经为自己写过一个墓志铭，就叫 Epitaph。

"I would have written of me on the stone：

I had a lover's quarrel with the world."

（我原本应该在我的墓碑上写明：

我与人世有过一场恋人间的口角之争。）

"碑文"中的四个黑体字就是文化审美关键词语，换掉任何一个关键词，就会顿失文化审美色泽。毫无疑问，关键词之浮出，取决于整体的文化审美意义，与分布密度并没有什么关系，但是在汉语中也应注意往往与对称、对仗、对偶有关。宋代诗人陆游写过一首诗《夜吟》，其中的关键词分布就很有规律：

六十余年妄学诗，功夫深处独心知。

夜来一笑寒灯下，始是金丹换骨时。

这首诗写的是诗人晚年的神悟心态，其中关键词"妄"与"独"相对，"寒灯"与"换骨"相对，读者把握这些词就能基本透析其中的文化审美立意。这种语言文化审美表现手法在古代叫"烘云托月"，至今还有人常用。这说明，关键词都是在非关键词的陪衬下浮现的。

（二）句群（句子组合）

富于文化审美意义的句子或句群常常反映作者的某种审美经验，审美悟性，或细致入微，或精心独到，或神情外显，或感悟深藏。晋代诗人陶渊明写过一首千古传诵的《归去来辞》，里面的句群就是中国式寓精神于田园美的典型之作：

园日涉以成趣，门虽设而常关。策扶老以流憩，时翘首而遐观。云无心以出岫，鸟倦飞而知还。景翳翳以将入，抚孤松以盘桓。

从以上短短八句，就可以看到作者是一位情性品位很高的诗人。陶渊明当了 80 多天县太爷，对官场一切弃如敝屣，归隐老家时心情淡泊清雅、灵性完美无瑕，使陶渊明成了一个中国士人的"生命价值的符号"。林云铭在《古文析义》中对《归去来辞》作文化审美解析时说，"篇首曰独悲，篇中曰自酌，篇末曰孤往，如人饮水，冷暖自知"，点出了句群扩展的文化审美层次，很有典型性。

（三）篇章整体

篇章最能体现文化意义审美的深度、广度，自不待言，上面我们提到陶渊明的《归去来辞》，已经可以看到篇章的文化艺术内涵所具有的巨大张力。前文中提及的美国诗人弗罗斯特曾批评对其诗歌断章取义的做法，他认为看诗要看全篇，看诗人甚至应该看他一生的创作，才能把握大体，这当然说得不错。不过"一叶知秋，见微知著"也不无道理，弗罗斯特写过一首很多美国人喜欢的诗 Acquainted with the Night（《我知道这夜茫茫》，刘宓庆译）：

I have been one acquainted with the night，

I have been walked out in rain—and back in rain，

I have out walked the furthest city light.

I have looked down in the saddest city lane，

I have passed by the watchman on his beat

And dropped my eyes，unwilling to explain.

（我早已熟悉了这黑夜茫茫，

我冒雨出走——又回到故乡。

我远远走出了街灯照亮的地方。

我曾经穿过城里最惨淡的小巷，

巡街守夜的人，走过我身旁，

可我垂下了两眼，不愿多讲。）

弗罗斯特讲过一句在英美文学界很有名的话，"No tears in the writer, no tears in the reader."，弗罗斯特多次获得普利策文学奖，与托马斯·斯特尔那斯·艾略特一起，被称为美国诗坛"双杰"，实非偶然。上面这首诗，只有六行，道出了诗人对美国生活的大半个沉郁情怀。

二、文本的文化意象——意境审美

语言中的"意象"（image）属于美学中的审美表现法问题，语言审美表现法与文化关系很密切。文本文化审美解读的重要任务是捕捉语言中的文化意象和意境，尤其是在汉译英中。汉语书写系统（文字）富于意象，汉字就是意象的演化，文字的意象化是从视觉上加强语言的意象性。汉字意象提示性如图9-1所示：

☉（日）　☽（月）　⛰（山）　〰（水）

[资料来源]《中国书法艺术与技巧》，蓝铁等著，中国青年出版社，2005年，第226页

图9-1　汉字意象提示性

语言的词语概念是意象的承载者，这在所有的语言中都是一致的。例如，"彩虹→rainbow""桥梁→bridge""波浪→wave"，等等，但汉语更胜一筹，如汉语的补语就可以为动词提供一个栩栩如生的意象。

跌穿：例如，"恒指跌穿两万大关"，"跌"的意义是完整的，但加上一个表示力度的"穿"就意象化了。

拉拢：例如，"极力拉拢"，"拉"的意义是完整的，但加上一个表示距离的"拢"就意象化了。

气炸（了）：例如，"你这话把他气炸了！""气"的意义是完整的，但加上一个表示爆裂的视听感性状态词"炸"就意象化了。

丰满：例如，在"圆润丰满"中，"丰"的意思是完整的，但加上一个表示充盈之至的视觉感性状态词"满"就更加意象化了。

亮光光：例如，在"月亮出来亮光光（汪汪）"中，"亮"的意思是完整的，但加上一个重叠词"光光"（汪汪）表示视觉感性程度，就更加意象化了。

油唧唧：例如，在"脸上好像油唧唧的"中，"油"的意思基本完整，但加上一个重叠词"唧唧"表示感觉、触觉效果，就更加意象化了。

可见，意象化的本质是感性化。就整体而言，语言运用关注意象的目的是为求得"寓神于形"的感性效果，因为以"神"注入"形"，语言才会有"生气"，而最能体现神形兼备的生气的手段就是可感、可知、可悟的意象。刘勰将这个道理称为"神理之数"。黄瑞枝在《中国文学与美学》中解释"意象"时，说它是"跳跃的、流动的，又是蒙太奇的、铺排剪接的。也因为它是属于个人的体验与感受，所以它表现是独特的、多义的"。试体会以下例子中的意象：

采菊东篱下，悠然见南山。（陶渊明《饮酒》）

云破月来花弄影。（张仙《天仙子》）

红杏墙头春意闹。（宋祁《玉春楼》）

零陵香草露中秋。（刘禹锡《潇湘神》）

滩头细草接疏林。（皇甫松《浪淘沙》）

当然，意象是一个整体，不仅仅依靠关键词，但关键词在个中起了"跳跃"（跃然而出）、"流动"（游然不止）的更可感、更可知、更可悟的关键作用，体现了作者个人的、独特的体验与感受，常常是神与形、意与象、文与情的巧妙融合。这种融合状态，就是所谓"意境"（imagery）了，如上引陶渊明的《饮酒》两句，"在东篱采菊，远望南山"，恬适之境，与诗人旷渺澄思之情融为一体，用词十分平易，但意境卓然清远，被喻为不朽的诗句，实非偶然。概括地说，意境就是意、情、景、境的多维复合。

三、文本的文化情感审美

文本文化审美中情感也是译者必须十分重视的着力处。"情"之于文，关系至深。清代的文论家龚自珍写过一首诗（《题红禅寺诗尾》），非常贴切地解读了"情"与"文"的这种互为内外表里的深刻关系：

不是无端悲怨深，直将阅历写成吟；

可能十万珍珠字，买尽千秋儿女心。

龚自珍在诗中说，文章有情而发，岂是无端呻吟？虽然只写下十万字，恰似字字珍珠，可感动千秋万古的人心。由此可见，情感的审美力量不可被低估！所以，《诗大序》说"情动于中，而形于言"，语言是情感的载体，情感的安顿、寄寓之地，也恰恰是译者依据。我们要注意的是如何从语言中析出情感，译者有哪些可操作的手段。

（一）情感之本是意义

这里所谓"之本"就是源泉，意义是情感的源泉、情感的依据，没有意义的情感，充其量是所谓"滥情"，"滥情"当然不值得我们去理会。可以这样说，凡是有深意的地方，就可能寄寓了作者的深情。这里，最重要的是对情感要有一个宽广的视角，不能理解得太偏狭。深情不仅仅可能是爱情、亲情，更包括对生活之情、对人类之情、对大地之情、对自然之情、对万物之情、对真理之情、对科学之情，甚至可以有对历史之情。例如，培根和爱因斯坦写的很多散文体作品谈的就是自己对真理之爱、对自然之爱、对科学之爱。司马迁的《史记》就洋溢着他对民族历史之爱。清代袁枚说过几句话，可以说是对太史公博大、深沉的历史情怀和幽远的渺思情趣的贴切赞颂："混元运物，流而不注。迎之未来，揽之已去……逝者如斯，有新无故。因物赋形，随影换步。比胶柱者，将朝认暮。"

（二）要把握情感的语言特征

龚自珍说的"珍珠字"，就是情感语言特征的很好概括。那么，怎么去识别"珍珠字"呢？一般说来，情感饱满的语言具有以下特点：精炼，没有拖泥带水的表述；真挚，没有空洞矫饰的辞藻；深刻，没有浮夸敷衍的铺陈；感性，没有生涩干瘪的语句。

人的情感是一个非常复杂的色谱，不能简单化，我们在第一节中已经提到。因此可以说，凡是符合以上四个特点的语段篇章，译者都不妨细心去审视、去感受文本的情感蕴涵和色彩问题，尤其对于非文艺文本而言，作者行文中表现出来的立场、态度、倾向等，都应该被看作文化的情感表现，如正义感、责任感、道义感、爱国心、同情心等。下面两个语段摘自美国建国时期出色的政论家潘恩的著作（刘宓庆译）。

"The sublime and the ridiculous are often so nearly related，that it is diIficult to class them separately.One step above the sublime, makes the ridiculous; and one step above the ridiculous, makes the sublime again."

（崇高与荒谬往往紧密相连，以致难以将它们拆离分档；崇高上升一步，就会成为荒谬，而荒谬再提升一步，又会成了崇高。）

"Government, even in its best state, is but a necessary evil; in its worst state, an intolerable one.Government like dress, is the badge of lost innocence; the palaces of the Kings are built upon the ruins of the bowers of paradise."

（即使在其最佳状态，政府也不过是一件碍难免除的祸害；而在其最坏的状况下，就成了不可容忍的祸害。政府好比衣裳，是一件纯真尽失的配件，帝王的宫殿都建筑在乐园的亭榭楼台的废墟之上。）

据此，对翻译而言，我们要用"情"的广角镜来扫描原语。明代的汤显祖说过一段颇为感慨的话，"《书》曰：'诗言志，歌永言，声依永，律和声。'志也者，情也。先民所谓发乎情，止乎礼者，是也。嗟乎，万物之情，各有其志"。汤显祖将"志"看作"情"，很有道理。英国哲学家休谟也讲过类似的话，可谓心同此理。

（三）原语的情感有待于译者的适当调节

这里说的是译文要从效果出发，考虑到目的语读者的接受，顾及他们所处的文化生态。尤其是汉译外，原用于对国内读者的宣讲材料即使"文情并茂"，也不一定适用于外国读者，这是很显然的。说到底，翻译属于跨文化交流，交流要讲效果，没有效果（或可能产生反效果）的交流都有悖于翻译的基本职能。这时翻译应该发挥译者的主体性，做出适当调节，浮夸、矫饰、架床叠屋（内容空洞的排比句），以及一切滥情辞藻翻译时都应删去，毫不足虑，毫不足借，这就是王国维所谓"唯识体者方能适境"。

第二节　文本解读的对策

文本解读的前提条件是语义的文化诠释，因为后者是理解的基础：文本是词语组成的，如果在词语层级理解上的失误屡屡发生，意义似是而非，赘词频频出现，行文拖泥带水，显然谈不上文本在整体上理解的确切性。这是文本解读的对策论前提之一。以下是《尤利西斯》译本中数段，加着重点部分均为误译或欠妥的翻译：

（原文）（Ulysses，1922，p.409）

THE IDIOT

（Gobbling.）Ghaghahest.

（They release him.He jerks on.A pigmy woman swings on a rope slung between the railings，counting，A form sprawled against a dustbin and muffled by its arm and hat moves，groans，grinding growling teeth，and snores again.On a step a gnome totting among a rubbishtip crouches to shoulder a sack of rags and bones. A crone standing by with a smoky oil lamp rams the last bottle in the maw of his sack. He heaves his booty，tugs askew his peaked cap and bobbles off mutely. The crone makes back for her lair swaying her lamp. A bandy child，asquat on the doorstep with a papershuttlecock，crawls sidling after her in spurts，clutches her skirt，scrambles up.A drunken navvy grips with both hands the railings of an area，lurching heavily. At a corner two night watch in shoulder capes，their hands upon theirs taffholsters，loom tall. A plate crashes；a woman screams；a child wails. Oaths of a man roar，mutter，cease，Figures wander，lurk，peer from warrens. In a room lit by a candle stuck in a bottleneck a slut combs out the tatts from the hair of a scrufulous child.Cissy Caffrey's voice，still young，sings shrill from a lane.）

CISSY CAFFREY

I gave it to Molly

Because she was jolly，

The leg of the duck.

The leg o fthe duck.

（Private Carr and Private Compton，swaggersticks tight in their oxters，as they march unsteadily rightaboutface and burst together from their mouths a volleyed fart. Laughter of men from the lane. A hoarse virago retorts.）

[译文]

白痴

（结结巴巴地）（语义错误。**gobble** 是似火鸡发出咯咯的声音）。**施边**

儿（"施边儿"这个音译按原文发音是错误的）他们放开了他。他打着趔趄往前走。一个**侏儒女子**（其实就是"女侏儒"）在两道栏杆之间**吊根绳子**（这种说法不确切。在汉语中"吊"的一头是 loose end，松的。确切的说法是"在两道铁栏之间拴了一根绳子"）坐在上面**打秋千**（晃悠），口中**数着数**（边晃边数数）。一个男子**趴**在垃圾箱上，用胳膊和帽子掩着脸（有逻辑错误。"趴"是脸朝下。既然是脸朝下，又怎么能用胳膊和帽子掩着呢？），移动一下，呻吟，咯吱咯吱地磨牙齿，接着又**打起**呼噜（汉语中"打起"……后必须接"来"）。台阶上，一个到处**掏垃圾**（"掏垃圾"最好用"捡垃圾"。"淘金""淘米"用"淘"。"捡垃圾"当然是"到处"）的侏儒，蹲下身去（赘词），把一袋**破布烂骨**（"布""骨"都多余）扛到肩上（往肩上一扛）。一个老妪**手执**（老太婆手里拿着）一盏满是油烟的煤油灯站在一旁，将她那（赘词）最后一只瓶子塞进他的口袋（垃圾袋）。男子扛起猎物（"他那袋破烂""猎物"显然不妥），将鸭舌帽**拽歪**（应该是"歪着一拽"），一声不响地蹒跚而去。**老妪**（这类词用在 20 世纪 90 年代太文绉绉了）摇晃着灯，也回到自己的窝（回窝了）。一个罗圈腿娃娃手里拿着纸做的羽毛球，蹲在门口，跟在她后面使劲地**横爬着**（这样译不妥。原意是"横步一蹦一蹦偷偷地跟在她身后"），并抓住她的裙子往上攀。一个喝得醉醺醺的**壮工**（"壮工"是一种工种，实际上即"年轻的工人"），双手握住**地窖子**（"子"字多余）前的栅栏，东倒西歪，跟跟跄跄地**踱着**（不合逻辑。既然"握住"了栏杆，怎么又能"踱着"呢？）。拐角处，两个披着短（赘词）斗篷（本来就不长）的夜班巡警，手按着装警棍的皮套（"手按警棍皮套"即可），朦朦胧胧中身影显得高大**无比**（赘词，并有褒义）。**一只**（以下六个不定冠词有四个可以省略）盘子打碎了，**一个**女人尖声叫嚷，接着是娃娃的啼哭声。男人厉声咒骂，嘟嘟嚷嚷，随后沉默下来。**几个人影**晃来晃去，忽而潜藏起来（不合逻辑，"人影"怎能"潜藏"呢），忽而又从破房子里窥伺（不合逻辑，"人影"怎能"窥伺"呢）。**一间**点燃着嵌在瓶口里的蜡烛的屋中（句子很拖沓），**一个**邋里邋遢的女人（"邋遢女人"即可）正替**一个**长着瘰疬的娃娃梳理着**其乱如麻**的头发（"那满头乱发"。"其乱如麻的头发"是文绉绉的汉语，不合语境）。从**一条**巷子里传出西茜·卡弗里（"茜"音 qian 或 xi，即"倩"或"希"，现多用 qiàn 音作人名）**那**依然很年轻的高亢歌声（"高亢"是褒义，shrill 有贬义，意思是尖声唱）。

西茜·卡弗里

我把它（"鸭腿"）给了摩莉，

因为她无忧无虑（"喜欢那东西"，这是乔伊斯故意安排的淫秽语）。

（我）把鸭腿儿给了她（摩莉），

（我）把鸭腿儿给了她（摩莉）。

士兵卡尔和士兵康普顿，**腋下**（"胳肢窝里夹着"即可，"腋下"太文绉绉了）紧紧夹着短棍，**摇摇晃晃**（原意是"步履不稳地走"。"摇摇晃晃地走着"也可能是"得意地走"），向右转，**一起放屁**（这是明显的误译。原意是说"一齐从嘴里发出一阵放屁声"；"一起放屁"也违反常理）。从巷子里传出男人们的一阵**朗笑声**（"朗笑"有色彩，指很开心的笑声。这里只指"笑声"）。一个悍妇嘎声恶言还击。

这样的汉语，就叫作不欣畅的汉语。我们不厌其详地引证于此，意在标举一个原则，而不是对某一位译者进行批评：没有准确的语义文化诠释，就谈不上文本的解读。这情形犹如一方锦绣，如果织物本身或者它的图案千疮百孔，那么即便是一方锦绣，观赏者见了必定会倒抽一口惋惜的冷气。这个局部真善美与整体真善美的辩证关系，就是我们的前提条件之一。此外，为恪守本书论纲体式，前文已阐述过的许多对策性手段如内证外证互备、人文互证（互文性），以及对文本解读同样适用的种种手段，在本章中就不赘述了。本节将集中讨论三项对策：解码——解构——解析。

前提之二是文本解读者的主体条件。我们论翻译不能只顾译文（也就是客体），也不能只顾译者（也就是主体）。我们要主体、客体兼顾并论，才符合科学的方法论。

从阐释学的（hermeneutic）角度来看，理解（understanding）是对文本进行检释（text interpretation）的基础，而理解不是孤立行为，它不能脱离外在的现实存在。具体而言，理解是主体的"精神生活"（spiritual life）与客体世界的沟通、了解与认识，这个过程，伽德默尔称为"视野融合"（fusion of horizons）。下面是法国当代的阐释学家利科的一段常被引证的论述：

This concept of interpretation expresses a decisive shift of emphasis within the Romanticist tradition of hermeneutics ; here the emphasis was put on the ability of the hearer or of the reader to transfer himself in the spiritual life of another speaker or writer.The emphasis now is less on the other, as a spiritual entity, than on the world that the work displays. Verstehen—understanding—is to follow the dynamics of the work, its movement from what it says to that about which it speaks. "Beyond my situation as reader, beyond the author's situation, I offer myself to the possible ways or being-in-the-world which the text opens up and discovers for me." This is what Gadamer calls fusion of horizons (Horizontverschmelzung) in historical knowledge.

The shift of emphasis from : understanding the other to understanding the world of his work implies a corresponding shift in the conception of the hermeneutical circle. By hermeneutical circle Romanticist thinkers meant that the understanding of a text cannot be an objective procedure in the sense of scientific objectivity, but necessarily involves a precomprehension which expresses the way in which the reader has already understood himself and his world.Therefore, a kind of circularity occurs between understanding a text and understanding oneself. Such is in condensed terms the principle of the "hermeneutical circle".

利科在文中所说的"hermeneutical circle"被称为"阐释学循环圈"。"循环圈"论认为：主体对文本的理解不可能是一个纯客观的过程，它不可避免地牵涉到主体本身的一个前理解（precomprehension），前理解包括主体的前在经验和能力。因此，当我们在进入某一文本的理解过程时，前在经验和能力就以循环的形式对之加以吸收、改造并不断提升。这样，人类的理解活动就如一个永远不可能完结的循环圈。利科认为，循环圈论的可取之处是：第一，它指出，对文本的理解是客观世界（文本指涉的世界）在我们思维中的投射，而不是某个人（作者）在我们思维中的反映。因此，对文本的理解不应受到"作者权威"的限制。第二，它指出，主体性的职能（the role of subjectivity）与其说是对客观世界的投射，毋宁说是主体使作品及其反映的客观世界扩大了他的自我理解（self-understanding）的视野。第三，必然逻辑是，主体对客体的诠释过程是客体指涉的客观世界存在的新形式，阐释循环给予主体的不是重复，而是主体认识自我的新的能力。利科阐发的以上三点，也是我们的原则性意见。我们要强调的是"前理解"中包括的前在经验和能力与文化信息的理解和感应能力是密不可分的。

一、解码

符号是意义的代码，因而符号既可能成为意义的透镜，也可能成为意义的障碍屏。就文本（特别是非常态文本）解读而言，我们应更关注的是后者。

符码是一个开放系统，符码化是一个无穷尽的过程或手段，正如艺术是不可穷尽的一样，拉康将这个开放系统称为意指符码链（signifying chain）。因此，我们只可能就若干符码化的主要形态（modality）作一些探讨。

这里首先要提到的是隐喻（和隐喻化）。隐喻是一种非常古老的文本艺术化手段，其基本特征是通过语用手段使实际意义与字面意义疏离，从而使符码获得最大限度的信息含量和自由度。由于隐喻在文本中使用得非常广泛，其重要性也就居于首位。

隐喻解码的基本任务是显现字面意义（以 S 表示）下的语义蕴涵（以 s 表示），关键在于把握字面意义与实际意义之间的关系（以 $\cong$ 表示契合），有人称之为"拆除语言的视觉屏障"以便发现新的意文。为此，拉康给出了如下的隐喻结构式（f 代表 formula 即公式）：

$$f\left(\frac{S'}{s}\right)S \cong S(+)s$$

这个结构式对文本理解和翻译的意义是：隐喻词 S'（也叫作 vehicle）与 $\frac{S'}{s}$ 中的 S（metaphor）处于替代关系（substitution），$\cong$ 表示意指上的"契合"或"对应"（congruence or equivalence of signification）。从译学本位上说，最重要的是 $S(+)s$：其中（+）表示"能产的"（productive）选择机制，小写 s（也叫作 tenor）表示隐喻产生的实际意义（语义蕴涵），在翻译中常常必须将这个 s 见之于陈述（以赋代比）。以 a lone wolf 为例：

"a lone wolf"（S）$\cong$ "loner"（S）（+）s：独行侠／独来独往者／形单影只的人（即 s, tenor）……

隐喻常常带有婉言修辞色彩，即利用视觉形象屏障（或听觉的音响屏障）掩盖实际意义（即 s）的负面效果（如过于粗鲁、粗俗、趣味低级甚至淫猥）。这种隐喻手段在 Joyce 的作品（如《尤利西斯》）中几乎比比皆是。

例如，上面引述过的四行粗俗的诗行中的淫秽意念就是用隐喻掩饰的。

　　实际上在文本的理解翻译中需要解码的远远不止隐喻，亚里士多德说的使用外来语、生造词语，以及糅合、截短或延展词语等手段在乔伊斯的作品中都有，而且用得很频繁。这里值得一提的是解读乔伊斯文本不可忽视的所谓"玄机语"（shibboleth，也可以说是 schematic words），如《尤利西斯》第十五章"锡西"（Circe，借自《奥德赛》中的女妖名）中的"mirror"就是一个极重要的玄机语。乔伊斯的知名研究者 V. 马哈菲在分析乔伊斯为什么把"mirror"作为一个关键性玄机语时写道：

A mirror can be used to represent and legitimate the inequality of doubles, but it can also represent the process of doubling and reuniting the self essential to cognitive and biological evolution. If the relationship between object and Image is seen as an illustration of the heuristic splitting of the self necessary for selfconsciousness, doubleness then illustrates the necessity of human relationship.（大意：镜子可以用于再现自我并使自我和映像二者的"非对等性"合理化；镜子再现了自我认知的一种生态演进过程。如果说自我和映像之间的关系被视为能够启发我们认识到自我分裂和双重化的必要性，那么，它也说明了人性关系的必要性。）

The interdependence of doubleness and identity becomes more apparent if we consider not the effect of a mirror, its ability to produce reflection, but its composition, the process by which recognizable reflection is produced. A mirror is created by highlighting the surface of some transparent medium, whether glass or water, silvering it with metal or light.（大意：如果我们考虑的不是镜子的效果，不是它制造映像的能力，而是它的构图、它的呈现可辨识的映像的过程，那么，双重化和身份认同的相互依存关系也就变得显而易见了。）

A mirror, then, can be seen as something that facilitates a recognition of the identity of opposites as well as their difference through a medium that is both transparent and opaque, in this respect, it "mirrors" the duality of language, with its power to serve as a transparent showcase for intended meaning, apparently effacing itself as a medium, and its concomitant ability to block the transmission of conscious meaning, asserting its own opaque materiality as a system that relates only to itself. (大意：可见，镜子可以被看成一种有利于我们认同映像的东西，同时镜子也是一个中介，通过它，我们既可以看到透明的也可以看到模糊的一切差异，而在这方面，"镜子"照出了语言的双重性，它具有充当透明橱窗的威力，可以显然抹去自身的中介角色，借以表述某种意向性意义，同时，它也具有一种随之而来的阻挡自觉意义传送的能力，依据是它具有自成体系的模糊物质的特性。)

Like a mirror, language offers both a means of self-recognition and a way of avoiding such recognition. Seen as a construct that is inherently double, it can alert us to contradictions in the perceiver; but seen as a method of establishing meanings that are absolute and unchanging, it may arrest the process of knowledge. (大意：就像一面镜子，语言既是一种自我承认又是规避这种承认的手段。如果我们能把语言看成一种具有固有的双重性的结构，那么这种态度就可以使我们免于陷入矛盾之中，把语言看成绝对的、一成不变的东西，阻碍我们获取知识的过程。)

很显然，如果我们在理解翻译像"mirror"这类解码——暗示功能很强的玄机词时，只是"就事论事"地做表层文字处理，译者是绝对不可能走进作者寄寓于作品中的深层文化意蕴的深山密林中的，那也就谈不上达到我们在第四章中所论证的深层文化理解了。

二、解构

必须首先说明，文化翻译所说的解构对策，与后结构主义文艺批评（poststructuralism in literary criticism）中的解构理论（theory of deconstruction）并不完全是一回事。我们借用这个术语和解构论者的某些策略，但译学的文本解构策略有自己的积极目标，需要具体的操作指引。首先，译学的文本解构策略不否定结构主义的成分分析法对意义分析的意义。解构论者指责结构主义强调"linguistic competence"（"语言能力"，乔姆斯基的主张）、强调通过结构来推导意义是"犯了直观的错误"（R. C. Murffin），这是不公平的，也不符合事实，结构分析对意义推导显然具有十分重要的意义。以下举两组简单的例子：

（1）"不见不散" / "不胖不瘦" / "不吃不喝"。

表层结构完全一样，但深层结构殊异：其中第一个是意合条件句；第二个和第三个都是并列词组，但第二个的并列表示对比、对立，即"既不 X 也不 Y"，而第三个的并列则只是简单并列，即"不 X+ 不 Y"。

（2）"电话""电视" / "电动""电热" / "电能""电压"。

这三组词表层结构完全一样，但深层结构殊异：第一组的施事是人；第二组的施事是电；第三组中的"电"是定语，它们是偏正结构。

在常态和非常态的情况下，我们对文本的理解首先是诉诸语言结构分析，语感（直觉）只起一种揭示作用（而且常常只限于母语）。《芬尼根的苏醒》之所以难以理解，正是由于它的语言结构有时"一反常态"，使读者摸不着头脑，典型的例子是 "he does be...", "gent who prayed his lent" 等。

在语段层级，语言结构分析也通常是通向理解的一把钥匙，读者如果不具备 linguistic competence（这实际上是前理解中能力的一部分），显然是不能解读文本的。解构论者否定结构主义重视文本中的隐喻、换喻、语义含混和模糊性等问题的结构意义，其实，正是结构主义者启发了他们投入新的探索。

非常态文本的超时空性和疏离度虽然很大，但它的潜在意义轨迹也可能通过联想基点扫描（ALS）显现一个大体的脉络。以下是《尤利西斯》第十八章中的一段意识流叙述，我们可以从文本中筛选出如下一些基点，从而形成了以下 ALS 绸络——联想由一个基点（虚线中显现部分）跳到另一个基点：

（原语:《尤利西斯》，第十八章，第 691 页）

I was sick then wed see what attention only of course the woman hides it not to give all the trouble they do yes be came somewhere Im sure by his appetite anyway love its not or hed be off his feed thinking of her so either it was one of those night women if it was down there he was really and the hotel story he made up a pack of lies to hide it planning it Hynes kept me who did I meet ah yes I met do you remember Menton and who else who let me see that big babbyface I saw him and he not long married flirting with a young girl at Pooles Myriorana and turned my back on him when he slinked out looking quite conscious what harm but he had the impudence to make up to me one time well done to him mouth almighty and his boiled eyes of all the big stupoes I ever met and thats called a solicitor only for I hate having a long wrangle in bed or else if its not that its some little bitch or other he got in with somewhere or picked up on the sly if they only knew him as well as I do yes because the day before yesterday he was scribbling something a letter when I came into the front room for the matches to show him Dignams death in the paper as if something told me and he covered it up with the blottingpaper pretending to be thinking about business so very probably that was it to somebody who thinks she has a softy in him because all men get a bit like that at his age especially getting on to forty he is now so as to wheedle any money she can out of him no fool like an old fool and then the usual kissing my bottom was to hide it not that I care two straws who he does it with or knew before that way though I' d like to find out so long as I dont have the two of them under my nose all the time like that slut that Mary we had in Ontario Terrace padding out her false bottom to excite him bad enough to get the smell of those painted women off him...

以下是意识流中的自由联想基点示意，意识是由此一点跃进到下一点的推展运动：

I... sick......attention.........woman hides it not to give......trouble......yes he came somewhere...sure by his appetite......love its not or......feed thinking of her...either......night women if......down there......the hotel story......pack of lies......Hynes......yes I met......Menton...............that big babbyface......not long married flirting with......girl......turned my back......he slinked out wo king...conscious......but......impudence............mouth almighty...boiled eyes......big stupoes......that' s called a solicitor......wrangle in bed......some little bitch............picked up on the sly......yes......the day......scribbling something............for matches......Dignams death in the paper......covered it up...........pretending......business...very probably....................softy in him because all......a bit like......out of him......old fool......kissing my bottom......hide it............who he does it...............I' d like to find out............two of them...like that slut...Mary ......Ontario Terrace......false bottom to excite him......smell of......painted women......

一般说来，凸显的常常是一些比较"实在"的意念（而且多半是名词），隐含的则通常是表示关系的词语。可见这种联想基点的凸显法只是一种结构淡出（fade out）解析，它的作用是在与原文对比中造成 "differance"（"延异"，大体相当于中国传统文论之所谓 "跳脱"），使矛盾在映衬中明朗化，以帮助读者在对比中理解难以理解的文本，这也正是解构论者的目的。下面是由 R.C 墨菲转述的一段出自知名的解构论者 J. H. 米勒的论述：

Miller has written that the purpose of deconstruction is to show "the existence in literature of structures of language which contradict the law of noncontradiction." Why find the grain that runs against the grain？ To restore what Miller has called "the strangeness of literature," to reveal the "capacity of each work to surprise the reader," to demonstrate that "literature continually exceeds any formula or theory with which the critic is prepared to encompass it".（大意：解构的目的是揭示文学语言中的矛盾，有点像在 "找茬"，其目的是要复现米勒所谓的 "文学的蹊跷"，揭示 "每一作品都能给读者以惊喜的潜力"，展示 "文学可以不断超越批评家所厘定的公式或理论"。）

通过揭示语言结构的矛盾来展示 "文学的奇异之处"，这是解构主义文学批评的目的。对译学而言，揭示语言结构中的 "奇异之处" 则是为了取得结构变异的启示，以利于探求意义，以便于落笔行文。

三、解析

解析就是对有机体的剖析。文本文化解析的任务是：在对文本这个有机体中进行以心理分析为轴心和主导的语义、逻辑论证，目的在于在解构分析的基础上按作者的主体构思和心理轨迹来铺垫、填充跳脱（解析 "延异"，differance）、捋顺思路，以利文本的意义整合，以达到对文本的深层文化理解。施瓦茨在论述对文本的心理分析时写道：

A psychological criticism needs to consider issues that undermine traditional shibboleths about the separation of life and text. For Joyce uses his life as a source and believed that the universal genius（himself）"found," as Stephen says of Shakespeare in the "Scylla and Charybdis" section of Ulysses, "in the world without as actual what was in his world within a spossible". Joyce created characters who were metaphors for himself, who were the means by which he explored and defined his identity. Joyce's fiction draws upon the actual—the life he lived—and, influenced by Wilde's The Decay of Lying, he creates masques for what he fears to become. Isn't Gabriel a metaphor for one facet of Joyce, just as Stephen Dedalus and Bloom are metaphors for othe rfacets？（大意：文本心理分析关注的问题是颠覆那种将生活与文本割裂的传统招数。乔伊斯是以生活为源本，认为在生活中总是可以找到文学独创的原型。他创造的角色常常是以他自己为模型的某种借喻，映衬出他自己本我。）

　　施瓦茨的意思是说小说中的人物心理描写和人物性格塑造是作家的心理活动及至整个性格特质的写照：文本中的一切延异、矛盾和非稳定性（uncertainties）都不是偶然的、无缘无故的，一切都是作家心迹坐标图上的"支点"，像一个有机的整体，在语段意义整合中担负着各自必须担负的任务。

　　上文中引述的一段《尤利西斯》第十八章的无标点语段所述事件发生在主人公布卢姆的卧室内，时间是 1904 年 6 月 16 日，所写的是女主人公莫利的意识流，但它实际上正是乔伊斯内心深处关于女人的遐想。按照乔伊斯自述，佩内洛普具有 "four cardinal points...the female breasts, arse, womb and..."，后来他又修正了自己的说法，说第十八章写的是 "the untamed Torrent of womanhood"（不羁女人心）。这应该是我们对其进行心理分析的线索。在引述段中，莫利袒露了自己内心深处对男性温存的渴求、性遐想、嫉妒心、猜疑、哀怨，以及对"无端端的情敌的无端端的鄙视"等。这样，我们就有了一条供意义整合的轴心或线索。对第十八章中反映的这种微妙的女人心态，乔伊斯自己作了很贴切的自我剖白。他的友人路易斯·吉莱特写的回忆录中说：

In Ulysses, he told me once, in order to convey the mumbling of a woman falling asleep, I wanted to finish with the faintest word tnat I could possibly discover. I found the word yes, which is barely pronounced, which implies consent, abandonment, relaxation, the end of all resistance. For "WorK in Progress"（指《芬尼根的守灵夜》）, I tried to find something better if possible. This time I discovered the most furtive word, the least stressed, the weakest in English, a word which is not even a word, which barely sounds between the teeth, a breath, a mere nothing, the article the. （大

意：乔伊斯说，《尤利西斯》想表达的是女人在睡梦中的喃喃自语，他想找一个最纤微的词来对全书做一个了结，结果找了 "yes" 这个几乎听不出来的词，用它来表示首肯，表示放弃，表示放松，表示对反抗的了却。在《芬尼根的守灵夜》中，乔伊斯想找一个更好的词来结束全书，它必须是一个英语中最微不足道的词，一个微弱之至的词，一个连词都够不上的词，它在人们的唇齿之间、屏息之间轻轻地漏了出来——它就是 "the"。)

说到这里我们确实不得不佩服乔伊斯的艺术匠心。从表面上看，他是在咬文嚼字，但实际上，他已经潜入到英语语言心理和心理语言中的最深处了！美国人用了 20 年才理解乔伊斯的艺术匠心。

从这里我们也可以看到，为准确解读文本，内证、外证互备和人文互证的方法论的重要性。这个问题我们在前面的章节中已有论述，此处从略。

四、整合

整合是从解码、解构到解析的全程性对策终端，它的标志是理解，包括从语义到文化、到审美的全局性文化理解，也是将文本解读落到实处的关键的一步。翻译学文本解读对策论图式如图 9-2 所示。

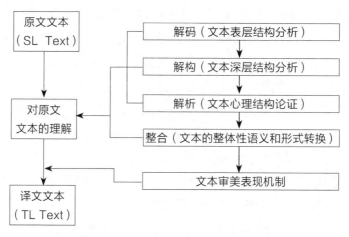

图 9-2　翻译学文本解读对策论图式

现按图 9-2 图式，将以上引述过的乔伊斯的《尤利西斯》第十八章无标点行文中的一段意识流，从解码到整合试译如下：

等着瞧吧要是我病了有谁来关心照料就只有当然啰女人有病总得遮遮

掩掩哪能像他们那样麻烦多多我敢肯定他去过什么地方才有这么好的胃口要是爱上什么人心里老惦着哪能吃得下呢他如果真去了那一带没准某个夜里拉客的女人什么旅馆里的事全是他编的一派鬼话还有什么海恩斯把我留住啦我碰见了谁是啊我碰见你还记得门顿吗还有谁让我想想见到那个娃娃脸大块头啦结婚没多久就在普耳斯的玛瑞奥朗纳画展上跟一个年轻姑娘调情他见到我好不自在的样子想要溜走我就背过身这有什么大不了啊可有一次他倒是真厚颜无耻想占我的便宜他那张嘴说起话来谁都得服输眼睛水泡泡的就像煮过似的从没见过这么个大笨猪还算是个什么律师啦我讨厌在床上这么没完没了地拌嘴莫非他在什么地方勾搭上一个小妖精偷鸡摸狗拉了进来但愿她们也跟我一样知道他的底细是呀前天我去前屋取火柴顺便给他看报上登的狄格南姆斯死讯的时候他好像在东涂西画地写信什么的也真是鬼使神差他见我进去就用吸墨纸盖住他写的东西装着在想什么事很可能是写给什么女人的她以为那家伙是一把软骨头因为所有的男人特别是到了他那把年龄说话就四十啦她可以哄呀闹地从他身上摇出钱来天下没有人傻过老傻瓜接着还得来亲我的屁股怕露了馅我才不管他跟谁干或者早先就干过那种事呢虽然我也想搞搞清楚也免得那两个东西成天在我鼻子底下转像我们在安大略的特莱斯时碰到的那个臭女人玛丽把屁股垫得高高的勾引男人我从他身上都闻得出她们的脂粉味真是够呛……

　　翻译者都可以体会到翻译这种意识流文本的无穷乐趣：译者似乎永远存在着一种"突破欲"，缘由是作者故意为你设置了一层又一层疏离度屏障，而你则不得不跟着他投入到这种心灵游戏中。你可以感受到作者在对你施展"将欲告之，必先隐之"的策略。为此，译者可能辗转反侧，不寐而求之。这样，当他一旦得到"隐之"的底细以后就会备感欣慰。实际上，这也正是文本文化解读的令人神往之处。

　　毋庸置疑，文本解读是一个开放系统，文本可以根据不同的意识形态、审美态度、价值观和批评方法做出不同的解释。

　　应该注意的是，翻译学不是文艺批评或文艺学。我们可以借鉴西方现代文艺批评各流派的文本解读策略，但翻译学的文本解读始终恪守基于自己的本位观的以下原则。

　　第一，翻译学解读文本的基本依据是理解"文本本身"（text itself），它不以解读者的意识形态和信仰为转移。中国近代史中有人曾用历史虚无主义的思想来解释屈原，欧洲也有人用社会民主主义的思想来解释乔伊斯的《都柏林人》等，都不是翻译学应取的文本解读原则。我们所应做的是翻译而不是阐发或批评。

第二，翻译学对文本本身的理解和解码（如对隐喻、疑义、讹夺等）应该恪守取证定夺（包括文本内证、文本外证、人文互证等）的原则，排斥由意识形态所支配的主观臆测和推断。一切以原语文本的意义和意向为轴心。所谓"取证定夺"，就是取证以定夺文本的意义而不是定夺译者的阐发或预设。

第三，应该看到，由于主观、客观条件的发展变化，文本的文化解读完全可能因人而异。例如，社会历史的发展和进步可以为文本解读提供更为翔实可靠的证据。翻译者智能和知识水平、文化素养和表达技能的提高也可以使他获得比前人及同时代人更完美的文本理解。

因此，用一成不变的、机械僵化的观点或原则来看待文本显然是反科学的，因而也必然是有害于翻译事业的，是不可取的。

这就证实了一个重要论断：世界上不存在一劳永逸的翻译。

第十章　翻译与文本的再创作

翻译越来越体现出跨文化交际性。跨文化交际对认识文化差异和纠正对文化差异的边缘化具有重要作用。翻译中许多微妙的语义变化源于根深蒂固的文化倾向性。文学翻译把两种文化的阅读体验有机联系起来，这种尝试能有效加强文化间的相互关系，促进对文化差异性的尊重。必须指出，虽然目标语读者阅读时在情感上会有不一样的体验，可是逐渐发展的跨文化移情会使情况发生显著的变化。并且，翻译也利用重构（reconfiguration）来消除文化陌生化和不必要的异国情调。然而，文化翻译是一种文化互动而不是简单的同化。翻译的衍生性和调节作用意味着跨文化翻译是阐释的具体化，而不是文化形式的直接转换。诚然，文化移位对文学翻译来说是一项巨大的挑战，改写以介入为特征，其强大的颠覆力和改造力往往被低估。介入诗学（poetic interpretation）研究词语的意义如何产生，文学翻译把这些词语挪用到全新的、不同的和经过再创作的语境中，进行充满移情作用的改写，并且通过保留文化交流中的各种语域，把互动式的阅读体验融合到翻译中，使读者得以畅游于原文和经过再创作的文学文本中。

第一节　文化间的互文性

文学文本的移位和换置会给译者带来无数难题，为了解决这些难题，译者必须运用切实可行的翻译策略来应对。此过程必然涉及对词语的处理，然而词语受到文化和政治的限制，增加了充分翻译或适当翻译的难度。翻译中词语的替代也显示了文化和语言移位的棘手。文学翻译要达到原作的文学性而不仅仅是语义内容。这个目的高于一切，使文学翻译的重心逐渐从文本转移到文化问题。翻译所产生的文化和语言移位导致了形式和内容之间的差异，同时由于翻译牵涉到不同的文化语境和历史语境，语境换置和可读性又重新界定文学译作的阅读效果。文化移位的其中一个重要启示在于，假如译者有机会重新描绘源语文本并从文化上进行改写，语言障碍是可以超越的。

可是由于文化知识的缺乏，无知的目标语读者会错误地认为翻译本身真实反映了原作，他们甚少质疑翻译的"本真性"及可靠性，尽管源语文本和目标语文本之间存在巨大的差异。因此，他们会把低劣的译本误认为糟糕的原作。如何评价译文是由相关的文化态度决定的："由于原作不仅出于某个作家的手笔还来自某个文化语境，翻译往往无法脱离其所处的文化，当中不仅包括语言、读者群，还包括当前对翻译的普遍态度。"虽然在原作的文化语境中移位具有潜在的扰乱作用，可是目标语读者对翻译的理解方式决定了译者处理源语文化语境的认真程度。

同时，比较研究的主要特征，跨文化互文性，是一个需要特别注意的关键问题，原因是文化互文性在置换后会引起严重的问题，产生意义的多种可能性。这种种可能性无疑是激动人心的，因为跨文化交际总会使译文焕然一新，让人有意外收获。塞吉奥·魏斯曼称乔治·路易斯·包加斯对翻译学的贡献在于"（他）阐述了移位发生在原文到译文的转换中并具有重要的意义，还解释了移位如何创造出意想不到的新意文"。文化语境经移位后会重组意义和进行再释义。虽然这个再造文化的过程仍然会受到政治的控制和操纵，但按照跨文化或文化间交际的观点，翻译在文化移位的带动下为释义开拓新的空间，创造出全新的意义。

然而，翻译构建在相似与差异的对立两极之间，缺少任何一极则不成翻译。一方面，翻译具有模仿性，极少译者有资格对源语文本的基本信息置之不理。另一方面，翻译不可能完全复制原文，因而必须进行同化以对应源语文本中的文化差异。而一般来说，由于模仿趋向字面翻译或逐字翻译，而这种翻译效果往往不尽如人意，模仿正逐渐失去其意义。究竟目的文本可以或应该在多大程度上保留或重现源语文本的文化特征，仍然是一个重要的问题。

换置能突出文化特征，无论在模仿原文上做出多大的努力，翻译总毫不留情地采取不同的形式；翻译是一个不断要检验差异的（不）可调和性的过程，因而使得目标语系统内部关系剑拔弩张。

移位引起原文参考体系的换置，而且某些译者的确利用移位的效果来制造差异。其结果是，译文的语言在有意义、不完整意义或无意义之间摇摆不定，因而译者必须做出适当调整以降低译文艰涩难懂的机会。令人遗憾的是，此举固然可以提升译文的明晰度，却又不可避免地导致某些元素的缺失。由于各种形式的语言挪用或文化挪用，真实度都将大打折扣，这是跨文化互文性的效应，也是长期以来质疑译文真实性和译文中修辞改变的权威性的结果。因为翻译几乎无法置换字面意义，简单的词语替代又不可能起到沟通交际的作用，所以翻译极大地改变目标语的原初文化形式并使其为新的使用者所接受。翻译中文学移位的诗学建立在对文本的系统化跨文化分析中，涉及文学的跨文化互文性。译者能否构造一个文化空间并把以陌生化重叠熟悉化的模式引入其中，是翻译成功的关键所在。此外，文化移植在有需要或偶然情况下被采用，并且需要译者施展足够的创造力和聪明才智。

尽管对翻译有太多的定义，但有一点，译文相对于原文仍需要保留一定的相似性——完全改变原文形式不是明智之举。帕特里克·皮里玛维斯高度概括了译文相似性的来之不易："原文应该是固定不变的，在某种程度上，翻译应该与原文相似。译者的任务始终是自相矛盾的，他不得不改变自己的语言，尽量地去模仿外国文本——好比一个演员穿着不合身的戏服。另一方面，他不得不破坏原文，用新的文本取而代之，并且不着痕迹，让其消失得无影无踪。"

依照解构主义的逻辑，文本不可能是"固定不变的"，这使翻译的任务更加艰巨。尽管如此，许多译者仍特意保留和重现原文的痕迹。问题是原文本不会没有历史记录，除去其他因素不提，复译的必要性体现了原语文本意义的不稳定性。

直译不适用于诗歌翻译，这是一个普遍的看法并且引起了对译文如何能完整传达原文效果的深刻思考。乔治·米勒翻译亚历山大·勃洛克的诗作《十二个》的翻译策略很有启发性："完整传达勃洛克原作的效果这一目的高于一切，我在我认为有必要改变语言结构的地方进行了调整，只要我感觉那不会丝毫妨碍我实现这一目的。必要时，我毫无歉意地就故意改变了字面意义，为的是更加忠实于他的其他效果。"

在某种意义上说，提供真实翻译相当于揭开事实的真相，但我们都知道有时候隐瞒事实反而更好。隐瞒事实可以防止灾难的发生，而时间似乎也会证明其他办法往往是正确的选择。

　　实际上，文化移位对文学翻译提出了最直接的考验。如果译者处理方式拙劣，出现严重的风格问题，译本就会让人感到语义不清，软弱无力，平淡无奇。文学翻译读起来常常不像文学作品，因为文化特征经过消除、减少或替换，用不同的文化词语表达后，作品中的细微差别、含糊歧义、冷讽热嘲、矛盾斗争便荡然无存。因此，补偿作为一种补救措施应运而生，原文因此得以融入新的文化语境。据赫尔韦和希金斯所言，补偿就是"在TT（译文）用另外一种形式弥补ST（原文）中的文本效果"。这对我们理解补偿的本质具有启示意义，因为翻译的吊诡之处是，完全把原文翻译过来也会破坏原文，尤其是诗歌翻译。

第二节　文化介入与位移

　　众所周知，架设通向目的读者的桥梁是翻译的根本需要。如果没有诚挚的翻译态度，不经意间翻译顿时沦为拙劣的仿拟。直接的语言录制显然不够，因而在这个层面上必须进行介入。尽管如此，我们不可否认介入也有可能受到政治或道德的驱使，拦截任何对目的文化有敌意的事物。翻译本身，特别是异化翻译是介入目的文化的一个重要方法。因此，在特定的政治和文化环境下，所谓的入侵会受到本土文化的欢迎，也会受到抵制。无论如何，移位在文化上使介入成为必然，并使介入合法化。不管出于什么原因，翻译中的介入已经成为事实，并且表明了译者的文化或政治立场。文化介入也有积极意义，它可以被视为文化间对话交流的一部分。介入的方式多种多样：有微妙的，也有粗糙和入侵性的。最重要的是，译者不仅需要"正确地"解读源语文本，而且必须确保目的读者能以"正确的"方式解读译本。

　　最初，介入是为了防止不良后果和敌意的产生。总体来说，翻译系统呈现出明晰化的趋势——这是由介入引起的无意识行为。究其原因，是翻译的语言和文化语境经过置换后增加了阅读理解的难度，或者说，成功的文学翻译需要译者的介入，来防止读者难以读懂或者无法读懂译文。译者通过介入预先解决潜伏的问题，充分表明了翻译的可靠性和可交流性这一对矛盾的普遍存在。

固然，翻译应该以促进和加强文化交流为目的。为此，在翻译中再现原文意义的各种可能是译者的职业道德和义务。然而，决定是否有必要介入和在什么时候介入对译者来说绝非易事，而如果有必要，应该在何种程度进行介入呢？关于这一点，道格拉斯·罗宾逊进一步发问："这是一个棘手的问题：假如翻译家或者翻译理论家知道需以哪一种面目翻译，他或她应从哪里开始着手呢？不管我多么珍视自己的反叛（rebeliousness），不管我多么想把这种反叛底下的介入主义之风发扬光大，我仍然难以逃脱介入的暗示。介入暗含了一种道德优越感的立场或态度，指挥着介入的实施和证明介入的必要性。"

可是这种态度不只是"道德优越"，尽管我们不可否认它是一个严肃的道德问题。除了译者的"反叛"还存在其他方面的原因。实施介入的决定并非都是没有缘由的。如果说一个以目的文化为导向的翻译是出于介入的必要性，这时就与"反叛"没有关系。

此外，译者不一定都是天生的介入主义者。他们经常采用文化介入来防止文化冲突等问题，有时还可以抑制文化误解等情况。介入最重要的用途是解决语言层面上的不可译性和文化上的不可通约性。尽管拥有改造力，介入仍然是一项必要的施事行为。这是因为如果一个翻译十分具有施事性，在绝大多数情况下也具有改造性。尽管如此，如果译者能够减少文化转换时的介入，翻译将能更好地发挥推动跨文化交际的作用。言外之意，即介入是某些根本变化的征兆，这些变化发生在寻求解决不可译性的有效方法中，或者在避开文化或政治问题和破坏性的特征中。

至于介入的具体方法，威利·保罗·亚当斯参照西班牙的情况提出了五种对"不可译性"等翻译问题的解决方法，由苏珊·伊丽莎白·拉米雷斯概括如下：

（1）引进外来语。

（2）用熟悉的词语描绘和说明外国风俗。

（3）用熟悉的名称代替类似的风俗。

（4）通过借译使外来语本土化。

（5）自由释义。

因此，西班牙语收录了 cacique 或 curaca（当地首长）等词，因为西班牙语没有这种表达方法。

于是译者被授予权力，可以在任何必要的时候冲破交际障碍，任何东西都无法禁止或限制他们通向源语文本。释义虽然是最后一种手段，却是解决语言不可译性的有效方法。因此，译者可以化解那些不可缩小的语言差异或者绕道而行。

但是在另一方面，文化不可译性完全是另一回事。不同的文化语境提供了不同的框架和视角，用以展现独特的文化经验，或者将这些文化经验重新语境化。在评论卡特福德对文化不可译性的分类时，巴斯奈特主张文化不可译性实际上隐含在翻译的任何一个环节中。文化不可译性形式多样，纷繁复杂，无所不在，这就要求译者不停地在文化上调整翻译策略，其所具有的启发性作用有助于目的读者解码文化信息，认识背后那些看似无法攻破和费解的文化差异。语义和文化调节避免了语言或文化意义的丢失。

正如文化移植那样，文化介入也需要经常进行形式调整，然而后果是与文学语言密切相关的修辞表现力遭到削弱。如果文化特色在原文本中分量很重，对其完全忽略显然不是明智的做法。在跨文化交际中，建立和保留与原文的形式联系也是绝对有必要的。形式和内容有时候可以划分但也不是没有问题，因为形式特征是原文不可分割的一部分，关系到对原文文化意义的理解。翻译原文本的形式特征是对译者的主要挑战，因为译者需要仔细研究当中的语义和文化价值，以及这些特征如何形成和进一步加强内容。如果这些形式特征无法在翻译中呈现或无法充分翻译，意义和可读性必定会受到影响。因此，解决两种文本中的搭配不当成为实施介入的主要原因。翻译并非是不夹带任何感情色彩的领域。翻译不可能没有介入，在跨文化交际中应该注意平衡介入的方方面面。

如上所述，目标语通过介入拦截及排拒跨文化交际中不受欢迎的因素，以"保护"目的文化或其读者群。译者充当文化过滤者，有权力删除原文固有的文化或政治敏锐性因素。采取这种侵略性介入，译者可以绕开审查机制，避免麻烦，并同时阻止侵害目标语系统的信息。当然，这也是一种反映译者文化或政治立场的自我审查方式。因此，一些明显的差异被引入到目的文本中，表现为政治或文化调整。

第三节　跨文化的创造性改写

一、文化的把控

　　早些时候，翻译研究特别注重翻译的语言学观，这方面最具代表性的论文当数罗曼·雅各布森那篇发表于 1959 年影响深远的《论翻译的语言学观》。在翻译学发展的 20 世纪六七十年代初期，提供了一个系统研究翻译的概念基础。而在当时，翻译学几乎和语言学画等号，因为人们普遍认为，翻译学属于应用语言学范畴，主要注重的是语言形式。因此，对翻译性质的理解主要基于相同的假设，是透过忠实和对等概念所反映出的有关相同的幻觉。追求译作与原作的等值乃至等同，反映出一个僵硬停滞的封闭概念。作茧自缚的种种弊端和难堪终于使翻译研究者开始把目光投向其他的学科，以汲取养料和获得启发。人们逐渐认识到约定俗成并非一定就是合理的，在尝试各种可能性的同时，传统意义上的狭隘忠实观遭到了质疑、颠覆，甚至推翻！

　　在普遍摒弃语言学意义上的对等概念后（一般认为有误导之嫌），源语与目标语文本之间的不平等问题更为突显，因而有关写作的归属或起源概念需要在跨文化改写的语境下重新定义。加之翻译里固有的有关异质性和差异性的政治与错综复杂的权力纠葛相交织，翻译是被从带异化特质的视角来审视的，并处于等级森严僵硬的关系之中。正是在这样的等级秩序中，译者艰难地应对各种性质的翻译问题：文化的、语言的、文体的，抑或是修辞的。尽管解构主义对翻译学带来挑战，消解了中心（边缘）的二元对立，然而废除源语文本的权利并未得到完全认可。在传统观念中，翻译的准确是其合法生存的唯一标准，其中最简单不过的表征便是模仿。如此一来，异化翻译（把关注的焦点重新转移到源语文本）似乎是最常见的模仿形式，也似乎是一种令人信服的忠实形式。然而，模仿绝非易事，再者，模仿的对象不应拘囿于形式，否则便极易流于肤浅化的模仿。

　　德里达对本雅明"译者的任务"的解读，使长期以来被奉为圭臬的原文至上观点受到了强有力的挑战。对于"不可译"问题的哲学思考更是激活了对翻译和语言本质的思考与探索。本雅明把原作内容与语言比作水果的肉与皮，深刻地揭示了跨文化翻译的难度。在 1985 年发表的《论巴别塔》中，德里达对本雅明的讨论包含了一些新的见解和视野，并提供了有益的思路，从而在某种程度上，唤起了学术界对本雅明这篇艰深难懂的文章的关注。德里达认为原作已是翻译，译作只能是翻译之翻译。德里达呼应本雅明的观点，声称源语文本内在的异质化是不可能在译作里复制的。每个文本的生存依赖读者（他们在某种意义上就是译者）。延异的书写活动所揭示的符号意义的不确定性本质特征，无疑是对"本体"思路的有力挑战，有时译本本身又成了翻译的原版。总之，《论巴比塔》引起了人们对本雅明翻译思想的重新关注。翻译总是游离在现实和理想之间，不断设法找寻和创造新的共同点。其他文学评论家如沃尔夫冈·伊塞尔和希利斯·米勒等人对翻译的论述，也使人产生别有洞天之感。所以说，翻译学后来的发展构成了以跨学科为特点的"20 世纪 80 年代的成功佳话"，绝非偶然，结果不仅拓宽了，更重要的是赋予了翻译研究新的活力。20 世纪 80 年代翻译学的蓬勃发展昭示了以语言学为主导研究方法的完结，而其他相关的学科（也包括语言学）极大地丰富了翻译学，同时也为该学科带来了不同的视域。

　　20 世纪 80 年代在翻译学发展史上的一个"具里程碑意义"的成果，体现在赫尔曼斯所编辑的《文学操纵》一书，是向传统意义上的翻译所处的从属地位，发起的又一次强有力的挑战，从而进一步提升了翻译学的学科地位。从跨文化交际和一个国家文化发展战略的角度看，该论文集所提的观点有着深远的历史意义。翻译对文学的操纵的长远目标是文化构建。以文化改写为主要特征的文学翻译，不断地对文学进行经典化，自然也包括去经典化和再经典化，从而促成了文学史的改写。翻译生产和接受的历史文化条件，以及生存的历史环境，与对原文文化的改写策略有直接的关系。文化形态间绝不是相互隔离的，而是相互影响、相互制约、相互渗透。文化操纵与改写，无疑受不同文化之间的互动的影响，同时又以文化政治与接受环境互动为依归。根茨勒指出，"纵观西欧悠久的传统翻译思想，我们认识到近来那些将涉及翻译的讨论限于语言的制约的尝试，显然不足以说明问题的复杂性"。于是，20 世纪 80 年代"文化转向"顺势而生，对翻译学产生了深远的意义。

　　随后，翻译学的发展似乎渐入佳境，呈现出一种较为强势的势头，一些理解翻译本质的激动人心的新方法也都发轫于 20 世纪 90 年代，而每一种新方法似乎都要给出一个翻译的新定义。其中意义最为深远的是文化研究，为翻译学带来了至关重要的概念架构。以接纳"他性"（alterity）为特征的文化多元性，使研究者的跨文化心态更为开放。改写、解构主义与译者主体性的扩展为性别主体开辟了探索空间，使得以前被遮蔽了的女性身份得以彰显，具体体现在对译文的不同观点和体验的相关意识日益提高。从事将性别研究与翻译相结合的学者，如谢莉·西蒙和路易丝·冯·费拉德等人引发了运用女性主义批评方法从事翻译研究。层出不穷、新旧交替的急剧变动使翻译学充满了生机和希望。翻译学的蓬勃发展的确振奋人心，以致让人陶醉得有些忘乎所以，如夏娃·塔沃尔·巴耐特对翻译学的状况就做过过于乐观的解读。自雅各布森、本雅明、德曼和德里达以后，翻译的状况就大为改观了。翻译从边缘走到了舞台中央，成了学术工作的象征。虽然说翻译已经到了"舞台中央"有些为时过早，且言过其实，但毋庸置疑的是，由于翻译活动已经有意识地重新语境化，可以更加准确有效地审视其目的和功能，翻译的重要性也就日益凸显出来了，似乎也呈现了往舞台中央进发的态势。

二、文化性改写

翻译不是一种简单的转换行为，而是译者面向目的读者用不同语言对原作进行的改写。必须说明的是，翻译不同于一般意义上的改写，而是改写的一种特殊形式，并受到翻译内部某些变化因素的限制。目标语的语言参数是翻译活动的核心，译者通过这些参数形成翻译策略并做出具体选择。也就是说，译者不得不进行改写以满足翻译的基本要求和遵守目标语中根深蒂固的习俗。我们不可否认任何形式的介入都是改写，虽然改写不一定与介入有关。介入与更为直接的操纵有密切联系，然而改写相对来说比较间接，而且在广义的社会和意识层面上超越了语言。改写成为翻译实践的核心，正是因为其不从属于语言对等，不受语言对等的限制，也由于改写所反映的文化政治调整与顺应是翻译中重新语境化的必然要求。

勒菲费尔曾写到翻译是"对原文的改写"。他继而总结了这种改写并延伸至其他形式，引起重大的影响："不管出于何种意图，所有形式的改写都折射出某种意识形态和诗学。同样的，改写也操纵着文学以特定的方式在特定的社会中运作。"虽然这并不完全正确，却预示和考虑到翻译的社会政治维度。翻译会受到外部因素的改变或影响。操纵暗示了欺骗——译者企图故意改变意思。操纵是"为权力服务的"，虽然这在他的文章中的动机是良好的。因为操纵"可以促进文学和社会的发展"。尽管如此，操纵的负面意义仍然存在，其表征为滥用性、不道德性和不可靠性。此外，改写也可能是被动的，并非迫不得已的一种恢复性行为，仅仅是为难以控制的局面提供出路。因此，翻译不一定是出于政治动机而对源语文本的目的性改写。无所不在的权力关系也许在某种程度上被夸大了。

也许我们只可以说改写为操纵创造了机会，可是很明显并非所有的改写都具有操纵性。韦努蒂把翻译看作"根据本国的理解能力和利益对外来文本的改写"。虽然他反对在译文中强加"本国语言形式"来消减外来他者引起的不通顺。由此看来，目的文化在一定程度上控制和影响着改写，指导改写何时实施和如何实施。主体性在改写过程中发挥着重要作用，各种目的和实现方式导致了各种形式的改写。韦努蒂突出翻译的一个实际用途：改写的作用是改善交际。然而，如果改写是为了强行推广目标语文化中的术语，那么改写则是粗暴的。用韦努蒂的话说，改写强行在源语文本中宣扬"本国的主流价值观"。在另一方面，改写的最终目的与其说是为了改变，不如说是为了保存目的文本传达出来的整体效果。正如卡特琳娜·莱斯所说："经过数小时的试验和改写，很大机会得出更好的结果。"这里的目的直接明确：仅仅是为了寻找最佳结果。这样，改写就是为了保证交际的效力。

另外，罗宾逊认为，改写的必要性不言自明，如果不进行改写，跨文化交际将无法进行："各个国家无论在技术说明书、演说，还是广告上的写作方法差异很大。读者所期望的意义也大不相同，因而如果不迎合读者进行改写，译文的清晰性和有效性将大大降低。"目标语文化公认的翻译标准是译者必须考虑的一项重要因素，因为违背标准.特别是文化标准，会遭到目的读者的抵制。由于源语文本和目标语文本许多词条很少有相同的含义，更不必说不同的语源带来的问题，因而译者必需谨小慎微地处理翻译中极小的细节。

虽然跨文化交际没有规定翻译需绝对符合规范，某些人士更对这种做法不以为然，可是符合规范仍然是一项有利的翻译策略，尤其是在以结果为导向的翻译中。武彦良美在研究英文报纸头条的日语翻译时，发现了一种相当激进却必要的改写形式："改写分为对英语固定表达的增词、删除和替代，以及在我们的实验体系中插入预先编辑的符号。"虽然翻译不同于顺应，可是改写仍然意味着改动和转变原文，是一个在翻译中增加和删减的调解过程。翻译从不放弃提醒我们源语文本和目的语文本中存在相似之处的可能性。翻译不断为创作和复制这对矛盾注入新鲜的活力和紧张的气氛。改写可以是一种模仿而不是操纵，尽管这样可能产生韦努蒂所说的"拙劣模仿的"效果。而且诗学的模仿也需要校正，因为它可以是对原作的批判。

改写主张某种程度上的创作，尤其在为了突出两种文本之间的差异及在原文基础上改写的时候，除非译文在改写后仍然被称作或被看作翻译。因而改写一定不能过分背离原文。改写甚至是对差异的反映却同时引入新的差异，因而造成原来的差异被新的差异取而代之。翻译像原创作一样，有时候被认为是一种创造性的改写。正如巴斯奈特所观察的，一些"非欧洲"的翻译学者认为："译者好比解放者，把文本从原来形式的固定符号中释放出来。文本不用屈从源语文本，而是致力于创造空间，将源语作者和文本，以及目标语读者群联系起来。这种观点强调翻译的创造性，比起之前译者'挪用''渗透''占用'文本的粗暴形象，新的模式把翻译置于一种更加和谐的关系中。翻译的后殖民视角认为语言交换在本质上是对话式的，它发生在既不属于源语又不属于目标语的模糊空间中。"

文化翻译恰恰处于这个"第三空间"。尽管如此，翻译很少是自由改写，虽然译者可以拥有一定的回旋余地，或者自由地转变源语文本，于是翻译重新展现出对源语文本的解放性改写，可是"他者"在原文本中可能被视为威胁或者具有敌意。当然，与此同时，改写经常为消解差异创造机会。

改写假如没有受到限制，便会变成修正（revising）的一种形式。修正"具体指的是大量存在的文本改动——修改，其使内容、重心、结构和意义在修辞上产生巨大的变化"。很明显，具修正性质的改写预示着一种改造。改写有助或阻碍来自源语文本的信息，取决于最终所导致的差异。我们不难发现，经译者改写后，原文令人反感的部分被阻隔，受目标语系统欢迎的成分被增强或放大。

简而言之，在翻译的语境下，改写是因目标语中写作规则的不同而引起的，因为不可译性促使了另类解决方案的选择。翻译中的改写大致有两种类型：模仿型和创造型。无论如何，改写使原文的某些部分产生移位，然后把它们重新组合成新的东西。例如，文化比喻或者文化中的具体事物由于某种原因被替代，那是目标语中可以用于取代的成分，而不是一些完全不同的成分，这意味着原文中的文化特征被冲淡或者删除。阅读和改写是在具体的文化环境中的活动，改写的政治和诗学由此形成并且决定了语言和文化挪用的具体实施。

　　表面看来，贴近原作的翻译通常是可以信赖的。从源语文本的隐含到目的语文本的明晰化等范式的转变，证明了人们极度忧虑着翻译自然渴望让目的读者读懂译文的趋势。尽管文化中仍然盛行着这种做法，它还不能为文化翻译所认可，因为文化翻译的目的是促进文化间的交流。毋庸置疑，正面意义的介入能对抗跨文化交际中的潜在阻力，这在翻译中绝对是必要和正当的。然而必须指出的是，翻译中各种各样的行为构成了形式多样的政治或文化介入，有时也会对真正的跨文化交际造成损害。

参考文献

[1] Appel，R. P. Muysken. Language Contact and Bilingualism[M]. London: Edward Arnold,1987.

[2] Austin，J. L. How to Do Things with Words [M].Oxford：The Clarendon Press,1962.

[3] Bachman，L. Fundamental Considerations in Language Testing[M]. Oxford:OUP, 1990.

[4] Bacon，F. Essays[M]. Beijing: Foreign Language Teaching and Research Press，1997.

[5] Baker M. Narratives in and of Translation[J]. Journal of Translation and Interpretation. 2005(1).

[6] Baker，M. In Other Words：A Course Book on Translation[M]. 北京：外语教学与研究出版社，2000.

[7] Barthes，Roland. Style and its image，in Chatman，S（ed1）Literary Style：A Symposium[M]. New York：Routledge ，1971.

[8] Bassnetl，Susan & Andre，Lefevere. Constructing Culture：Essays on Literary Translation [M]. Clevendon：Multilingual Matters,1998.

[9] Bassnett S，Grundy P.Language through literature:Creative laugage teaching throngh Litereture[M].Longman:Massociation with Pilgrins Language Courses，1993.

[10] Bassnett，Susan & Andre，Lefevere. Translation，History and Culture[M]. London and New York：Prinler Publishers,1990.

[11] Bassnett，Susan & André Lefevere. 1992. General editors' preface. In Translation，Rewriting and the Manipulation of Literary Fame [M]. London & New York: Routledge.

[12] Bell，R. T. Translation and Translating：Theory and Practice[M]. London：Longman,1991.

[13] Blackmore，D. Understanding Utterances[M]. Oxford：Blackwell,1992.

[14] Blackmore. S. The Meme Machine[M]. Oxford：OUP, 1999.

[15] Blum-Kulka，S. House，J. & Kasper，G. Cross-cultural Pragmatics: Requests and Apologies[M]. Norwood:Alex, 1989.

[16] Blutner，R. Lexical Pragmatics[J]. Journal of Semantics, 1988.

[17] Chang，Nam Fung. Polysystem theory—Its prospect as a framework for translation research [J]. Target 13（2）2001: 329.

[18] Cao Xueqin , Gao E. A Dream of Red Mansions [M] . Trans.Yang Hsien and Gladys Yang. Beijing : Foreign Languages Press , 1994.

[19] Cao Xueqin , Gao E. The Story of the Stone [M] . Trans.David Hawkes. New York : Penguin Group , 1973.

[20] Chesterman，A. Contrastive Functional Analysis，Amsterdam[M]. John Benjamins Publishing Company,1998.

[21] Chesterman，A. Memes of Translation: The Spread of Ideas in Translation Theory[M]. Amsterdam：John Benjamins,1997.

[22] Dawkins，R. The Selfish Gene[M]. Oxford：OUP,1976.

[23] Delisle，Jean，Judith Woodsworth, eds.Translators Through History [M]. Amsterdam : John Benjamins，1995.

[24] Gentzler , Edwin. Contemporary Translation Theories[M]. London&New York : Routledge , 1993 .

[25] Hatim，Basil , Ian Mason .The Translator as communicator [M].London and New York: Routledge，1997.

[26] Hawkes，David. The Story of the Stone [M].Vol.1，Vol.2，New York: Penguin Group，1973.

[27] Hermans，T. Translation in systems: descriptive and systemic approache[M]. St Jerome Publishing，1999.

[28] Hermans，Theo. Introduction: translation studies and a new paradigm. In Hermans，Theo（ed）. The Manipulation of Literary Translation [M]. London & Sydney: Croom Helm , 1985.

[29] Huxley J.Evolution and ethics 1893–1943.[M].Kraus Reprint, 1947.

[30] Lefevere，Andre，Bassnett S.Translation，History and Culture [M]. London:Pinter，1990.

[31] Liu，James J. Y. Chinese Theories of Literature[M]. Chicago: The University of Chicago，1975.

[32] Newmark，P. Approaches to Translation[M]. Pergamon，2001.

[33] Nida，E. A. Translating Meaning[M]. San Dimas:English Language Institute，1982.

[34] Nord，C. Ranslating as a purposeful activity[M]. stjerome.co.uk. 1997.

[35] Reiss，Katharina. Translation Criticism: The Potentials and Limitations [M]. Shanghai: Shanghai Foreign Language Education Press，2001.

[36] Schwartz，Benjamin. In Search of Wealth and Power: Yen Fu and the West [M]. London: Harvard University Press，1964.

[37] Steiner，G. After Babel: Aspects of Language and Translation[M]. 上海：shanghai: shanghaiForeignLanguage Education Press，2006.

[38] Venuti Lawrence.The Translator's Invisibility: A History of Translation[M].London and New York :Routledge，1998.

[39] Wilss，W. The science of translation: problems and methods[M].John Benjamins Pub Co，1982.

[40] Yu，P. The Interpretations of Traditional Sym bols in Chinese Poetics[M]. Princeton: The Press of Princeton University，1987.

[41] 冯庆华 . 文体翻译论 [M]. 上海 : 上海外语教育出版社 ,2002.

[42] 冯庆华 . 实用翻译教程（英汉互译第三版）[M]. 上海 : 上海外语教育出版社 ,2010.

[43] 安德烈 . 想象的共同体 [M]. 上海 : 上海人民出版社，2003.

[44] 包惠南，包昂 . 中国文化与汉英翻译 [M]. 北京 : 外文出版社，2004.

[45] 曹顺庆 . 比较文学教程 [M]. 北京 : 高等教育出版社，2006.

[46] 曹顺庆 . 中西比较诗学 [M]. 北京 : 北京出版社，1988.

[47] 曹雪芹，高鹗 .A Dream of Red Mansions[M]. 杨宪益，戴乃迭 , 译 . 北京：外文出版社，1994.

[48] 查明建 . 论译文之外的文化操纵 [C]. 北京 : 外文出版社 . 2005.

[49] 查明建 . 论译者主体性 : 从译者文化地位的边缘化谈起 [J]. 中国翻译，2003.

[50] 陈金美 . 主体性基本问题辨析 [J]. 湖南师范大学社会科学学报，1996（2）.

[51] 崔永禄 . 文学翻译佳作对比赏析 [M]. 天津 : 南开大学出版社，2006.

[52]　陈全明 . 严复：我国译界倡导系统而完整翻译标准的先驱 [J]. 中国翻译，1997（3）.

[53]　陈宪章 . 关注经济全球化背景下我国主导价值观的建设 [J]. 思想理论教育导刊，2004（2）.

[54]　陈忠华 . 论翻译标准的模糊测度 [J]. 中国翻译，1990（1）.

[55]　陈钟凡 . 中国文学批评史 [M]. 上海：上海中华书局，1927.

后　记

　　翻译学虽早被视为一门独立的学科，但对于它的研究不能只局限于其自身。翻译绝非一个技术问题。翻译其实是有别于文学创作的一种形式，针对的是语言整体，翻译可以说是在文学与哲学之间，具有某种本体的地位。翻译超越技术层面，是一个语言哲学的问题，甚至显露出更大的潜能。哲学开启之始就与语言有着千丝万缕的联系，因而哲学对于翻译理论的影响可见一斑。此外，翻译学与其他学科，如逻辑学、社会学、人类学，甚至宗教信仰等都可以产生互动，单独将翻译学孤立，闭门造车似的研究方法是不可取的。在翻译过程中，多角度地考虑问题是必要的。作者、读者、译者及文本都应纳入视野中。尤其在文学翻译领域，译文不必在意义上过分忠于原文，因而使原文的权威性受到了质疑，更高维度的忠实依然是忠实。这就鼓励了译者的创造性、译文的多元性，有利于语言的发展，使人们对忠实的准则持以更加宽容的态度。译作与原作的关系用本雅明的阐述来说，就是"来生"和"此生"的关系，这就使人们可以用更新的眼光看待经典之作，经典作品不断被翻译是为了更好地配合语言本身的不断发展变化，而译者的译作也可以不断丰富提升本国的语言水平。但值得我们反思的是，现在忠实的翻译意义仍为主导的翻译理论，语言是否只可被人用作工具，而别无其他用途。

　　本书是在功能主义视角下对译文忠实性及文化翻译进行探析，尚有很多问题亟待展开及深入探析，书中尚有很多不完善之处，欢迎各位批评指正。